AF643853

CHRISTINE POPPE

Von dem Versuch, mich selbst zu zähmen, und dem Mut, es sein zu lassen

Wie wir Rollenbilder überwinden und authentisch Beziehung leben

SCM
R.Brockhaus

SCM

Stiftung Christliche Medien

SCM R.Brockhaus ist ein Imprint der SCM Verlagsgruppe, die zur Stiftung Christliche Medien gehört, einer gemeinnützigen Stiftung, die sich für die Förderung und Verbreitung christlicher Bücher, Zeitschriften, Filme und Musik einsetzt.

MIX
Papier | Fördert gute Waldnutzung
FSC® C014496

© 2024 SCM R.Brockhaus in der SCM Verlagsgruppe GmbH
Max-Eyth-Str. 41 · 71088 Holzgerlingen
Internet: www.scm-brockhaus.de · E-Mail: info@scm-brockhaus.de

Die Bibelverse sind folgender Ausgabe entnommen:
Neues Leben. Die Bibel © der deutschen Ausgabe 2002 / 2006 / 2017
SCM R.Brockhaus in der SCM Verlagsgruppe GmbH, Holzgerlingen

Lektorat: Imke Früh
Umschlaggestaltung: Stephan Schulze, Holzgerlingen
Titelbild: resdikarawaty75 – freepik
Autorenfoto: © Philipp Poppe
Satz: typoscript GmbH, Walddorfhäslach
Druck und Bindung: GGP Media GmbH, Pößneck
Gedruckt in Deutschland
ISBN 978-3-417-01013-8
Bestell-Nr. 227.001.013

Für mein jüngeres Ich,
das zu jeder Zeit sein Bestes gegeben hat.
Und für alle mit gebrochenem Herzen,
die so mutig sind, wieder aufzustehen
und ihrer Sehnsucht nach Verbindung zu folgen.

Inhalt

Wieder aufrecht leben
Einleitung

Mein Traum für dieses Buch ist, dass du dich weniger allein fühlst, wenn du es liest. Ich hoffe, dass du dich wiederfindest in den Geschichten und dass sich ein Selbstmitgefühl bei dir einstellt. Ich hoffe, dass du dich selbst weniger verurteilst und dass du den Stimmen anderer, die sich verurteilend äußern, das Gewicht nehmen kannst. Ich hoffe, dass du dich gehalten fühlst in der Menge von Frauen und Männern, die etwas Ähnliches durchgemacht haben wie du. Ich hoffe, dass du deine ganz eigene Community gefunden hast oder noch findest, die dich trägt.

Ich träume von Gemeinschaften, und seien sie noch so klein, in denen Menschen einander mit Mitgefühl begegnen, anstatt sich gegenseitig zu verurteilen. In denen wir uns die Hand reichen, anstatt einander in den Rücken zu fallen. In denen wir gehalten werden, wenn wir das Gefühl haben zu fallen. Und in denen Liebe über Regeln steht und Wertschätzung über Versagen.

Wenn du zu diesem Buch gegriffen hast, obwohl du nicht selbst betroffen bist, dann bete ich, dass du dich berühren lässt von den Geschichten, die ich teile, und dass du diesen Traum mit wahr werden lässt, da, wo du bist.

Dieser Traum kommt nicht von ungefähr. Denn in den dunkelsten Zeiten meines Lebens fühlte ich mich zutiefst einsam. Und diese Einsamkeit war noch schlimmer als all das Furchtbare, was tatsächlich passiert war. So möchte ich mich nie wieder fühlen. Und ich möchte auch nicht, dass andere sich so fühlen. Deswegen schreibe ich dieses Buch.

Mein Wunsch ist es, dass du dich gesehen und verstanden fühlst. Weil du in den Geschichten, die ich in diesem Buch teile, dich mit deiner Geschichte und deinem Schmerz wiederfinden kannst. Vielleicht entdeckst du darin auch Worte für deine eigene Geschichte. Dann kannst du sie vertrauenswürdigen Menschen erzählen, die mit Empathie reagieren können. Und du erlebst, wie es ist, emotional gehalten zu werden. Es würde mich tief berühren und ehren, wenn es so wäre.

In der Traumatheorie heißt es, dass die Verarbeitung eines Ereignisses stattfindet, wenn wir es von Anfang bis Ende in Worte gekleidet haben. Beim Erzählen der Geschichte setzt die Verarbeitung ein. Während wir erzählen und verarbeiten, nimmt sie Form und Gestalt an. Sie verändert sich. Im besten Fall geben wir ihr einen Sinn. Die Frage nach dem »Warum ist mir das passiert?« beruhigt sich in uns und wir finden zu dem »Wofür kann ich das, was ich im Laufe der Verarbeitung gelernt habe, sinnvoll einsetzen?«. Damit nehmen wir unsere Geschichte in Besitz. Anstatt zu versuchen, sie loszuwerden – im Sinne von verdrängen und vergessen –, integrieren wir sie in unser Selbstbild, und so werden wir Herr über sie und entscheiden, wie wir ihren weiteren Verlauf gestalten wollen. Meine Geschichte soll eine Einladung sein, die dir Mut macht, den Schatz zu bergen, der trotz des Schmerzes in dir liegt. Eine Einladung, dich zu bewegen – trotz der Angst, die dich vielleicht lähmt – und damit deiner ganz eigenen, gottgegebenen Bestimmung zu folgen.

Ich möchte mit dir teilen, wie ich wieder zu mir selbst, zu einem neuen Glauben an einen guten Gott und zu anderen Menschen gefunden habe. Wie ich immer mehr dazulernte – und bis heute lerne –, gesunde und erfüllende Beziehungen mit meinen Mitmenschen zu führen. Und wie ich dadurch immer weiter heilen konnte – und kann.

Ich möchte mit dir schmerzhafte, unbequeme Begebenheiten aus meinem Leben teilen, in denen du nicht nur mich und meine Geschichte siehst, sondern vielleicht auch dich selbst wiedererkennen kannst. Diese Geschichte muss wahr sein in dem Sinne, dass du dich selbst und deine Wahrheit darin erkennen kannst. Deswegen erzähle ich nicht nur meine

Geschichte, sondern auch Teile der Geschichten von 42 Frauen und Männern, die ich für dieses Buch interviewt habe.

Dreißig Frauen und zwölf Männern habe ich die gleichen Fragen gestellt, um herauszufinden, wie es jeweils zu ihrer Ehe kam, was die Herausforderungen waren und was ihnen geholfen hat oder auch nicht. Ich wollte wissen, was in ihnen vorging in der Zeit, bevor, während und nachdem sie sich getrennt hatten. Wie reagierte das Umfeld? Was war hilfreich und was nicht? Wie leben sie heute in ihrer neuen Beziehung, wenn sie eine haben, und wie gehen sie mit Herausforderungen in der Partnerschaft um? Was würden sie Menschen raten, die selbst vor einer Trennung stehen? Worum würden sie die Angehörigen dieser Menschen bitten?

Um ihre Privatsphäre zu schützen, habe ich alle Namen meiner Interviewpartner in meinen Erzählungen verändert und Details in den Geschichten so modelliert, dass die Identität dieser Personen geschützt bleibt. Die Geschichten waren in den Details sehr unterschiedlich, und gleichzeitig eint sie die Erfahrung von Schmerz, Verlust und dem Weg zurück in ein gutes Leben mit Hoffnung und Glauben an einen guten Gott.

Sicher werde ich deine Geschichte nicht im Detail treffen, aber ich hoffe, dass du dich in manchem dennoch wiederfindest, dich gesehen und verbunden fühlst und neue Hoffnung für deine eigene Situation bekommst.

Wovon ich träume, sind Gemeinschaften, und seien sie noch so klein, in denen Menschen Mitgefühl erfahren, wenn sie durch eine Trennung gehen – aus welchen Gründen auch immer diese Trennung zustande kommt –, ohne dass gefragt wird, wer »schuld« ist. Denn mit der Schuldfrage wird letztlich nur versucht, eine Legitimation für die Trennung im Fehlverhalten einer einzelnen Person suchen. Unsere Gemeinschaften könnten sichere Orte werden für uns alle, egal, durch welche Krisen oder Verluste wir durchmüssen. Früher oder später erleben wir alle Dinge, die unsere eigene Verarbeitungskapazität übersteigen und in denen wir andere Menschen brauchen, die uns durch diese Zeit tragen. Mögen wir Räume schaffen, in denen es sicher ist, Fehler zuzugeben, die uns schmerzlich bewusst werden. In so einem niederschmetternden Moment brauchen wir keine Zurechtweisung, keine Moralpredigt und auch nicht die Angst, aus der Gemeinschaft ausgeschlossen zu werden.

Wir brauchen einander. Wir brauchen eine demütige Haltung, in dem Wissen, dass wir selbst ebenfalls nicht perfekt sind. Und gleichzeitig brauchen wir das Bewusstsein, dass unsere gottgegebene Würde nicht davon abhängt, was wir falsch gemacht haben, was uns passiert ist oder wie wir verletzt worden sind. Denn nur so können wir mit aufrechter Haltung durchs Leben gehen und anderen auf eine Weise begegnen, die hilft, auch ihre Schultern ein wenig aus der Krümmung ihres Traumas aufzurichten. Wir brauchen die Erinnerung, dass wir Kinder des Lichts sind, die zeitweise im Dunkeln wandeln. Neben der Dunkelheit, die auf die eine oder andere Weise in uns allen ist, gibt es auch Licht. Es wird heller und größer, wenn wir uns gegenseitig daran erinnern, dass es da ist.

Im ersten Teil des Buches schreibe ich über Dinge, die dazu führen können, dass die Dunkelheit die Oberhand gewinnt – ob nun in uns oder in unseren Beziehungen. Über Theologie, Idealvorstellungen und falsche Erwartungen – Dinge, die bei vielen der Betroffenen zu Herausforderungen in ihren Ehen und zu Problemen bei der Trennung geführt haben.

Im zweiten Teil findest du, nach einem kurzen Moment der totalen Dunkelheit, das Licht wieder, kannst beobachten, wie es in mir durch Therapie, gelebte Spiritualität und die Hilfe anderer Menschen wieder größer und heller wurde. Vielleicht kannst du dich dadurch an das Licht in deinem Innern erinnert fühlen. Ich wünsche dir, dass deine Haltung aufrechter wird und dein Herz weicher und empfänglicher für all das Schöne, das hier und jetzt passiert und in der Zukunft auf dich wartet.

TEIL 1

Wie ich **versuchte,** mich selbst zu zähmen, und kläglich daran **scheiterte**

**Gott suchen.
Mich selbst verlieren.
An Rollenbilder,
Ideale und dogmatische Lehre.**

1. Kann sich ein Mensch ändern?

»Jetzt mal ganz ehrlich. Können Sie mir sagen, ich meine … ist es möglich, dass ein Mensch sich ändert?«

Mein Blick durchbohrte Camila, die christliche Beraterin, die mir gegenübersaß. Ich wollte es wirklich wissen. Alles hing davon ab.

Ich saß auf einem bequemen Sessel gegenüber dieser gelassenen und freundlichen Frau mit spanischem Akzent, die mir scheinbar wirklich helfen wollte. Und dabei so lebenslustig und unbekümmert wirkte. Wie konnte sie das nur sein? Ich fühlte mich gerade so gar nicht nach Leben.

Ihr Blick war offen, und sie schien meine Situation auf eine angenehme Weise nicht allzu ernst zu nehmen. Ich fragte mich, wie sie es schaffte, so locker und gelassen zu sein. So lebendig. Ihre kurzen, schwarzen Haare wirkten irgendwie frech, und wenn sie lachte, warf sie den Kopf zurück, und ihre Augen leuchteten. Wenn es ernster wurde, sah sie mich an mit einem Blick, der sagte: »Ja, ich verstehe. Das macht absolut Sinn, dass du so fühlst«, ohne dass sie dabei dramatisch wurde. Das gefiel mir.

Es war mein zweiter Termin bei Camila. Sie hatte mein Vertrauen bereits gewonnen, als ich das erste Mal bei ihr gewesen war – damals zusammen mit meinem Noch-Ehemann. Nachdem ich ausgezogen war, hatte er darauf bestanden, dass wir gemeinsam eine Therapie machten. Jahrelang hatte ich alles versucht, und jetzt, als ich die Reißleine gezogen hatte, wollte er mich nicht gehen lassen.

Als wir dann gemeinsam bei Camila saßen, war ich wütend und fühlte mich nicht gehört. Nicht zum ersten Mal in meinem Leben. Und nun sollten wir Camila erklären, was unser Auftrag an sie war. Es schien mir, dass nicht klar war, wie hoffnungslos die Situation und wie verzweifelt ich in dieser Beziehung war, und so tickte ich aus. Ich weiß gar nicht mehr, was genau ich sagte, ich erinnere mich nur, dass ich zum Ende meiner Rede schrie. Die Therapeutin sollte einfach verstehen, dass diese Beziehung völlig hoffnungslos war und ich in keinster Weise kooperativ sein würde. Ich wollte einfach nur die Trennung. Und ich wollte, dass mir eine Autoritätsperson bestätigte, dass ich diese Trennung vollziehen durfte. Es war mir egal, ob sie dabei feststellte, dass ich allein schuld am Scheitern dieser Ehe war. Hauptsache, ich musste nicht zurück in diese aussichtslose Situation.

Aber den Gefallen tat Camila mir nicht. Von meinem Verhalten ließ sie sich weder einschüchtern noch hinreißen und gab mir gleichzeitig das Gefühl, ernst genommen zu werden. Sie schlug vor, die kommenden Sitzungen getrennt zu gestalten. Scheinbar konnte sie mit mir und allem, was ich mitbrachte, umgehen. Ich war ihr nicht zu viel. Zum ersten Mal in meinem Leben erlebte ich einen Menschen, der mich und meine Emotionen aushalten konnte und keine Erwartungen an mich hegte.

Und so saß ich ihr in meiner ersten Einzelstunde gegenüber und stellte die Frage, ob ein Mensch sich ändern kann.

Für mich war klar: Wenn nein, dann ist diese Therapie sinnlos. Denn dann würde sich der Mann, mit dem ich zu diesem Zeitpunkt verheiratet war, ja nicht ändern. Und ich würde es auch nicht tun. Dann könnten wir direkt die Flinte ins Korn werfen. Denn wir hätten aus meiner Sicht alles versucht – ohne Erfolg.

Für mich bestand der einzige Ausweg darin, dass einer von uns sich dem anderen anpasste, also so werden musste, wie der andere ihn haben wollte. Nur dann würde es klappen. Doch es widerstrebte mir völlig, mich noch mehr zu verändern. Nicht, weil es zu anstrengend gewesen wäre – vor Arbeit hatte ich mich nie gescheut –, sondern weil ich bereits alles Mögliche an mir geändert hatte und mir selbst dabei immer fremder geworden war. Ich hatte Dingen zugestimmt, die ich eigentlich nicht wollte, wie zum Beispiel ein Haus zu kaufen, weil ich glaubte, dass mein Mann dann glücklicher sein würde.

Es fing mit kleinen Dingen an: meiner Garderobe, mit wem wir uns trafen, ob wir überhaupt Leute trafen. Irgendwann war ich nur noch allein unterwegs. Und ich musste abends früher zu Hause sein, als mir lieb war. Langsam und für mich fast unmerklich veränderte sich auch das, was ich über mich dachte. Ich fing an zu glauben, nicht liebenswert zu sein und als Frau anders sein zu müssen. Ruhiger, zurückhaltender, am besten schüchtern bis unsicher. Ich sollte auch keine Meinung zu irgendwelchen Themen in der Welt oder zu anderen Menschen haben, mich anpassen und nirgendwo anecken. Keine Ansprüche stellen.

Stück für Stück passte ich mich an, wie ich nur konnte, und hoffte, dass er dadurch glücklicher werden, mich lieben würde. Doch es half nichts. Im Gegenteil. Und auch ich selbst wurde dadurch noch unglücklicher. Ich entfernte mich immer weiter von mir selbst und merkte es erst, als kaum noch etwas von mir übrig war.

Schließlich hat etwas in mir die Reißleine gezogen. Ich konnte mich nicht noch mehr verbiegen. Wirklich nicht. Sonst würde ich mich noch mehr verlieren, als ich es ohnehin schon getan hatte. Ich war an mein Äußerstes gegangen und wollte mir nicht ausmalen, was passieren würde, wenn ich noch weiter ginge. Und von meinem Mann konnte ich auch keine Veränderung fordern. Denn dann würde er sich ja genauso fühlen wie ich mich jetzt.

Und dann war da ja noch die Sache mit Gott …

»Du kannst den andern nicht ändern. Du musst an dir arbeiten«, hatte eine gut meinende Frau in der Gemeinde zu mir gesagt.

Genau das hatte ich versucht. Wirklich. Jahrelang hatte ich mich bemüht, dem zu entsprechen, was mein Mann wollte. Und was Gott nach der Meinung meines Umfelds wollte. Ich hatte meine Bedürfnisse verleugnet und mich angepasst. Wieso hatte es trotzdem nicht funktioniert? Weil ich etwas Grundlegendes falsch verstanden hatte. Es ging um Veränderung. Und es ging um mich. Aber anders, als ich immer gedacht hatte. Das wurde mir aber erst allmählich während meiner Therapie bei Camila klar.

Als ich Camila fragte, ob es möglich sei, sich zu ändern, reagierte sie etwas zögerlich: »Ja, grundsätzlich schon. Wenn man wirklich will und an sich arbeitet. Man kann aber nur sich selbst ändern. Nicht den Partner.«

Okay. Scheinbar sagen das alle. Und scheinbar funktioniert es für mich nicht. Denn für mich hatte dieser Ansatz bis dahin alles nur schlimmer gemacht. Je mehr ich mich bemüht hatte, umso mehr waren wir auseinandergedriftet und umso weniger wusste ich noch, wer ich war. Was hatte ich bloß falsch verstanden?

»Was genau bedeutet dieser Satz? Ist diese Ehe nun zu retten oder nicht?« Ich wollte es wissen, also ließ ich mich auf den Prozess ein und hoffte, dass es helfen würde. Und es half auch. Kurzzeitig.

Am Ende haben wir uns doch getrennt. Die Veränderungen, die wir versucht hatten umzusetzen, blieben nicht langfristig bestehen.

Was wir nicht ändern können

Ein paar Jahre später saß ich in einem Vorlesungssaal mit vierzig anderen Studenten und hörte mir eine Vorlesung zu Differentieller Psychologie an. Dabei lernte ich: Den Kern unserer Persönlichkeit können wir nicht ändern. Das, was wir sind, das, was uns ausmacht, unsere ausgeprägten Persönlichkeitsmerkmale, unsere Werte und unsere Geschichte, sind so tief in uns verankert, dass es nicht möglich ist, diese zu ändern.

Inzwischen denke ich, dass Gott uns nicht so einmalig geschaffen hat, nur damit wir uns verbiegen. Ich glaube, der Zweck unserer Existenz ist, dass wir immer mehr von dem ablegen, was uns davon abhält, authentisch und echt wir selbst zu sein und damit die Auswirkung auf unser Umfeld zu haben, für die Gott uns geschaffen hat. Deswegen fühlen wir uns auch nur geliebt, wenn wir so, wie wir sind, gesehen und angenommen werden. Ich bin überzeugt: So hat Gott sich das vorgestellt!

> Gott hat uns nicht so einmalig geschaffen, damit wir uns dann verbiegen.

Deswegen müssen wir nicht an uns arbeiten, um so zu werden, wie der andere es sich wünscht. Wir dürfen erkennen, dass wir so, wie wir sind, von Gott geschaffen wurden, um in dieser Zeit, in der Familie, in die wir geboren wurden, in dem Kontext, in dem wir stehen, mit unseren Gaben und unseren Ecken und Kanten in die Welt zu bringen, was wir zu geben haben. Damit wir sie verändern. Nicht, damit wir uns ihr anpassen.

Weil dein Herz es wert ist zu heilen

Was können wir tun, und worin liegt die Hoffnung für eine gelingende Partnerschaft, ja für ein gelingendes Leben? Ich denke, wir können zuallererst anfangen hinzusehen. Können uns sehen. Den anderen sehen. Hinter das oberflächliche Verhalten blicken. Unsere Verletzungen anschauen. Sie annehmen und heilen lassen, sodass sich das daraus resultierende dysfunktionale Verhalten langsam ändern kann.

Meiner Erfahrung nach braucht es extrem viel Energie, wenn wir versuchen, ein Verhalten zu ändern, das aus einer Wunde stammt, ohne sie vorher heilen zu lassen. Und es führt letztlich nicht zum Ziel. Denn wenn diese Wunde nicht richtig heilt, dann reißt sie ständig wieder auf, eitert und führt immer dann, wenn wir uns nicht mehr unter Kontrolle haben, zu einem Verhalten, das uns von uns selbst und von anderen entfernt. Manche glauben, der richtige Weg sei es, zu lernen sich zu kontrollieren. Aber das funktioniert nur so lange, wie deine

Kraft dafür ausreicht. Und für mich passt es auch nicht zu Jesu Aussage: »Die Last, die ich euch auflege, ist leicht« (vgl. Matthäus 11,30). Ich denke, Jesus möchte nicht, dass wir mit viel Anstrengung unsere Wunden und ihre Auswirkungen verbergen, sondern er wünscht sich, dass unsere Verletzungen in einem liebevollen, weichen, warmen Licht zum Vorschein kommen und dort heilen können.

Für mich war es so wertvoll, diese Wunden heilen zu lassen. Und ich bin überzeugt davon, dass Heilung nicht nur wichtig ist, damit unsere Ehen bestehen bleiben oder (wieder) besser werden. Nein, sie ist wichtig, weil unsere Herzen es wert sind zu heilen. Wirklich geliebt zu werden. Nicht nur von jemand anderem, sondern auch von uns selbst. Denn da ist einer, der sagt: »Du bist es wert.« Schon jetzt. In genau der Version deiner selbst, wie sie momentan ist. In deiner Verletzung, deiner Angst, deiner Schuld und Scham, deinem Schmerz will er dich halten. Da, wo Menschen dich nicht halten können. Da, wo du selbst es nicht einmal schaffst, dich auszuhalten. Da hält er dich.

Jesus sieht deinen Schmerz und möchte deine Wunden verbinden. Du musst nichts dafür tun. Du brauchst dich nicht anstrengen, dir nicht noch mehr Mühe geben und dich nicht noch mehr aufgeben. Du musst dich nicht zusammenreißen. Weniger anstrengend sein. Oder sonst noch etwas tun, was dir andere über dich eingeredet haben.

Du darfst dich fallen lassen, alles zulassen. Deine Wut. Deinen Ärger. Sogar deinen Hass. Du kannst all diese Gefühle mit Jesus verbinden, und er wird dir helfen, in Aktion zu treten und die Dinge umzusetzen, die nötig sind, um dich zu heilen. Er versteht dich. Jede deiner Emotionen. Er verurteilt dich nicht. Er sieht deinen Schmerz. Und er sieht dich hinter deinem Schmerz. Das, was du in deinem Kern bist. Er sieht *dich*. Und er wünscht sich, dass dein Innerstes zur Ruhe kommt. Er sehnt sich danach, dass du aus dieser Ruhe heraus aufblühen kannst.

Aber dazu später mehr. Bleiben wir noch ein bisschen bei einer wichtigen Frage …

2. Wie konnte es nur so weit kommen?

Meine Mutter wollte eigentlich eine Ausbildung machen, nachdem sie im Mai 1988 mit ihrem Mann und vier Kindern nach Deutschland gekommen war. Doch dann kündigte ich mich an. Und nicht ganz zwei Jahre nach mir kam mein kleiner Bruder. Wir brachten alles durcheinander.

Die russlanddeutsche Christengemeinde, der sich meine Eltern angeschlossen hatten, gab strenge Bekleidungsregeln für Frauen und Mädchen vor. Als ich in die zweite Klasse kam, zogen wir in eine Gegend, in der viele aus dieser Kirche wohnten. Ich musste ab sofort mit Röcken in die Schule gehen und durfte meine Haare nicht offen tragen.

Ich habe es gehasst. Und nicht verstanden. Vor allem habe ich nicht verstanden, warum auf einmal niemand in meiner Klasse mit mir spielen wollte. Nur ein einziges Mal wurde ich zu einem Geburtstag eingeladen – und das auch nur sehr widerwillig. Ich glaube, ihre Mutter hatte meine Klassenkameradin dazu gezwungen, weil ich ihr leidtat. Aber ich durfte sowieso nicht hingehen. Mit Ungläubigen sollte ich nicht befreundet sein. »Wer weiß, wohin das führt. Vor allem bei Mädchen!«, schien die Devise. »Am Ende werden sie schwanger, und dann haben wir den Salat.« So zumindest kam es bei mir an.

Vielleicht war ich sensibler als meine Cousinen und damaligen Freundinnen aus der Kirche, die aufgrund ihrer Klamotten scheinbar keine Herausforderungen in der Schule hatten. Ich durfte mir jedenfalls anhören, dass keine sich beschwerte und nur ich mal wieder Probleme machte. Mein Fazit: »Mit mir stimmt etwas nicht.« Ich lernte, meine eigene Wahrnehmung nicht ernst zu nehmen und mich mehr zu hinterfragen als andere. Und zu glauben, dass es zwecklos war, um Unterstützung oder Hilfe zu bitten. Ich musste selbst klarkommen.

Meine Lernfähigkeit und das Feedback der Lehrer verschlechterten sich drastisch ab dem Zeitpunkt unseres Umzugs. Ich hatte ständig Bauchweh und wollte nicht in die Schule. Keiner hinterfragte, woran das lag.

Es gab viele Gründe, einer davon war diese Situation auf dem Schulhof. Ein Junge riss mir vor versammelter Mannschaft den Rock runter. Was er parallel dazu rief, erinnere ich nicht mehr. Nur die Scham über das, was da passiert war, blieb sehr lange. Und die Wut. Ich glaube, ich habe ihn verprügelt. Aber vielleicht war das auch eine andere Situation mit einem anderen Jungen. Jedenfalls war ich rasend vor Wut, und die Jungs hatten anschließend Angst vor mir. Mehr Freunde brachte mir das aber nicht ein.

Vielleicht lag es auch an anderen Erlebnissen – auf die ich hier nicht im Detail eingehen möchte –, die so schrecklich und unfassbar waren, dass sie mich sprachlos machten. Ausgerechnet mich. Das Kind, das sonst nie aufhörte zu reden, das vor Energie sprudelte und wie ein Wirbelwind alles durcheinanderbrachte. Aber über manche Dinge konnte ich einfach nicht sprechen. Und so zog ich mich immer mehr in mich zurück. Las sogar Bücher im Unterricht und verpasste in der ganzen Grundschule den Matheunterricht.

Eine hohe Mauer schützte spätestens ab diesem Zeitpunkt mein Innerstes davor zu zerbrechen. Aber sie sorgte auch dafür, dass ich selbst kaum Zugang zu diesem Inneren hatte. Ich schwor mir, dass die schrecklichen Dinge, die ich erlebt hatte, nicht mein Leben bestimmen sollten und dass ich trotzdem glücklich werden würde.

Eine Wende und Scheinlösung in Teenagerjahren

Gott sei Dank änderte sich mein Leben, als ich in die siebte Klasse kam. Auf einmal war ich nicht mehr die Exotin. Nicht mehr das einzige Kind mit Migrationshintergrund und damit auch nicht mehr die Einzige, die nichts durfte – vor allem keinen Freund haben. Die Mehrheit meiner Mitschüler hatte einen Migrationshintergrund, und insbesondere die Eltern meiner muslimischen Mitschüler hatten ähnlich strenge Regeln für ihre Töchter wie meine Eltern für mich. Die meisten Deutschrussen kannten aus ihrem weiteren Familien- oder Bekanntenkreis auch andere »Baptisten«. Unter diesem Begriff wurden diverse christliche Gruppen mit russlanddeutschem Hintergrund zusammengefasst, als deren Erkennungsmerkmal es galt, dass Mädchen nie Hosen trugen, sondern immer nur Röcke. Somit war es für die Deutschrussen weniger befremdlich, dass ich nur Röcke trug. Wir waren alle »anders« und akzeptierten uns gegenseitig, auch wenn wir im Detail mit unterschiedlichen Herausforderungen zu kämpfen hatten. Was uns einte, war, dass unsere Eltern in einer anderen Welt aufgewachsen waren als wir und die Welt, in der wir lebten, nicht verstanden. Sie wollten, dass wir ihre Welt bewahrten und gleichzeitig in der neuen, anderen Welt bestehen würden – am besten sollten wir sehr erfolgreich werden, uns aber gleichzeitig nicht zu sehr anpassen. Wir erlebten alle ein ähnliches Dilemma. Für manche kamen noch andere Themen hinzu, wie die Diskriminierung durch Lehrer.

An dieser Schule hat mich niemals jemand dafür aufgezogen, welche Klamotten ich trug. Ich hatte Freunde. Erstaunt und fast ungläubig stellte ich fest, dass ich beliebt war, ja sogar zur Klassensprecherin gewählt wurde. Meine Noten drehten sich komplett. Ich wurde eine der Klassenbesten. Meine Klassenlehrerin lobte mich vor meiner Mutter in der Elternsprechstunde. Meine Welt stand kopf. Und das alles nur, weil ich mich wohlfühlte in dieser Umgebung. Weil ich mich zugehörig fühlte. Weil ich gesehen wurde. Ich wurde sicherer in meinem Auftreten. Jungs verliebten sich in mich. Ich konnte es nicht glauben: Was für ein Gefühl, gesehen zu werden!

Gleichzeitig verstand ich zu dem Zeitpunkt, was ich tun musste, damit meine Eltern stolz auf mich waren. Als die Cousine meines Vaters einmal zu Besuch kam, war sie ganz erstaunt, dass ich meiner Mutter in der Küche half und mich mit ihr lang und breit unterhielt. Sie berichtete, dass ihre Teenagerkinder kein Wort mit ihr sprachen. Mit stolzgeschwellter Brust und in dem Glauben, eben ein besonders guter Mensch zu sein, goss ich ihr zuvorkommend den Tee ein, fragte, ob sie noch etwas brauchte, und verabschiedete mich dann. Charmant konnte ich.

Irgendwann hatte ich unbewusst gelernt, dass mich die Aufmerksamkeit, Anerkennung und Bestätigung von außen glücklich machten. Und irgendwie fühlte ich mich auch selbstsicher dadurch. Nur war es keine echte Selbstsicherheit. Denn sie gründete sich ja nicht darauf, wer oder wie ich wirklich war, sondern nur darauf, wie andere mich beurteilten. Es war eine Scheinlösung. Später in meinem Leben war ich bereit, für diese äußere Bestätigung viel mehr zu geben, als ich zu geben hatte.

In meiner ersten festen Beziehung klammerte ich sehr. Ich wollte meinen Freund jede freie Minute um mich haben. Konnte kaum ohne ihn sein. Nach zwei Jahren beendete ich die Beziehung trotzdem. Wir waren in der gleichen Gemeinde aufgewachsen, und ich wollte sie verlassen. Er nicht. Meine Gründe konnte ich mit ihm nicht teilen. Ich konnte sie mit niemandem teilen.

Mit neunzehn Jahren verließ ich die Kirche mit den strengen Bekleidungsvorschriften, in der ich aufgewachsen war, und ging von da an in etwas freier anmutende Gemeinden. Die Klamotten waren dort hipper, die Musik war cooler, aber inhaltlich war es nicht viel anders als da, wo ich herkam. Männer hatten das Sagen, Frauen hatten sich anzupassen, auch wenn sie auf der Bühne gut aussehen durften. Die entscheidenden Dinge wurden ohne Frauen entschieden. Es herrschten ähnlich enge Moralvorstellungen wie in meiner früheren Gemeinde, nur gab es zumindest keine öffentliche Bloßstellung, wenn jemand sie nicht einhielt.

Mit zwanzig schlitterte ich in die nächste Beziehung, aus der zehn Monate später auch eine Ehe wurde. Nein, ich war nicht schwanger. Aber der Grund war neben der Verliebtheit vor allem einer: Wir durften auf keinen Fall vor der Eheschließung miteinander intim werden.

Angst kommt von Enge

»Warum beendest du die Beziehung nicht?« Auf der Kante meines Bettes sitzend, mit Mitgefühl und zugleich Unverständnis im Gesicht, stellte meine Mutter mir diese Frage.

Ich war von einer Verabredung mit dem Mann zurückgekommen, mit dem ich mich einige Jahre später in der Therapie wiederfand. Meine Mutter hatte mich verzweifelt weinend vorgefunden und verstand nicht, wieso ich mich selbst so verletzte, indem ich zuließ, dass jemand so rücksichtslos mit mir umging. Ich konnte es ihr nicht erklären, spürte nur einen tiefen Schmerz in meiner Brust und fühlte mich nicht geliebt, nicht gesehen, nicht priorisiert. Und irgendwie glaubte ich, dass ich mich immer so fühlen würde, egal, mit wem ich zusammen sein würde. Dieser Schmerz fühlte sich an wie etwas, das ich schon lange wusste und das nun von ihm bestätigt wurde. Mein Ex-Freund hatte sich ja auch gegen mich und für die Gemeinde entschieden. Wahrscheinlich würde es nie jemanden geben, für den ich die erste Priorität sein würde.

Alles, was ich rauskriegte, war: »Das ist nicht meine erste Beziehung. Ich kann mich nicht schon wieder trennen. Es kann ja nicht immer nur an den anderen liegen. Scheinbar stimmt mit mir selbst etwas nicht.«

Meine Mutter wusste nicht, was sie dazu sagen sollte. Ihr ratloses Schweigen ließ die Ahnung in mir hochsteigen, dass ich recht hatte. Innerhalb der Gemeinde hatte ich von klein auf gehört, wie über andere Mädchen geredet wurde, die sich von ihrem Freund getrennt hatten – oder von denen sich ein Junge getrennt hatte. Es galt die Erwartung, dass man einen Jungen kurz kennenlernte, sich recht schnell verlobte und heiratete. Wenn sich jemand trennte, dann war das nicht nur ungewöhnlich, es ließ die Betroffenen und ihre Vertrauenswürdigkeit auch irgendwie fragwürdig erscheinen. Und obwohl meine Mutter mir immer gesagt hatte, dass ich mich bis zur Heirat jederzeit von einem Mann trennen könne, hatte ich angefangen, das selbst zu glauben: Wenn sich jemand einmal trennt, dann tut er das immer wieder.

Außerdem dachte ich, dass ich zu viel erwartete. Zu viel wollte. Dass ich es nicht verdiente, so geliebt zu werden, wie ich es brauchte. Und dass ich mich, wenn ich mich jetzt trennte, nur immer wieder neu verlieben und nach einer Enttäuschung trennen würde. Irgendwie glaubte ich nicht daran, dass es mit jemand anderem besser werden würde. Und so nahm ich mir vor, mehr zu beten und mir total viel Mühe zu geben, eine richtig gute Frau zu sein. Etwas in mir glaubte schon sehr lange, dass ich etwas dafür tun musste, um geliebt zu werden. Dass ich mich anstrengen musste. Zudem nahm ich an, dass ich mich nur deshalb nicht geliebt fühlte, weil wir ja nicht intim miteinander waren. Würden wir erst einmal verheiratet sein, dann dürften wir das ja endlich. Sein Verhalten würde sich ändern, ich würde mich geliebt fühlen. Alles würde gut werden. Ich hatte keine Ahnung, wie falsch ich mit dieser Annahme lag.

Heute habe ich so viel Mitgefühl mit dieser jüngeren Version meiner selbst. Ich möchte dieser zwanzigjährigen Tina sagen:

»Nein, das ist alles nicht wahr! Du bist liebenswert. Du musst nichts leisten oder dich anstrengen, um Liebe zu verdienen. Deine Wahrnehmung ist goldrichtig: Diese Beziehung läuft absolut falsch. Hör auf dein Bauchgefühl. Lauf! Selbst wenn die Hochzeit morgen wäre: Du kannst jederzeit die Reißleine ziehen und sagen, dass du das doch nicht möchtest. Egal, wie hoch die Kosten sind. Egal, wie viel du schon investiert hast. Wenn du jetzt weitergehst, wird der Preis nur immer höher werden. Du bist viel mehr wert als das alles.«

Leider hatte ich noch nicht gelernt, mich und mein Bauchgefühl ernst zu nehmen oder mit Liebe und Verständnis auf mich oder andere zu schauen. Mir wurde eher vermittelt, dass Gefühle trügerisch sind und wir uns nicht auf uns selbst verlassen dürfen. Strenge und Disziplin führen zu etwas. Andere, Erwachsene, Autoritäten sagen uns, wer wir sind, was wir tun sollen und wie wir ein gutes Leben führen können. Auch wenn ich mich äußerlich immer wieder dagegen aufbäumte, etwas in mir hatte sich so verunsichern lassen, dass ich es letztendlich selbst glaubte.

> Es war, als seien die Menschen in meinem Umfeld nur Zuschauer, die über mich urteilten.

Ich hatte das Gefühl, niemanden zu haben, mit dem ich über meine Zweifel sprechen konnte. Dabei war ich Teil einer Gemeinde, einer Jugendgruppe, hatte Familie und Verwandtschaft und hundertachtzig Menschen, die ich wenig später zu meiner Hochzeit einlud. Ich bin mir sicher, viele dieser Menschen liebten mich und wünschten mir das Beste. Aber ich hatte zu niemandem so ein Vertrauen, dass ich über das sprechen konnte, was mich wirklich bewegte. Es fühlte sich an, als wären sie alle Zuschauer, die darüber urteilten, ob ich, die ich in der Arena stand und um mein Überleben kämpfte, es gut oder schlecht machte. Ob ich mich an die Regeln hielt und bei allem, was ich tat, gut aussah. Ich musste das Richtige tun. Und schon wieder eine Beziehung zu beenden, wäre nicht das Richtige.

Inzwischen weiß ich, dass das nicht nur meine Geschichte ist, sondern die von vielen. Von den 42 Menschen, die ich interviewt habe, die aus einem ähnlichen Kontext kommen wie ich, sahen fast alle einen bedeutenden Grund dafür, dass sie trotz Bedenken, Zweifeln und schlechten Vorzeichen so früh geheiratet hatten, darin, dass sie in sehr engen moralischen Denkmustern erzogen worden waren. Manche hatten geheiratet, weil sie vorehelich intim gewesen waren und mit dem Ausschluss aus ihrer Kirche hatten rechnen müssen, wenn das herausgekommen wäre. Sie hatten geheiratet, obwohl sie tief im Inneren wussten, dass sie ihr Gegenüber nicht liebten. Nach der Hochzeit blieben allerdings die Scham über den vorehelichen Geschlechtsverkehr und die Angst, deswegen in die Hölle zu kommen.

Eine Frau erzählte mir, dass sie geheiratet hatte, weil sie ihre Eltern finanziell entlasten und von der Sorge befreien wollte, was wohl aus ihr werden würde. Eine Tochter, die verheiratet ist, kann nicht mehr Schande über die Familie bringen, indem sie unehelich schwanger wird. Ein angeblicher Prophet hatte gesagt, dass sie einen bestimmten Mann heiraten sollte, für den sie nichts empfand. Sie gehorchte – es schien ja Gottes Wille zu sein – und betete ab sofort dafür, dass Gott ihr Liebe oder wenigstens Zuneigung für diesen Mann schenken würde. Ich möchte mir gar nicht ausmalen, was es mit der empfindsamen Seele dieser Frau gemacht haben muss, mit diesem Menschen intim sein zu müssen. Heirat hin oder her, das hat nichts mit freiwilliger Entscheidung zu tun.

Die Motivation hinter solchen Eheschließungen ist letztlich, dem ewigen Mantra der sogenannten »Purity Culture« treu zu bleiben: »Bleib rein, sei gut, gib dir mehr Mühe.« Doch dass diese Kultur auch sehr hässliche Auswirkungen haben kann, bekamen ich und viele andere am eigenen Leib zu spüren. Mir wurde von klein auf beigebracht, dass junge Menschen keinen vorehelichen Geschlechtsverkehr haben sollen, also »rein« bleiben müssen. Vor allem Mädchen sollten darauf achten, sich nicht »unter Wert zu verkaufen«. Rein zu bleiben, schien über allem anderen zu stehen. Um diese Reinheit zu erreichen, sollten sich junge Paare am besten weder küssen noch intim berühren noch Zeit allein verbringen. Mir wurde vermittelt, dass in der Ehe dann die Sexualität wie ein Lichtschalter angeschaltet werden könne. Die Botschaft an die Männer lautete: »Deine Gedanken sind böse.« Und uns Frauen wurde vermittelt: »Dein Körper ist böse, und du bist verantwortlich für die Gedanken von Männern.«

Ein beliebtes Buch, das in meiner Teeniezeit die Runde machte, war *Ungeküsst und doch kein Frosch* von Joshua Harris. Der damals gerade einmal 21-jährige Autor hält in diesem Buch ein glühendes Plädoyer dafür, mit jeglicher Form der Intimität bis zur Ehe zu warten. Auch ohne dieses Buch wäre die Einstellung in meiner Gemeinde so gewesen, wie sie war. Trotzdem möchte ich das Buch erwähnen, weil es als Aushängeschild der »Wahre Liebe wartet«-Bewegung in den USA galt und auch in meiner Gemeinde hochgehalten wurde. »Sogar in Amerika verstehen die Christen, dass es richtig ist zu warten«, wurde uns Teenagern vermittelt. Auch der Folgeband *Frosch trifft Prinzessin – Wie geht's weiter, wenns gefunkt hat?* war sehr beliebt. Wie ich herausfand, ist der Autor inzwischen selbst geschieden und hat einige Aussagen in seinen Büchern infrage gestellt und zum Teil sogar widerrufen. Er entschuldigte sich öffentlich für den Schaden, den er mit seiner Botschaft angerichtet hat.[1] Seine Frau Shannon Harris schrieb nach der Trennung ein Buch mit dem Titel *The woman they wanted – Shattering the Illusion of the Good Christian Wife*, in dem sie davon berichtet, wie sie sich viele Jahre ihres Lebens selbst verleugnete, um dem Bild der »guten christlichen Ehefrau« zu entsprechen.

Direkt oder indirekt wurde mir als Teenager auch vermittelt, dass meine Ehe nicht gesegnet sein würde, wenn ich mit dem Sex nicht bis zur Hochzeit warten wollte. Außerdem hatte ich davon gehört, dass junge Menschen vor der versammelten Gemeinde zur Rechenschaft gezogen wurden, weil sie nicht bis zur Ehe gewartet hatten. Manche wurden sogar per Abstimmung aus der Gemeinschaft ausgeschlossen.

Damals glaubte ich, meine Entscheidung aus freien Stücken getroffen zu haben. Aber wie frei war ich wirklich, wenn ich befürchten musste, aus der Gemeinschaft ausgeschlossen zu werden, wenn ich mit meinem Freund zusammenzog? Wenn ich mit der Muttermilch und den Geschichten in Kinderstunde und Jungschar aufgesaugt hatte, dass ich unrein war, wenn ich nicht bis zur Ehe wartete? Ich fühlte mich keineswegs frei, die Gültigkeit althergebrachter Regeln infrage zu stellen.

Ich kenne nur sehr wenige, die es geschafft haben, sich diesen – oft sogar in der Gemeindeordnung niedergeschriebenen – Gesetzen zu entziehen. Aber ich erinnere mich an einen Jungen in meiner Kirche, mit dem ich in meiner Teeniezeit sehr gut befreundet war und der sich standhaft weigerte, sich anzupassen. Er fühlte sich nicht richtig zugehörig und wirkte oft wütend. Aber er machte sein eigenes Ding. Ich weiß nicht, woher er diese Stärke nahm. Etwas in ihm schien ihm zu sagen, dass es keinen Sinn machte, sich anzupassen. Schon damals begann er, sich Freunde außerhalb unserer Kirchenblase zu suchen. Später zog er mit der Frau, die er liebte, zusammen, bevor sie geheiratet haben. Er ging stur seinen Weg, unabhängig davon, ob seine Eltern oder die Leute in der Gemeinde gut fanden, was er tat. Ich will nicht behaupten, dass er keine Probleme hatte oder hat. Aber mir scheint, er hat sich selbst nicht so verraten wie ich mich. In der Kirche galt er allerdings als verlorenes Schaf. Irgendwie traurig und ironisch zugleich finde ich heute, dass jemand, der sich nicht manipulieren ließ, sondern sich aus einer inneren Stärke heraus weigerte, sich dem engen und einseitigen moralischen System zu beugen, als verloren angesehen wurde – von denen, die sich angepasst hatten und die vielleicht nie wahre Zugehörigkeit erleben werden, weil sie nie herausfinden, wer sie selbst ohne dieses System sind.

Ich selbst hatte zwischen Rebellion und dem Versuch, ins System zu passen und zu gefallen, immer hin- und hergeschwankt. Einerseits weigerte ich mich irgendwann, Röcke in der Schule zu tragen. Und andererseits gab ich alles, um eine Vorzeigetochter zu sein, damit meine Eltern stolz auf mich sein konnten – was sie auch waren und oft zum Ausdruck brachten. Aber das, worauf sie stolz waren, war nur ein Teil von mir. Es war die angepasste Version meines Selbst. Und wenn meine Rebellion mal wieder die Oberhand gewann, sah das schon wieder ganz anders aus.

Als mein Vater mich zum Altar führte, sagte er zu mir: »Sei gut.« So als wäre ich es nicht schon und als müsse man mich daran erinnern, weil ich sonst zu einem schrecklichen Monster mutieren würde, für das er sich schämen müsste. Es triggerte mein Gefühl, mich besonders anstrengen zu müssen, um gut genug zu sein. So, als wäre ich eine schreckliche Frau, die es nicht verdiente, einfach so, wie sie ist, geliebt zu werden. Und die jetzt beweisen musste, dass sie doch ein bisschen Liebe verdiente.

Ich weiß, mein Vater hat es nicht böse gemeint. Seine Worte entsprachen dem, was er selbst gelernt hatte. Was er damals über sich selbst und über alle anderen glaubte: »Wir sind Sünder. Und wir müssen uns anstrengen, um gut zu sein.« Aber auch wenn eine gute Absicht dahintersteckte, hatte diese Botschaft eine verheerende Wirkung auf mich.

3. Bis dass der Tod euch scheidet

Wenn es einfacher scheint zu sterben, als eine Entscheidung für das Leben zu treffen

Es bricht mir schier das Herz, wenn ich auf meinem Instagram Nachrichten von Menschen bekomme, die nicht wissen, ob sie sich trennen dürfen oder nicht. Eine davon las sich in etwa so:

> Tina, kannst du mir sagen, was ich machen soll? Ich bin Pastorin in einer Freikirche, und mein Ehemann, der ebenfalls Pastor ist, betrügt mich am laufenden Band. Wir sind in Seelsorge bei unseren Seniorpastoren, und die sagen, dass ich mich nicht trennen soll. Er wird sich schon noch ändern, sagen sie. Aber ich kann nicht mehr. Es tut so weh und hört nicht auf. Ich weiß nicht, was ich tun soll. Wie hast du dich damals entschieden? Was hat dir geholfen? Ich verliere ALLES, wenn ich mich trenne. Alle meine Freunde, meine Gemeinde, sogar meinen Job. Ich habe dann absolut NICHTS mehr.

Wir kommen ein wenig in den Austausch und irgendwann schreibt sie: »Es scheint einfacher, mich umzubringen, als diese Ehe zu beenden.« Ich kenne dieses Gefühl der Verzweiflung, das sie beschreibt, selbst nur zu gut. Zum Glück fühlt es sich heute nicht mehr wie ein Schlag in die Magengrube an, daran erinnert zu werden.

Solche und ähnliche Nachrichten erreichen mich auf meinem Instagram-Profil. Und ich fühle sie mit jeder Faser meines Körpers. Zwei Jahre lang glaubte ich selbst, dass ich mich nicht scheiden lassen dürfe, weil Gott mich sonst verwerfen würde. Nicht nur die Menschen in meinem Umfeld würden es tun, sondern Gott selbst. In den dunkelsten Stunden dieser Zeit dachte ich auch, dass es einfacher wäre, mich umzubringen, als die Beziehung zu beenden. Schließlich hatte ich ja gelernt, dass nur der Tod eine Ehe rechtmäßig beenden könne. Denn es heißt ja: »… bis dass der Tod euch scheidet.« Mir war lange nicht bewusst, dass diese Formulierung gar nicht biblisch ist, sondern aus dem mittelalterlichen Trauversprechen stammt. In der Bibel heißt es nur: »Was Gott zusammengefügt hat, das soll der Mensch nicht scheiden« (Matthäus 19,6). Ich frage mich: Hat Gott solche Ehen wirklich zusammengefügt? Sind sie nicht vielmehr das Resultat menschlicher Entscheidungen, die am Ende gar nicht in Einklang standen mit dem, was Gott sich für uns gewünscht hat?

Während ich einerseits immer wieder Nachrichten von verzweifelten Menschen bekomme, die keinen Ausweg mehr sehen, höre ich andererseits auch Aussagen wie: »Die Leute heute machen es sich zu einfach.« Ich glaube, solche Sätze können nur von Menschen kommen, die sich nicht vorstellen können, wie es sich anfühlt, in einer Beziehung zu sein, die einem nicht nur jegliche Lebenskraft raubt, sondern die einen sogar an den Rand des Suizids treibt. Von außen mag es so scheinen, dass Menschen es sich zu einfach machen und vorschnell die Flinte ins Korn werfen. Aber vielleicht können wir das von außen auch gar nicht beurteilen. Wir wissen schließlich nicht, was hinter verschlossenen Türen passiert, und schon gar nicht, was in Menschen vor sich geht.

»Was waren deine Gedanken, bevor du dich getrennt hast?« war eine Frage in meinen Interviews. Hier sind einige der traurigen Antworten, die sich so oder so ähnlich immer und immer wiederholten:

> »Ich dachte, ich werde Schande über meine Familie bringen.«
>
> »Ich werde als Versagerin angesehen.«

»Ich bin gescheitert im Leben.«
»Ich werde keinen weiteren christlichen Partner kennenlernen, weil es so verpönt ist, geschieden zu sein.«
»Ich kann seine Tochter nicht mit ihm allein lassen.«
»Ich habe jahrelang keine emotionale Bindung zu meiner Frau gehabt, keine Liebe empfunden und dachte: Das ist Ehe, da musst du jetzt durch. Ich hasste ihre Ansichten und musste damit klarkommen, dass sie war, wie sie war, und sich nicht ändern würde. Sie sagte mir, dass sie mich nicht liebte und sogar verachtete. Eine Scheidung war keine Option, aber vielleicht mich umzubringen. Ich war total depressiv. Erst als ich eine andere Frau kennengelernt habe, hatte ich wieder Hoffnung für mein Leben.«
»Lange Zeit fragte ich mich, was besser ist: dass die Kinder mit so einem Vater aufwachsen oder lieber mit keinem; ob ich die Verantwortung tragen könnte, meine Kinder von ihrem Vater zu trennen; was ich finanziell machen würde; ich hatte enorme Angst vor dem Rosenkrieg, der bei diesem Mann in all seiner Heftigkeit und Intensität zu erwarten war. Vor allem hatte ich Angst um meine Kinder – was schadet mehr: so weitermachen oder Trennung? Als ich dann aber im Burn-out war und mal wieder von ihm alleingelassen und ignoriert wurde, war mir klar, dass es so nicht mehr weitergehen konnte. Entweder ich würde in der Klinik landen und meine Kinder wären auf sich allein gestellt oder ich musste die Notbremse ziehen.«
»Ich hatte Angst vor der Scheidung. Ich wusste: Nie wieder will mich jemand heiraten und ich kann auch keine Pastorin mehr in der Freikirche sein. Mir wurde vermittelt: Gott verwirft mich, wenn ich diese Ehe verlasse. Aber ich hatte das Gefühl, dass Gott sagt: ›Geh raus da! Gott sieht die Ehe anders.‹ Ich hatte Angst, Gott zu verlieren, und hab ihm gesagt: ›Wenn du willst,

dass ich bleiben soll, dann bleibe ich. Wenn ich gehen darf, dann öffne mir die Türen!‹ Und dann hat es sich so krass gut entwickelt. Ich habe eine super WG gefunden. Mädels, die mich voll aufgefangen haben. Auch in den folgenden emotional herausfordernden Phasen, in denen mein Ex und auch Gemeindemitglieder und -leiter mich tyrannisierten. Sie sagten mir, dass die Ehe zu scheiden eine Sünde sei, Ehebruch. Und dass ich vom Glauben abgefallen sei und nie wieder heiraten dürfte. Und irgendwie wusste ich tief in mir, dass das nicht stimmt.«

Und immer wieder:

»Ich hatte Selbstmordgedanken.«

Auch ich habe lange geglaubt, dass die meisten Menschen, die sich scheiden lassen, es sich zu leicht machen. Dass sie nicht genug um ihre Ehe kämpfen. Aber die Gefühle in den Gesichtern der Menschen zu sehen, die mir so offen davon berichteten, womit sie vor der Trennung zu kämpfen hatten, erschütterte meine Vorurteile in ihren Grundfesten. Das hörte sich für mich nicht so an, als hätten es sich diese Frauen und Männer leicht gemacht. Sicher hatten sie an der einen oder anderen Stelle Fehler gemacht. Aber tun das Menschen, deren Ehen nicht geschieden werden, nicht auch? Fast alle, mit denen ich gesprochen habe, erzählten von großen Zweifeln, Sorgen und emotionalen oder psychischen Krisen, die durch die herausfordernde oder sogar missbräuchliche Ehesituation oder die Angst vor der Reaktion der Umwelt hervorgerufen wurden.

Verena König, Traumaexpertin, schrieb am 11.09.2023 auf ihrem Instagram-Profil: »Suizid ist keine freie Entscheidung. Akut suizidal zu sein bedeutet, keinen Zugang mehr zu Ressourcen und Verbundenheit zu haben.«[2]

Das ist genau das, was Menschen erleben, die sich von ihrer Gemeinschaft unter Druck gesetzt fühlen, eine Ehe zu führen, die nicht auszuhalten ist: Perspektivlosigkeit und Isolation. Ich weiß, wovon ich spreche, weil ich mich zwei Jahre lang mit diesen Gedanken herumgeschlagen habe. Ich schlief in dieser Zeit kaum, wälzte mich stattdessen im Bett von einer auf die andere Seite und stellte mir meine Beerdigung nach einem Suizid vor. Ich wusste, ich konnte nicht mehr in dieser Ehe bleiben, weil sie mich von innen verkümmern ließ – verhungern und verdursten und in mich zusammenfallen. Aber eine Trennung war ebenfalls keine Option. Ich krümmte mich vor Magenkrämpfen wie ein Fötus in mich zusammen und dachte: »Wenn ich mich …, also wenn ich sterben würde …, dann wären diese Qualen endlich vorbei.«

Während ich das schreibe, kann ich endlich über diese Situation trauern. Ich weine mit dieser jüngeren Version meiner Selbst und mit jeder Person, die sich jemals so gefühlt hat. Wie furchtbar, dass ich und viele andere durch solche Gefühlszustände durchmussten. Wie schlecht ging es mir, dass ich glaubte, zu sterben wäre besser, als so zu leben? Tatsächlich fühlte sich der Gedanke an den Tod in dieser Situation wie eine Erleichterung an.

Der Gedanke an den Tod fühlte sich in dieser Situation wie eine Erleichterung an.

Die Realität war so unerträglich, aber es schien keine Lösung zu geben, weil ich gelernt hatte, dass Scheidung keine Option ist. Und weil ich mein Leben lang gesehen hatte, wie Menschen aus der Gemeinschaft ausgeschlossen wurden, die solche Entscheidungen trafen. Weil allein der Gedanke, von anderen so verurteilt zu werden, so furchtbar wehtat. Die Ahnung, jeglichen sozialen Rückhalt zu verlieren, wenn ich diesen Weg der Trennung einschlagen würde, war unerträglich. Mich so allein zu fühlen, war das furchtbarste und schmerzhafteste Gefühl, das ich je hatte. Und so war es wenigstens für meine Psyche eine kurze Erleichterung, mir vorzustellen, den Ausweg zu nehmen und dieses Leben zu verlassen.

Wäre es nicht besser, wenn wir Menschen in solchen Situationen erlaubten, einen anderen Ausweg zu sehen als den Suizid?

Ja, die Scheidungsraten steigen. Aber war es früher besser, als die Scheidungsraten niedriger waren? Ich frage mich, wie es den Erwachsenen in ihren Ehen ging, die keine Lösungen für derartige Ehesituationen und Probleme fanden. Und wie ging es wohl den Kindern? Die Spannungen und Verhaltensmuster, die sich aus solchen Ehen ergaben, müssen sich auch auf sie ausgewirkt haben. Ich kenne Ehepaare, die zusammengeblieben sind, weil sie der Ansicht waren, sie müssten es. Dass es richtig sei. Für die Kinder. Obwohl sie sich nicht mehr leiden konnten. Im wahrsten Sinne des Wortes nicht mehr riechen konnten. Sie lebten in getrennten Zimmern, kritisierten einander permanent, werteten sich gegenseitig ab, stritten auf unangemessene Weise vor ihren Kindern, zogen ihre Kinder in ihre Probleme mit rein. Ich erkenne bei ihren Kindern massive Herausforderungen in ihren Beziehungen. Die Verhaltensmuster der Eltern haben sich eingebrannt. Manchmal denke ich, vielleicht wäre eine Trennung doch die bessere Option gewesen? Vielleicht hätten die Kinder dann die Möglichkeit gehabt, eine gesunde oder funktionierende Beziehung zu sehen und gute Verhaltensmuster zu lernen. Zumindest hätten sie erlebt, dass ein Elternteil für sich einstehen und das Drama beenden konnte. Eine Freundin von mir, deren Eltern sich wegen der Kinder lange nicht hatten scheiden lassen, sagte mir, wie furchtbar sie es als betroffenes Kind gefunden hatte, die Spannungen aushalten und die destruktiven Verhaltensmuster nicht nur sehen, sondern auch mittragen zu müssen.

Was ist der richtige Grund dafür, mit dem Ehepartner, dem man die Treue geschworen hat, zusammenzubleiben?

Um bei dem Beispiel meiner Insta-Followerin zu bleiben: Ist es der richtige Grund zu bleiben, weil man hofft und betet, dass der andere sich ändert? Und weil Pastoren oder andere Außenstehende versprechen, dass er das tun wird?

Dazu später mehr. Zuerst möchte ich auf eine Frage eingehen, die vielen auf der Zunge brennt, wenn ich über meine Scheidung spreche …

Tina, jetzt mal ehrlich, warum habt ihr euch getrennt?

Weißt du, hättest du mich das damals gefragt, hätte ich wahrscheinlich Folgendes geantwortet: »Wir waren einfach nicht gut füreinander. Wir haben nicht zueinandergepasst. Die Beziehung war toxisch. Es wurde immer schlimmer. Ich musste die Reißleine ziehen.« Oder: »Er war wie ein schwarzes Loch, das ich versuchte zu füllen, indem ich alles Mögliche tat, aber es war nie genug. Denn das schwarze Loch hatte einfach keinen Boden.«

Einige Zeit später, als ich mich reflektierter sehen konnte, hätte ich wahrscheinlich geantwortet: »Wir waren beide zwei schwarze Löcher. Es war nie genug. Weder von ihm. Noch von mir.«

Alle diese Antworten tragen einen Teil der Wahrheit in sich. Aber ganz lässt sich die Frage nicht beantworten. Vor allem, wenn wir uns um eine ehrliche und umfassende Antwort bemühen. Und wenn wir uns eingestehen, dass die eigene Erkenntnis nur bruchstückhaft ist und das, was man einmal für wahr gehalten hat, nur ein kleiner Teil der Wahrheit ist. Dass Dinge anders sind, als sie einem irgendwann einmal zu sein schienen, weil man zu nah dran war, um das ganze große Bild erkennen zu können. Denn das, was wir heute zu erkennen meinen, kann sich im Laufe eines Lebens durch neue Erkenntnisse verändern.

Außerdem kann es nie die ganze Wahrheit sein, wenn wir über eine Ehe sprechen, an der zwei Menschen beteiligt waren, sich aber nur eine Person dazu äußert. Meine Erzählung ist dementsprechend natürlich subjektiv.

Heute sind mir einige Ursachen bewusst, die ich zum Zeitpunkt der Trennung vielleicht nur im Ansatz ahnte. Das alles zu erörtern, würde hier den Rahmen sprengen. Und vieles ist auch zu intim, um es in einem Buch zu teilen. Davon abgesehen, würde es auch nicht viel helfen. Denn jede Geschichte ist in ihren Details anders. Die Frage ist: Was eint unsere Geschichten? Was sind die Dinge, die sich in vielen der Geschichten wiederholen? Und die zeigen, wo der Hebel ist, an dem wir ansetzen können, damit eine Veränderung stattfinden kann. Im einzelnen Leben und in unseren Kirchen, unserer Gesellschaft. Denn dafür ist Kirche doch da: um eine echte Veränderung im Sinne Jesu zu bewirken.

Giftige Idealvorstellungen – Männer- und Frauenbilder

Silvester einige Jahre nach meiner Trennung: Mein Leben läuft wieder in geordneten Bahnen. Es wird gefeiert, und wir spielen »Reise nach Jerusalem« mit Sitzkissen auf dem Boden. Es ist irre witzig. Bis zu dem Moment, als ich mit zwei von meinen vier Brüdern im Finale bin. Ich kann selbst kaum glauben, was ich mich denken höre: *Okay, wenn ich die nächste Runde gewinne, verliert einer meiner Brüder gegen mich – und am Ende verlieren vielleicht sogar beide. Das kann ich keinem von beiden antun! Sie würden ihr Gesicht verlieren. Es wird ihnen total peinlich sein, gegen eine Frau, auch noch ihre Schwester, zu verlieren.*

Also verliere ich absichtlich. Es geschieht wie aus Reflex, ich kann gar nicht anders. Meine Laune sinkt in den Keller.

Was stimmt bloß nicht mit mir? Habe ich das gerade ernsthaft gedacht? Habe ich gerade wirklich verloren, weil ich glaube, dass es eine Schande für zwei erwachsene Männer ist, wenn sie gegen ihre Schwester verlieren?

Heute weiß ich, dass ich damals nicht anders reagieren konnte. Das Ganze ging so schnell, dass ich gar nicht wirklich darüber nachdenken und entscheiden konnte, was ich tat. Meine Prägung übernahm einfach das Ruder, bevor ich eine Chance hatte, mir darüber im Klaren zu werden. Und im nächsten Moment fühlte es sich an, als würde ich mich selbst im Zeitlupentempo beobachten.

Vielleicht fragst du dich, warum ich jetzt mit meinen Brüdern anfange, wenn ich über Ehe rede. Weil dieses Ereignis zeigt, wie sehr das Narrativ in mir wirkte, dass Männer besser sein müssten als Frauen. Dass es eine Schande für einen Mann sei, gegen eine Frau zu verlieren. Nicht nur gegen seine eigene Frau, sondern auch gegen seine Schwester oder jede andere. Und sei es, wie in dieser Situation, nur bei der »Reise nach Jerusalem« in einer bis dahin wahnsinnig witzigen Silvesternacht. Während ich das schreibe, schüttele ich den Kopf und bin selbst immer noch perplex. Es macht mich sprachlos.

Wie kann es sein, dass ich so etwas denke und dann auch noch reflexartig handele, als hätte ich keine andere Wahl?

In der christlichen Bubble, in der ich aufgewachsen war, gab es eine scheinbar ideale Vorstellung davon, wie ein Mann zu sein hatte. Und wie die dazu passende Ehefrau sein sollte. In meinem Kopf sahen diese verinnerlichten Ideale ungefähr so aus:

Er: groß, stark, dominant, führt, verdient so viel Geld, dass sie nicht arbeiten »muss«, trifft Entscheidungen für die ganze Familie, also auch für die Frau. Er ist erfolgreich, die Menschen haben Respekt vor ihm und schätzen seine Meinung. Am besten hat er eine hohe gesellschaftliche Position, vorzugsweise eine leitende Position in der Gemeinde. Was er nicht tun darf, ist, Schwäche zu zeigen, Fehler zu machen oder gar zu versagen.

Sie: zurückhaltend, leise, sanft lächelnd, schlank, hübsch, stellt ihre Bedürfnisse hinter seine (und die der Kinder und allgemein aller Menschen). Dadurch wirkt sie unkompliziert und immer zufrieden. Sie steht nie für sich ein. Meldet sich nicht, tritt nicht in den Vordergrund. Es sei denn, jemand fragt sie, dann fühlt sie sich sehr geehrt und gleichzeitig unwürdig der Aufmerksamkeit. Sie kann mühelos alles allein schaffen: den Haushalt und die Erziehung der Kinder. Und dann kümmert sie sich noch um alles und jeden – nur nicht um sich selbst, denn das wäre egoistisch. Sie mischt sich auch nie in die großen Fragen des Lebens ein, sondern überlässt die wichtigen Entscheidungen ihrem Mann. Weil das bedeutet, ihn zu ehren. Auf gar keinen Fall ist sie in etwas besser als er. Außer natürlich in der Haushaltsführung, in Dingen, die ihn nicht interessieren – wie Deko oder Styling –, und in allem, was mit Kindern zu tun hat. Das sind Dinge, die nur sie kann.

Wenn wir ein unrealistisches Bild zu unserem Ideal machen, pressen wir uns selbst und unseren Partner in eine Schablone, die nicht passt.

Dieses Bild wurde dann noch romantisiert: Das ist so schön, wenn die schwache, verletzliche Frau sich von dem starken Mann beschützen lassen kann. Ohne ihn wäre sie nichts. Aber mit ihm wird sie zur Prinzessin. Er fühlt sich geehrt, sie sich geliebt. Beide kommen in ihre Bestimmung.

THE END.

In den Romanen meiner Jugend war es auch immer so. Genauso in den Disney- und später in den Hollywood-Filmen. Mann rettet Frau, Frau gibt sich für ihn auf. Das ist nichts originär Christliches. Es kommt übrigens auch nicht aus der Zeit, in der die Bibel geschrieben wurde. Die übermäßige Romantisierung der Liebe zwischen Mann und Frau und die damit einhergehende romantische Verklärung der klassischen Rollenbilder sind eine Erfindung des 18. Jahrhunderts.

Das Versprechen, das darin liegt: Ein Mensch kann alle deine Bedürfnisse erfüllen, alle deine Probleme lösen und dich glücklich machen. Natürlich wäre es sinnvoll, sich in so einem Fall unterzuordnen. Nur sind wir Menschen viel komplexer. Manche Bedürfnisse können nicht durch den Partner erfüllt werden. Und wahre Verbindung sieht anders aus. Aber dazu später mehr.

Dieses unrealistische und ungesunde Bild ließ ich unbewusst zu meinem Ideal werden. Ich erfüllte auch einige der Kriterien ganz gut, nur gab es ein paar Probleme: Ich wollte mich nicht dominieren lassen. Und ich hatte tatsächlich menschliche Bedürfnisse.

Trotzdem wirkte diese Idee von der christlichen Unterordnung auch attraktiv auf mich. Bei meinen Eltern hatte ich gesehen, dass sie ganz gut funktionierte. Aus meiner Sicht ließen sie einander Freiraum in verschiedenen Fragen des Lebens, jeder hatte seinen »Herrschaftsbereich«, und größere Entscheidungen trugen sie zusammen. Ich hatte den Eindruck, dass sie sich gegenseitig dienten und unterordneten und damit glücklich waren. Und das wollte ich ja auch. Am besten bis ans Ende meines Lebens. Was ich in meiner Gemeinde gelernt hatte, schien mir wie ein Versprechen, dass ich all das bekommen würde, wenn ich einen christlichen Mann heiratete. Schließlich forderten die Bibelstellen ja, dass Männer ihre Frauen lieben sollten wie sich selbst. Und damit konnte es ja gar nicht sein, dass ein Mann sich auf eine Weise verhielt, mit der die Frau nicht glücklich sein konnte, oder?

Ich habe sehr viele gesehen, die versuchten diesem Klischee zu entsprechen, aber ich frage mich, ob sie wirklich glücklich damit waren. Bei vielen beobachtete ich, dass sie sich gegenseitig ständig kritisierten, am anderen oder sich selbst herumdokterten, sich viel Mühe gaben, dann wieder merkten, dass es nicht klappte, dem anderen die Schuld gaben, stritten oder depressiv wurden, weil sie es einfach nie schafften, dem Ideal zu entsprechen. Oder der Partner es nicht schaffte.

Wie wurde in meinem Umfeld klassischerweise mit einem solchen Problem umgegangen? Das Paar ging zur Beratung beim »allwissenden« Pastor, der zwar nicht Psychologie studiert und meist auch nicht das nötige Einfühlungsvermögen, aber dafür die Weisheit mit Löffeln gegessen hatte.

Diagnose: Frau ordnet sich nicht unter. Rezept: Sobald sie ihrer gottgegebenen Bestimmung folgt, sich unterzuordnen, kann der Mann seine gottgegebene Position einnehmen. Alles kommt in Ordnung und sie werden glücklich leben bis ans Ende ihrer Tage.

Ich gebe zu: Was ich hier beschreibe, ist sehr holzschnittartig. Das ist mir bewusst. Das Absurde ist: Viel zu viele Menschen erleben eine Realität, die dieser platten Schablone erschreckend nahekommt. Vielleicht hast du genau deswegen zu diesem Buch gegriffen …?

Aus meiner Erfahrung kommt es nie in Ordnung, egal, wie sehr wir uns bemühen, der Ideal-Mann oder die Ideal-Frau zu werden. Weil vermutlich kein Mann genau so ist, wie dieses Bild es vorschreibt, und auch keine Frau. Ja, manche mehr als andere. Und ja, manche bemühen sich, es so aussehen zu lassen. Viele entfernen sich dadurch nur immer mehr voneinander und, vor allem: von sich selbst. Denn in Wahrheit sind Männer ebenfalls verletzlich, brauchen mal eine Schulter zum Anlehnen oder jemanden, der ihnen die Sicherheit gibt, dass man bei ihm bleibt, auch wenn er eine falsche Entscheidung getroffen oder seinen Job verloren hat. Und manche von ihnen haben Stärken, die, wenn sie ihnen nachgehen würden, nicht das hohe Einkommen generieren würden wie der Job, den sie aktuell ausüben, »um die Familie zu ernähren«, damit die Frau zu Hause bleiben und die Kinder versorgen kann – so wie es angeblich von jeher vorgesehen war. Tatsächlich ist die Idealisierung des reinen Hausfrauendaseins vor allem ein Phänomen der 50er-Jahre, in denen es ein Zeichen des Wohlstands war, wenn eine Frau nicht arbeiten »musste«. In der jüdischen Bibel, in Sprüche

31, wird die Frau hingegen dafür gelobt, dass sie Geld verdient. Dieses Hausmütterchen-Bild ist also nicht aus der Bibel, Freunde!

Manche Männer sind stiller, zurückhaltender als ihre Frau, kochen gerne, würden einen viel besseren Hausmann abgeben oder können besser oder genauso gut zuhören wie ihre Frau.

Gleichzeitig machen manche Frauen sich klein, um ja nicht ihren Mann bloßzustellen. Was sollen denn die Leute denken, wenn sie mehr Geld verdient als er oder sie einen Posten innehat, der höhere gesellschaftliche Anerkennung erhält als seiner? Manche Frauen heiraten gar nicht erst, weil sie gut ausgebildet sind und mehr verdienen als die meisten Männer, die ihnen begegnen.

Es gibt Frauen, die laut sind, ihre Stimme erheben und gegen Unrecht eintreten. Ja, sogar gegen Unrecht, das ihnen persönlich angetan wurde, weil sie glauben, dass nicht nur andere Menschen es wert sind, gerettet zu werden, sondern auch sie selbst. Manche Frauen können mehr Druck aushalten als ihre Männer, sind großartige Leiterinnen und haben keine Lust, einen Kuchen für den Basar zu backen oder kreative kleine Geschenke für den Weihnachtsgottesdienst zu basteln.

Bei manchen Paaren sind diese Fähigkeiten gleich verteilt. Und manchmal wechselt das je nach Lebensphase oder Situation.

Es gibt Frauen und Männer, die gut zurechtkommen mit den von Menschen vorgefertigten Rollenbildern, weil ihr von Gott gegebenes Wesen einigermaßen oder sogar gut damit vereinbar ist. Aber der andere Teil der Menschen – Männer und Frauen, bei denen das Wesen, das Gott ihnen geschenkt hat, nicht zu den engen Vorstellungen ihres Umfelds passt – leidet völlig unnötig. Dabei könnten sie einander ergänzen aufgrund ihrer individuellen Stärken und Schwächen. Wir als Gesellschaft könnten aufhören, Dinge, die wir beim einen Geschlecht als Stärke auslegen, beim anderen als Schwäche zu definieren.

Ich finde, wir sollten anfangen, Menschen so zu sehen und zu fördern, wie Gott sie geschaffen hat, und nicht, wie wir sie nach unseren Vorstellungen haben wollen. Wir könnten so glücklich sein, wenn wir es uns nur erlauben würden. Wieso beharren wir trotzdem noch auf diesen Idealbildern?

Vermutlich, weil es einfacher ist, sich an einem Bild zu orientieren und Vorgaben zu erfüllen, als herauszufinden, wer wir sind. Außerdem wird meiner Erfahrung nach auch oft Scham als Mittel eingesetzt – mal mehr und mal weniger bewusst. Unsere Geschlechtlichkeit ist einer der vulnerabelsten Teile unserer Identität. Darüber sind wir leicht zu kontrollieren.

Von klein auf wurden wir beschämt, wenn wir dem Bild nicht entsprachen. Wir bekamen stereotype Beleidigungen zu hören, wenn wir uns auf eine Weise verhielten, die für andere anstrengend oder ungewohnt war.

Wenn beispielsweise ein Mädchen Grenzen setzte oder äußerte, was sie sich wünschte, dann wurde sie als »Zicke« abgestempelt. Oder es wurde gefragt, ob eine Jugendliche ihre Tage hatte, wenn sie ihren Unmut über etwas äußerte. Bei Streit zwischen Freundinnen hieß es leicht, dass Frauen einfach nicht fähig seien, Freundschaften zu führen. Heute weiß ich: Solche Aussagen sind nicht wahr. Und sie sind frauenfeindlich.

Aber auch den männlichen Gruppenmitgliedern ging es nicht unbedingt besser. Unsere Väter, Ehemänner oder Brüder bekamen zu hören, dass sie »Weicheier« seien, wenn sie sensibel waren, weinten oder einfühlsam auf andere reagierten. Negative Kommentare waren auch zu befürchten, wenn sich Männer für einen Beruf entscheiden wollten, der nicht das große Geld brachte, mit dem sie also auch keine Familie allein ernähren konnten. Was den einzelnen Mann glücklich machte, schien nicht zu interessieren, einzig, dass er in den vorgegebenen Rahmen passte.

Was bei mir ankam, war die Botschaft: »Entsprichst du nicht dem idealen Bild deines Geschlechts, bist du grundsätzlich falsch und der Verbindung zu anderen unwürdig.«

Eine solche Message ist Gift für jede Kinderseele. Denn gerade in der vulnerablen Zeit der Kindheit und Jugend ist das Gefühl von Zugehörigkeit elementar wichtig. Die meisten jungen Menschen würden fast alles dafür tun, um ihre Gruppenzugehörigkeit nicht zu verlieren oder zu gefährden.

Und so hinterfragten auch in meiner Gemeinde wenige dieses alte Bild, um nur ja nicht als »Emanze« zu gelten oder – Gott bewahre – als »Weichei«. Stattdessen gaben wir viel dafür, um ins Bild zu passen.

Gestützt wurde dieses Bild vom sogenannten »wohlwollenden Patriarchat«.

Das Patriarchat an sich ist keine christliche oder gar gottgewollte Erfindung. Das Patriarchat gab es schon, bevor es das Judentum oder das Christentum gab. Und es war schon immer dafür da, um die Macht von Männern zu sichern und Frauen zu unterdrücken. Theologie, die das Patriarchat als gottgewollt ansieht, behauptet, dass es ein christliches Patriarchat gäbe, das – anders als das weltliche Patriarchat – eben »wohlwollend« sei. Der Mann hat das Sagen, so wie in der Welt, meint es aber gut mit der Frau, anders als in der Welt. Diese Romantisierung des Patriarchats kommt nicht aus der Bibel, sondern entstand viel später in der Zeit der Romantik (ca. 1790-1850), auch wenn es in manchen Gemeinden mit der Bibel begründet wird.[3]

In der amerikanischen Theologie gibt es den Ausdruck »complementarianism« – was übersetzt so viel wie das »Ideal vom Sichergänzen« bedeutet und in diesem Zusammenhang ebenfalls das »wohlwollende Patriarchat« meint. Es ist kein neutrales Ergänzen, bei dem wir auf die Individualität unseres Gegenübers eingehen, sondern ein Ergänzen, das dem Idealbild einer Rolle entspricht, die vom jeweiligen Partner (Mann oder Frau) ausgefüllt werden muss. Demnach ist der Mann von Gott geschaffen, um leitende Aufgaben zu erfüllen, während die Frau dazu da ist, um ihm dabei zu dienen, indem sie minderwertigere Aufgaben übernimmt.

In diesem Zusammenhang wird in manchen Gemeinden gerne betont, dass die Aufgaben der Frau keineswegs minderwertig seien, nur anders. Entscheidend sei außerdem, wie wichtig die Frau selbst die eigenen Aufgaben nehme und welchen Wert sie ihnen zumesse. Schließlich gäbe es doch nichts Wichtigeres, als Kinder aufzuziehen und die Familie zu versorgen. Tatsächlich empfinde ich diese Aufgaben auch als sehr wichtig. Ironisch daran finde ich nur, dass mir gleichzeitig immer vermittelt wurde, dass diese Aufgaben unter der Würde des Mannes seien. Wenn bestimmte Dinge unter der Würde des Mannes sind, aber der Würde der Frau entsprechen, dann liegt aus meiner Sicht sehr wohl eine Wertung gegenüber dem weiblichen Geschlecht vor.

Als junges Mädchen spürte ich zwar, dass diese Art der Ergänzung Frauen zu Menschen zweiter Klasse degradiert, ich hatte außer meinem Gefühl aber keine Argumente, warum das falsch sei. Erst viel später lernte ich, dass wir die Bibel auch ganz anders lesen und verstehen können, als es mir beigebracht wurde. Und ich verstand erst dann, dass diese Degradierung einer Menschengruppe der erste Schritt zur Entmenschlichung ist, die es leichter macht, Frauen – und oft auch Kinder – als Objekte zu sehen, die zur Befriedigung männlicher Bedürfnisse da sind. Im Letzten kann es zu häuslicher Gewalt gegen Frauen und Kinder führen, die wir überall in der Welt finden und eben auch in unseren Kirchen. Sei es durch emotionale, körperliche oder sexuelle Gewalt. Und selbst wenn es nicht in allen Fällen gleich so dramatisch endet: Dieses Menschenbild lässt einen Großteil der Menschheit außen vor – ich meine damit nicht zwingend nur Frauen, sondern einfach alle Männer und Frauen, die diesem Bild nicht entsprechen.

Veronika Schmidt, eine christliche Sexologin, spricht in ihrem Buch *Endlich gleich* darüber, dass sie in ihrer Praxis mindestens fünfzig Prozent der Paare erlebt, die sich falsch fühlen – und zwar beide: Mann und Frau, weil sie nicht in diese vorgefertigten Plätzchenformen passen.

Trotzdem gibt es in den Kirchen immer noch massenweise Angebote für Ehekurse und jede Menge Bücher, die dieses Bild als Lösung glorifizieren – obwohl sie offenbar der Hälfte der Paare mehr schaden als nutzen.

Unsere Theologie und die Bilder, die sich aus ihr ableiten lassen, müssen sich an der Wirklichkeit messen lassen und dürfen keine Ideologie sein. Wenn die Hälfte aller Paare nicht so ist, wie diese Rollenbilder es vorschreiben, und du selbst oder ihr als Paar merkt, dass etwas nicht passt und ihr mit diesen Ratschlägen euch selbst und einander nicht näherkommt – dann darfst du sie hinterfragen. Und nach Antworten suchen, die euch wirklich helfen.

Ich machte selbst den Fehler zu glauben, dass mein Ex-Mann in ein gewisses Bild zu passen hatte. Und dass ich das Gegenstück dazu darstellen musste. Ich glaubte, wenn wir das schafften, dann würde alles gut werden – und scheiterte kläglich daran. Jahrelang gab ich mir so viel Mühe. Und ich glaube, er tat es auch. So wie wir es nach unseren Erkenntnissen und Ressourcen damals konnten. Aber es funktionierte nicht. Wir wurden immer unglücklicher. Feindseliger. Kraftloser. Hoffnungsloser.

Erst hatte ich versucht, ihm zu entsprechen, ohne zu realisieren, dass ich nicht wirklich ihm entsprach, sondern diesem Bild. Als ich aufgab, versuchte er, mir zu entsprechen. Und keiner von uns merkte, dass wir aneinander vorbeilebten, weil wir versuchten, dieses dumme Ideal zu erfüllen und in den vorgegebenen Rahmen zu passen. Wir konnten einander gar nicht wirklich sehen.

Lange konnte ich das nicht verstehen. Wieso hatte es nicht funktioniert? Wir hatten es doch wirklich versucht. Waren wir einfach beide falsch?

Als unsere Ehe zerbrach, geriet ich in eine Glaubenskrise. Ich verstand Gott nicht mehr. Denn aus meiner Sicht hatten wir doch einen Deal gehabt, der ungefähr so lautete: Ich mache, was Gott sagt, und er gibt mir, was mich glücklich macht. Doch nun hatte Gott sich scheinbar nicht an seinen Teil der Abmachung gehalten.

Irgendwas musste falsch an meiner Gleichung sein. Ich ging auf die Suche nach meinem Fehler und fand ihn erst Jahre später in einem Buch, das es leider nicht auf Deutsch gibt: *The Making of Biblical Womanhood* von der Historikerin Beth Allison Bar. Plötzlich wurde mir klar: Gott wollte scheinbar gar nicht das von mir, was ich jahrelang geglaubt hatte.

4. Bibelverständnis und Auswirkungen auf unseren Lebensstil

»Sie hätte abtreiben müssen. Wenn wir die Bibel ernst nehmen, dann ist es so, dass der Mann vor Gott die Verantwortung trägt und die Frau nur die Verantwortung hat, sich unterzuordnen. Sie hätte in diesem Fall Gottes Willen entsprochen, wenn sie einfach abgetrieben hätte.«

Der Junge neben mir meinte es ernst. Und auch einige andere nickten zustimmend. Mir fiel die Kinnlade runter. Ich saß mit ein paar Teenagern aus meiner Jugendgruppe auf dem Boden in einem Wohnzimmer und diskutierte den Fall meiner Großmutter. Als sie das vierte Kind erwartete, sagte ihr Mann, der nicht an Gott glaubte, dass sie es abtreiben sollte. Sie war überzeugt davon, dass es falsch war, und trieb nicht ab. Das bedeutete das Ende ihrer Ehe – auch wenn sie erst Jahre später auszog, als ihre Kinder erwachsen waren.

Ich konnte nicht glauben, dass die Jungs das wirklich so meinten. Doch obwohl sie Abtreibung grundsätzlich als Mord verurteilten, waren sie der Ansicht, dass es in einem solchen Fall die einzige Aufgabe der Frau sei, sich unterzuordnen. Sie glaubten an ein Gericht am Ende der Zeiten, in dem sich nur die Männer vor Gott verantworten würden – auch für die Taten ihrer Frauen.

Vielleicht ist das für dich genauso verwirrend wie für mich damals. Aber solche Diskussionen führte ich als Teenagerin oft mit den Leitern der Teeniegruppe oder mit jugendlichen Jungs, die meinten, alles in der Bibel verstanden zu haben und wörtlich nehmen zu müssen. Damals ahnte ich zum ersten Mal, wie viel Unsinn produziert wird, wenn wir einzelne Verse aus der Bibel wörtlich nehmen und nicht ins Verhältnis mit anderen Texten, der historischen Einordnung und dem Gesamtzusammenhang der Bibel setzen. Sehr eindeutig war das für mich bei dieser Diskussion um meine Großmutter. Ich glaubte damals, dass ich mich sehr gut gegen das abgrenzen konnte, was mir vermittelt wurde, und dass ich mir mein eigenes Bild von der Bibel machte, indem ich sie selbst las. In manchen Dingen war das auch so. Dementsprechend entschied ich mich dazu, in der Schule Hosen zu tragen, mir die Haare zu schneiden oder mich zu schminken, weil ich aus der Bibel keine Rechtfertigung dafür fand, wieso ich das nicht tun sollte. In diesen Punkten war es für mich sehr klar, dass die Verbote in meiner Gemeinde kulturell bedingt waren. Aber in anderen Fällen war mir gar nicht bewusst, dass ich etwas kulturell Bedingtes verinnerlicht hatte. Und so versuchte ich zum Beispiel, dem Bild der perfekten christlichen Frau zu entsprechen.

In dem Gemeindekontext, in dem ich aufgewachsen war, nahmen wir Bibeltexte so wörtlich, wie Martin Luther (oder andere seiner Zeit) sie übersetzt hatten. Natürlich insbesondere die Teile, die unser eigenes ethisch-moralisches Weltbild und die russlanddeutsch-christliche Kultur stützten.

Wenn die Bibel in der jüdischen Tradition vervielfältigt wurde, galt, dass kein einziger Strich in einer Abschrift falsch gesetzt werden durfte, damit die Bedeutung nicht verfälscht würde. Ansonsten musste der Schreiber die ganze Seite wegwerfen und von Neuem beginnen.

Ich glaube heute mehr denn je, dass wir die Bibel beim Wort nehmen müssen. Aber eben bei dem Wort, das im Ursprungstext steht. Ein Wort oder einen Satz zu übersetzen, ist eine weitaus größere Veränderung, als in der Originalsprache einen Strich falsch zu setzen. Das ist übrigens auch der Grund, warum es in konservativen Kreisen des Islam nicht erwünscht ist, den Koran zu übersetzen: Jede Übersetzung würde eine Veränderung der Bedeutung möglich machen, weil dabei immer durch den Übersetzer interpretiert werden muss. Denn keine Sprache ist wie die andere. Außerdem verändert sich jede Sprache auch im Lauf der Jahrhunderte und hängt eng mit der Kultur und der Zeit zusammen, in der sie genutzt wird.

Kulturelle und zeitgeschichtliche Einordnung als Schlüssel

Viele Theologen, Historiker und Glaubende haben die Texte der Bibel zum Thema Unterordnung der Frau untersucht und in den zeitgeschichtlichen und kulturellen Kontext gebracht. Für mich war es augenöffnend, von ihren Erkenntnissen zu erfahren. Was ich daraus mitgenommen habe, ist Folgendes:

Jesus ist nicht gekommen, um uns zu sagen, dass wir leben sollen wie die Welt um uns herum, sondern dass wir in der Welt, in der wir leben, einen Unterschied machen sollen, der seine Werte widerspiegelt. Wenn also er oder später seine Apostel über irgendein Thema sprachen, ist immer die Frage: Wie unterscheidet sich das, was Jesus sagte oder vorlebte, von dem, was in der damaligen Welt üblich war? Wofür steht Jesus ein – in genau dieser Zeit, an genau dem Ort, wo er gerade ist? Welche Werte erkennen wir in seinem Handeln? Und wie können wir diese Werte heute in unserer Zeit und Kultur weiterführen? Denn das ist unser Auftrag. Wie Jesus selbst sagte: »Ich versichere euch: Wer an mich glaubt, wird dieselben Dinge tun, die ich getan habe, ja noch größere« (Johannes 14,12).

Also, was sind diese größeren Dinge im Zusammenhang mit der Frage, wie Jesus Frauen behandelte und wie er sich in Bezug auf die Ehe äußerte? Und was sagen seine Apostel in den Briefen an die Gemeinden dazu?

Ich erinnere mich noch an die Hochzeiten in meiner Kindheit. Häufig wurde dort die »christliche Hausordnung« vorgelesen, die sich in der Bibel im Kolosserbrief findet:

> Ihr Frauen, ordnet euch euren Männern unter, wie es für Menschen angemessen ist, die dem Herrn gehören! Ihr Männer, liebt eure Frauen und behandelt sie nicht grob! Ihr Kinder, gehorcht euren Eltern in allem! Denn das freut den Herrn. Ihr Väter, seid nicht ungerecht gegen eure Kinder, sonst verlieren sie den Mut! Ihr Sklaven, gehorcht euren weltlichen Herren in allem, was ihr tut. Verrichtet eure Arbeit immer sorgfältig, nicht nur dann, wenn sie euch beobachten. Gehorcht ihnen bereitwillig, weil ihr Furcht vor Gott habt. Tut eure Arbeit mit Eifer und Freude, als würdet ihr Gott dienen und nicht Menschen. Vergesst nicht, dass der Herr euch mit dem himmlischen Erbe belohnen wird. Dient dem Herrn Jesus Christus!
> *Kolosser 3,18–24*

Mir wurde als Kind und später als Jugendliche vermittelt, dass dieser Text im Kern bedeutet, dass Frauen sich Männern unterzuordnen haben. Und irgendwie hören sich diese Worte für unsere modernen Ohren auch so an. Doch nicht so für die ersten Christen des alten Roms. Sie hatten etwas ganz anderes im Hinterkopf, als sie diesen Brief lasen. Nämlich die Hausregeln der damaligen Zeit, die auf Aristoteles zurückgingen. Diese lesen sich wie folgt:

> In der Haushaltführung gibt es nur drei Teile: Die Herrschaft des Mannes über Sklaven …, die eines Vaters und die eines Ehemannes. Wir sehen, dass ein Ehemann über Frau und Kinder herrscht, beide sind frei, die Herrschaft über die Kinder ist wie die eines Königs, die über seine Frau eine verfassungsmäßige Regel. Auch wenn es in der Natur Ausnahmen geben mag, ist das Männchen doch befehlsfähiger als das Weibchen. Die Ungleichheit zwischen Männchen und Weibchen ist dauerhaft. Der Mut eines Mannes zeigt sich im Befehl, der einer Frau

im Gehorsam. Alle Klassen müssen ihre besonderen Eigenschaften haben. Wie der Dichter über Frauen sagt: »Schweigen ist die Herrlichkeit der Frau, aber dies ist nicht gleichermaßen die Herrlichkeit des Mannes.«[4]

Aristoteles ist überzeugt von der Überlegenheit des Mannes über die Frau und rechtfertigt damit auch, dass der Mann über sie und alle anderen im Haushalt herrschen soll. Er spricht die Frauen nicht einmal an, sondern erklärt nur, wie und warum Männer in ihrem Haushalt zu herrschen haben.

Dieser Hintergrund war mir bis dahin überhaupt nicht bewusst gewesen. Und so hatte ich auch nicht verstanden, dass Paulus im Brief an die Epheser gegen diese Ordnung und Überzeugung der römischen Welt Position bezog, als er schrieb:

Ordnet euch aus Achtung vor Christus bereitwillig einander unter. Ihr Ehefrauen sollt euch euren Männern unterordnen, so wie ihr euch dem Herrn unterordnet. Und ihr Ehemänner, liebt eure Frauen mit derselben Liebe, mit der auch Christus die Gemeinde geliebt hat. Er gab sein Leben für sie. Genauso müssen auch die Ehemänner ihre Frauen lieben, wie sie ihren eigenen Körper lieben. Denn ein Mann liebt auch sich selbst, wenn er seine Frau liebt. Deshalb sage ich noch einmal, dass jeder Ehemann seine Frau so lieben soll, wie er sich selbst liebt.
Epheser 5,21-22.25.28.33a

Als moderne Christen hören wir ganz laut die Aufforderung zur Unterordnung der Frau. Die Menschen, an die Paulus damals schrieb, hörten genau das Gegenteil. Die Aufforderung zur gegenseitigen Unterordnung war für sie eine revolutionäre Aufforderung, und sie unterschied die christlichen Gemeinden von der Welt um sie herum. Dabei waren es die hier genannten Verse, die den Unterschied machten.

> Paulus spricht hier Frauen, Kinder und Sklaven direkt an, was zeigt, dass er sie als gleichwertig gegenüber Männern, Vätern, Herren ansieht. Er spricht ihnen Würde und eigene Verantwortung im Handeln zu. Zwar wendet er sich auch an die Männer, aber eben nicht ausschließlich.

Das in den ersten beiden Versen verwendete Wort *hypotasso*, das häufig mit »Unterordnung« übersetzt wird, ist keine Unterordnung im Sinne einer hierarchischen Struktur, sondern eine innere Haltung der Freiwilligkeit. Und sie gilt für beide Geschlechter. Auch das waren brandneue Gedanken für mich.

Vielleicht erscheinen dir diese Unterschiede unbedeutend. Aber im alten Rom kamen diese – für uns feinen – Nuancen einer sozialen Revolution gleich, die von den ersten Christen angezettelt wurde. Sie akzeptierten den Kaiser nicht als Gott. Und sie erkannten auch nicht mehr die traditionelle Überlegenheit des Mannes über die Frau, über Kinder oder Sklaven an. Die Theologin Lucy Peppiatt schreibt, dass dies der Schlüssel zur christlichen Untergrabung des römischen Patriarchats gewesen sei. Anstatt die Vormundschaft des männlichen Oberhauptes anzunehmen, hinterfragten die ersten Christen die bisher in der Gesellschaft akzeptierten Positionen und Erwartungen, die an Männer, Frauen, Kinder und Sklaven gestellt wurden.

Die christliche Struktur der Hausgemeinschaft widersetzte sich der patriarchalischen Welt des Römischen Reiches – ein Grund, weshalb die Christen so gefährlich für das Römische Reich waren und entsprechend verfolgt wurden. Doch viele Christen waren bereit, sich für ihren Glauben und für diese neue Ordnung in der Arena von Löwen zerfleischen zu lassen.

Nicht nur die Theologin Lucy Peppiatt, auch Scot McKnight – ein Experte für den Apostel Paulus und die römische Geschichte – unterstreicht Paulus' mangelnde Betonung der Macht und Autorität von Männern, wie sie in der Zeit eigentlich zu erwarten gewesen wäre. Und das ist so ziemlich das Gegenteil davon, wie ich diese Texte früher verstanden habe.

Die Lebensweise von Jesus als Vorbild für den christlichen Haushalt

McKnight schreibt: »Anstatt die Ansage, Frauen sollten sich unterordnen, darauf zu gründen, dass den Männern Autorität, Macht, Führung und Status in der Hierarchie obliegt, gründet Paulus seine Aussage radikal anders: In der Lebensweise Jesu.«[5]

Ab sofort ist Jesus der Vorsteher des christlichen Haushalts und nicht der Patriarch der römischen Gesellschaft. Das ist das Gegenteil der römischen Hausordnung. Das Gegenteil der Ansicht, Frauen müssten sich aufgrund ihres Geschlechts generell unterordnen. Daher kann Epheser 5 als Untergrabung der römischen Hierarchie gesehen werden. Viele Gelehrte argumentieren, dass Paulus seine gesamte Vorstellung der Hausordnung in Vers 21 zusammenfasst: »Ordnet euch einander unter aus Ehrfurcht vor Christus.«

Beth Allison Bar schreibt, dass sich alles ändert, wenn dieser Vers als Anfang der Haushaltsregeln gelesen wird, so wie er dasteht. Anstatt die angebliche Minderwertigkeit der Frau zu unterstreichen, wie Aristoteles es tat, unterstreicht Paulus die revolutionäre Gleichstellung der Frau – so wie Jesus sie vorlebte. Bar schließt mit den Worten: »Frauen werden in Vers 22 aufgefordert sich unterzuordnen, ja! Und zwar genauso, wie ihre Männer in Vers 21 dazu aufgefordert werden.«[6]

Ein weiterer Punkt, der die Historikerin davon überzeugt hat, dass die paulinische Hausordnung eine Untergrabung des römischen Patriarchats darstellte, ist die Reaktion der Römer auf die Gepflogenheiten in christlichen Gemeinden. Bar schreibt, dass Osiek und MacDonald daran erinnern, wie Gaius Plinius Caecilius Secundus, ein Anwalt und Autor zur Zeit der ersten Christen, die christliche Religion als einen verdorbenen und übermäßigen Aberglauben beschrieb, der von den Geschlechterrollen abweiche. Er hatte zwei Frauen gefoltert, die er als Diakone betitelte, und schrieb nach der Beschreibung dieser Tortur, dass Frauen in der christlichen Gemeinschaft als Leiter auftraten, ohne auf männliche Leiter hinzuweisen. Er implizierte, dass die Ideale der Männlichkeit dadurch kompromittiert wurden, dass Frauen die Leitung in diesen Kirchen übernahmen. Und das war nach römischer Vorstellung eine Schande. Die Christen waren unmoralisch für die Römer, weil sie die Ideale der römischen Männlichkeit untergruben.

Was ich für mich aus der Beschäftigung mit diesen historischen Hintergründen zog, war die Erkenntnis, dass Jesus[7] und die junge Kirche Frauen gleichberechtigt behandelt hatten. Erst als die Kirche im 3. Jahrhundert Staatssache wurde, wurde auch das Patriarchat wieder Teil des Systems der Kirche.[8] Ab diesem Zeitpunkt trennten Übersetzer Vers 21 vom Abschnitt der Hausordnung, sodass es so aussah, als würde die gegenseitige Unterordnung nicht zur Hausordnung gehören. Dies war eine Angleichung an die weltliche Norm. Nicht, weil Paulus – oder Jesus – es so gemeint und die ersten Gemeinden es so gelebt hätten, sondern weil die Übersetzer es so wollten.

Das, was Paulus in den Versen 21 und 22 ausdrückte, war nicht, dass die Christen seiner Zeit so leben sollten, wie ihre Umgebung es tat, oder so, wie sie es bis dahin gelernt hatten. Sondern sie sollten ihren Sinn ändern und dem römischen (und jedem anderen) patriarchalen System widerstehen.

> Ordnet euch aus Achtung vor Christus bereitwillig *einander* unter. Ihr Ehefrauen sollt euch euren Männern unterordnen, so *wie ihr euch dem Herrn unterordnet.*
>
> *Ephoser 5,21-22*

Inzwischen sind diese Kapitelordnungen in den meisten Bibeln wieder so gegliedert, dass Vers 21 nicht mehr getrennt von Vers 22 steht und damit nicht länger von der Hausordnung abgekoppelt ist. Die Lehre in vielen (Frei-)Kirchen wurde, laut Beth Allison Bar, jedoch nicht angepasst.

Als ich all diese Dinge las, wurde mir klar, dass ich Gott tatsächlich falsch verstanden hatte. Und dass es dabei um weit mehr ging als um veraltete Kleiderordnungen. Denn obwohl ich diese durchschaut hatte, war ich trotzdem auf das fixiert gewesen war, was andere mir über Gott und seine Vorstellung von Mann und Frau vermittelt hatten. Dementsprechend hatte ich geglaubt, Gott würde von mir erwarten, dass ich meine Wünsche und Bedürfnisse missachtete und die Wünsche meines Mannes wichtiger nahm als meine. Ich hatte gedacht, ich sei falsch, weil ich nicht zu den Frauen gehörte, die glücklich damit waren, sich einem anderen völlig unterzuordnen, keine Bedürfnisse zu äußern und nie für sich einzustehen. Doch nichts davon hatte dem Willen Gottes entsprochen, sondern nur dem Willen von Menschen. Davon bin ich heute überzeugt.

Meine Angst vor der Scheidung – Ein Übersetzungsfehler?

»Was ist der Grund dafür, dass du dich nicht scheiden lässt?«

Meine kluge Freundin Mareike stellte mir diese Frage in einer Zeit, in der es mir emotional und psychisch sehr schlecht ging. Wir spazierten auf einem Feldweg und setzten uns irgendwann einfach ins Gras.

Dabei sprachen wir über die erste therapeutische Sitzung bei Camila. Die, in der ich so rumgeschrien hatte, damit die Therapeutin mich schrecklich finden musste und uns endlich jemand attestierte, dass es für diese Ehe wirklich keine Hoffnung mehr gab. Ich konnte und wollte nicht mehr. Aber ich musste in dieser Ehe bleiben. Nicht nur, weil die anderen es sagten, sondern weil meine eigenen Überzeugungen es mir so vorschrieben. Weil ich glaubte, ohne eine offizielle Legitimation für eine Trennung nicht gehen zu dürfen. »Leider« tat mein damaliger Mann mir nicht den Gefallen fremdzugehen. Das hätte es mir wesentlich einfacher gemacht, mich zu trennen.

Etwas genervt antwortete ich meiner Freundin: »Na, weil Gott das nicht will.«

Ich verstand ihre Frage nicht und dachte: *Wieso fragt sie so was? Ist doch logisch, warum ich mich nicht scheiden lasse. Es geht mir zwar schrecklich und ich habe schon ein paar Mal gedacht, dass es einfacher wäre zu sterben, als so weiterzuleben. Aber eine Scheidung wäre einfach falsch. Gott erlaubt das nicht. Punkt. Keine Diskussion.*

Heute bin ich froh über die liebevoll provokativen Fragen, die Mareike mir stellte. Sie war nicht älter als ich, hatte aber die Weisheit einer Seele, die einiges an Leid erlebt und in Mitgefühl transformiert hat. Sie erkannte meine Dilemmata und half mir noch mal ganz anders als die Therapeutin, meine inneren Konflikte zu erkennen und eine Lösung herbeizuführen.

Übrigens: Therapie war für mich die notwendige Grundlage meines Heilungswegs. Gute, mitfühlende Freunde waren und sind für mich aber auch unersetzlich.

»Wie kommst du denn darauf, dass Gott das nicht will?«, fragte Mareike.

»Na, weil es doch in der Bibel steht, Scheidung geht nur bei Ehebruch!«, antwortete ich leicht gereizt.

Doch Mareike ließ nicht locker. »Was denkst du denn, wie Gottes Einstellung zu dir ist? Was denkst du denn, wie er ist?«

»Na ja, er liebt mich, und ich bin ihm wichtig. Und er ist Liebe!«

Irgendwie fühlte es sich ziemlich schal an, das zu sagen. Schon hier bröckelte meine Antwort, dass ich in dieser Ehe bleiben musste, weil Gott es so sagte. Irgendwas passte nicht. Ich kam ins Grübeln: *Wenn ich jemanden liebe, zwinge ich ihn dann dazu, solche Qualen durchzustehen? Sage ich einfach: »Tja, sorry, da kann man leider nichts machen. So sind die Regeln«? Nein, das würde ich niemals tun. Aber wenn ich mit meiner begrenzten Liebesfähigkeit schon so fühle, wie könnte dann Gott, der mich unendlich und bedingungslos liebt, darauf bestehen, dass ich in dieser Ehe bleiben muss?*

Mareikes nächste Frage zielte in die gleiche Richtung: »Denkst du, dass ihm die Erhaltung dieser Ehe wichtiger ist, als du es bist?«

Darauf konnte ich gar nicht antworten. Aber ich spürte eine Antwort in mir aufkommen. *Jesus ist für Menschen gestorben. Nicht für Institutionen, nicht einmal für die Ehe. Aber darf ich das überhaupt denken? Oder gar aussprechen?*

»Warum hat Gott eigentlich die Ehe geschaffen?«, hakte Mareike noch einmal nach.

Ich hatte keine Ahnung, was ich darauf antworten sollte. Die schablonenartig vorgefertigten Antworten aus meiner Kirchenprägung passten nicht zu Mareikes Fragen. Ich musste mich auf die Suche nach Antworten machen, die Hand und Fuß hatten.

Und so begann ich, die Literatur zu wälzen. Christliche Eheratgeber und theologische Ausarbeitungen zu lesen. Und was ich fand, überraschte mich:

Das, was ich bisher für unumstößlich gehalten hatte, schien gar nicht so klar zu sein. Die Meinungen der unterschiedlichen Theologen gehen weit auseinander. Wir können für fast alles eine Auslegung finden, die uns das Ergebnis liefert, das wir uns wünschen. Die uns das Bild bestätigt, das wir von jeher kennen und das uns deshalb Sicherheit vermittelt. Auch wenn es uns jegliches Leben aus den Knochen saugt.

Ich lernte, dass die hebräische und auch die griechische Sprache vielseitiger sind als unsere. Ein Wort im Hebräischen kann mit bis zu sechs verschiedenen deutschen Wörtern übersetzt werden, die allesamt ganz unterschiedliche Bedeutung haben. Und dann gibt es da noch die Grammatik. Ich war erstaunt, als ich in einer Ausführung von Werner E. Lange, einem aus meiner Sicht recht konservativen Adventisten, las, wie insbesondere beim Thema der Scheidung und Wiederheirat grammatikalische Übersetzungsfehler und Interpretationen, die auf der Weltsicht eines Übersetzers gründen, die Ursache für die Sichtweise heutiger evangelikaler Kirchen auf dieses Thema sind. Sie haben wenig damit zu tun, was im Ursprungstext in der Ursprungssprache geschrieben steht.[9]

Nach meiner Trennung hatte ich einerseits überhaupt keine Lust mehr, die Bibel zu lesen. Denn irgendwie konnte ich sie nur durch die Brille lesen, die man mir von Kindheit an auf die Nase gesetzt hatte. Gleichzeitig wollte ich sie aber lesen, denn ich war immer noch überzeugt davon, dass im Lesen der Bibel eine unerklärliche Kraft steckt, die über unser Verständnis hinausgeht. Also besorgte ich mir eine englischsprachige poetische Version der Bibel: *The Message – The Bible in Contemporary Language*, was auf Deutsch so viel wie »Die Botschaft – Die Bibel in zeitgenössischer Sprache« heißt. Beim Lesen dieser Bibel konnte mich weder die deutsche Sprache noch die Assoziationen aus meiner Historie beim Lesen triggern. Außerdem half es mir sehr, einige Podcasts zu hören, die mir einen völlig neuen theologischen Horizont eröffneten. Wie *Worthaus* oder *Das Wort und das Fleisch*. All das

Was im Ursprungstext der Bibel gemeint war, entspricht nicht immer dem, was wir heute daraus ableiten.

half mir, meine alte Brille abzulegen und mit einem neuen Blick die alten Texte zu lesen. Inzwischen lese ich ehrlich gesagt nicht mehr sehr oft die Bibel. Viel lieber begegne ich Gott in der Stille – dazu später mehr. Aber wenn ich sie lese, dann bitte ich Gott, dass er mich dabei leitet und dass ich wirklich ihm darin begegne. Ich lade ihn ein, mich beim Lesen zu überraschen.

Was Jesus wirklich über Scheidung sagte

»Ich habe die Bibel immer so verstanden, dass der Ehebund nur gelöst werden darf bei Ehebruch oder Missbrauch … Siehst du das anders?«, fragte mich eine Followerin auf Instagram.

Früher glaubte ich das auch. Und zu dieser Überzeugung gehörte auch, dass es nach einer Scheidung nicht erlaubt war, wieder zu heiraten. Steht ja genau so Wort für Wort in der Bibel. Oder?

Meine Auseinandersetzung mit den verschiedenen theologischen Auslegungen zum Thema Ehe und Scheidung machte mich nachdenklich. Je mehr ich las, umso klarer wurde mir, dass ich das, was ich in meiner Kindheit und Jugend gelernt hatte, auf den Prüfstand stellen musste. Wenn ich wissen wollte, was Jesus in den fraglichen Bibelstellen wirklich meinte, musste ich mir folgende fünf Fragen stellen:[10]

1. Mit wem redete Jesus in dieser Situation?
2. Wie handhabten diese Menschen die Scheidung in der Praxis?
3. Wie war es zu dieser Scheidungspraxis gekommen?
4. Was kritisierte Jesus? Und wofür stand Jesus hier ein?

Mithilfe von Kommentaren und einigen theologischen Büchern, die ich am Ende dieses Buches mit dir teile, konnte ich diese Fragen folgendermaßen für mich beantworten:

Zu 1: Die Menschen, auf die sich Jesus bezog, waren Pharisäer.

Zu 2: Diese Pharisäer lebten und lehrten eine Scheidungspraxis, die es Männern möglich machte, sich völlig willkürlich von ihren Frauen zu trennen und wieder zu heiraten, was einige Männer damals ausnutzten. Sie betrachteten ihre Frauen als ein Stück Eigentum, über das sie fast beliebig verfügen konnten. Mit verheerenden Folgen für die rechtlich schlechter gestellten Frauen.

Zu 3: Der Ursprung dieser Scheidungspraxis geht zurück auf die Einführung des Scheidebriefes durch Mose (5. Mose 24,1-2). Mose sah, wie die Männer ihre Frauen aus Nichtigkeiten und Überdrüssigkeit (wir würden sagen: »Kein Bock mehr!«) vertrieben. Diese Frauen waren dann weitgehend mittel- und rechtlos. Wenn sie keine erwachsenen Kinder hatten, die sich um sie sorgten, war ihre einzige Hoffnung, in das Haus ihrer Eltern zurückkehren zu können (3. Mose 22,13). War das nicht möglich, weil die Eltern verstorben waren oder sich für die Tochter schämten oder es sich schlichtweg nicht leisten konnten, landeten diese Frauen auf der Straße. Oft war Prostitution die einzige Möglichkeit, ihren Lebensunterhalt zu bestreiten. Mose versuchte mit seinem Gesetz, dieser Ungerechtigkeit und der Willkür der Männer einen Riegel vorzuschieben. Zum Schutz der benachteiligten Frauen.

Jesus kam nicht, um diese Gesetze aufzulösen. Das hätte die Stellung der Frauen nur noch mehr verschlechtert (Matthäus 5,17). Er verlangte eine bessere Gerechtigkeit als die der Schriftgelehrten und Pharisäer (Matthäus 5,20).

Der Scheidebrief, den ein Mann ausstellen sollte, wenn er seine Frau entließ, garantierte der Frau gewisse Rechte und schützte sie davor, fälschlicherweise als Ehebrecherin oder Ausgestoßene zu gelten.

Dazu eine kleine Randbemerkung: Ich fand nämlich heraus, dass in deutschen Übersetzungen häufig »Scheidung« steht, wenn es eigentlich um »Ausstoßung« geht. Das ist es, was Gott hasst: die unrechtmäßige Ausstoßung einer Frau, die anschließend keine Rechte mehr besitzt.[11] Mit dem Scheidebrief war die Frau keine Schande mehr für ihre Familie, sie konnte in das Haus ihrer Eltern zurückkehren – sofern diese sich das leisten konnten – und eine zweite rechtmäßige Ehe eingehen. Wenn sie wieder heiratete, war sie keine Ehebrecherin noch war der Mann, der sie heiratete, ein Ehebrecher.

Das Gesetz des Moses nennt keine konkreten Gründe, die eine Entlassung der Frau rechtfertigen, sondern erwähnt nur, dass ein Mann seiner Frau einen Scheidebrief schreibt, »weil er etwas Anstößiges an ihr findet« (5. Mose 24,1). Was dieses »Anstößige« ist, wird nirgends in der Bibel erläutert.[12] Unter den Rabbinern entbrannte ein Streit darüber, was dieses Schändliche sei. Sie kamen zu keinem Schluss, was dazu führte, dass Männer sich willkürlich wegen Kleinigkeiten von ihren Frauen scheiden ließen.

Zu 4: Was Jesus kritisierte, war, dass Männer, die sich willkürlich von ihren Frauen trennten, unberechtigte Schande über ihre Ehefrauen brachten. Denn von einem Ehemann entlassen zu werden, ließ es so aussehen, als habe die Frau Ehebruch begangen, auch wenn kein Ehebruch vorlag. Das, was Mose als Schutz für die verstoßenen Frauen eingeführt hatte, entwickelte sich zu einer Scheidungswillkür seitens der Männer, unter der die Frauen entsetzlich litten. Die Kultur entstellte das, was Gott gemeint hatte – nämlich Versorgung von Frauen und Kindern –, und machte Frauen zu einer Ware, die ein Mann besitzen oder wegwerfen konnte. Dagegen hatte eine jüdische Frau nur selten das Recht, die Auflösung einer Ehe zu fordern, beispielsweise wenn die Krankheit oder der Beruf des Mannes für sie mit unzumutbaren Widerwärtigkeiten verbunden war.[13]

Jesus kritisierte die falsche Auslegung der Rabbiner und zeigte auf, wie sie den geistlichen Sinn der Gebote verdrehten. Sie sahen vor allem die geschlechtliche Verbindung mit der Frau oder Verlobten eines anderen Juden als Ehebruch. War die Frau ledig oder Prostituierte, war es »nur« Unzucht, denn damit hatten sie nicht die Eigentumsrechte eines anderen Mannes verletzt.[14]

Jesus reagierte darauf, indem er das siebte mit dem zehnten Gebot verband: »Ich aber sage: Wer eine Frau auch nur mit einem Blick voller Begierde ansieht, hat im Herzen schon mit ihr die Ehe gebrochen« (Matthäus 5,28). Ehebruch beginnt im Herzen. Es ist jede innere Einstellung, jede Art von Denken oder Verhalten, die das Wesen der Ehe, die eheliche Einheit oder die Fähigkeit dazu beeinträchtigen (Matthäus 19,5-6). Die ehebrecherische Einstellung geht der Tat voraus und ist in Gottes Augen bereits Ehebruch.[15]

Jesus kritisierte damals kulturelles Unrecht – davon sollten wir ableiten, wie wir heute mit diesem Thema umgehen, anstatt Regeln aus einem völlig anderen kulturellen Kontext eins zu eins auf unsere heutige Zeit zu übertragen.

Jesus kritisierte damals kulturelles Unrecht, nicht Scheidungen grundsätzlich.

Besonders schockiert war ich, als ich herausfand, dass es im Alten Testament sogar ein Gesetz gibt, das besagt, dass ein Mann, der eine Frau vergewaltigt hat, diese Frau heiraten muss. Aus heutiger Sicht ist das nahezu unvorstellbar. Ich will mir gar nicht ausmalen, wie es sein muss, mit einem Mann verheiratet zu sein, der so etwas getan hat. Aber eine Frau zur damaligen Zeit konnte gewissermaßen noch froh sein, wenn auf diese Weise »ihr Recht« durchgesetzt wurde. Denn so hatte sie einen garantierten Lebensunterhalt – auch für ihr Kind, das eventuell aus der Vergewaltigung hervorgegangen war. Denn ansonsten hätte sie kaum mehr eine Chance gehabt, dass ein anderer Mann sie heiratete. Schließlich war sie nach der Vergewaltigung keine Jungfrau mehr. Heute würden wir so etwas niemals einer Frau zumuten. Denn in unserer Zeit, in unserem Land werden Dinge wie Lebensunterhalt – Gott sei Dank – auf andere Weise gesetzlich geregelt. Und das ist gut so.

Aber Wiederheirat ist doch verboten, oder?

Jesus sagt, es geht ihm nicht darum, das Gesetz aufzulösen – also weder den Scheidebrief abzuschaffen noch die Erlaubnis zur Wiederheirat zu hinterfragen –, denn das hätte den Stand der entlassenen Frauen weiter verschlechtert. Stattdessen lesen wir:

> Ich aber sage: Wenn ein Mann sich von seiner Frau scheiden lässt – es sei denn, sie war untreu –, macht er sie zur Ehebrecherin. Und wer eine geschiedene Frau heiratet, begeht ebenfalls Ehebruch.
> *Matthäus 5,32*

Was Jesus hier in der Bergpredigt kritisiert, ist grammatikalisch so geschrieben, dass die entlassene Frau passiv ist. Sie tut nicht etwas, sondern ihr passiert etwas. William Hendriksen schreibt dazu: »Sie erleidet Unrecht. Er tut Unrecht.«[16] Sie ist keine Ehebrecherin, weil ihr Mann sich von ihr scheiden ließ, und sie ist auch keine Ehebrecherin, wenn sie wieder heiratet. Sie ist passiv, sie tut nichts, sondern ihr wird etwas angetan.[17] Von wem? Von dem Mann, der sich unrechtmäßig von seiner Frau scheiden lässt. Er tut unrecht an seiner Frau, weil sie nun als Ehebrecherin gilt oder angesehen wird.

Wie ich lernte, stand auf Ehebruch nach jüdischem Gesetz damals die Todesstrafe. Nur konnte diese unter den Römern nicht immer vollzogen werden. Deswegen verlangten die Rabbiner von den Männern, sich zumindest scheiden zu lassen, sobald eine Frau Ehebruch begangen hatte. Im Umkehrschluss hieß das aber, dass der Mann seine Frau durch eine Scheidung mit dem Stigma einer Ehebrecherin behaftete, auch wenn er sie aus einem trivialen Grund entließ. Diese Stigmatisierung war das zusätzliche Unrecht, das der Mann ihr mit der Scheidung antat und das sie erlitt. Nur wenn die Frau tatsächlich Ehebruch begangen hatte, erfolgte keine ungerechtfertigte Stigmatisierung durch die Scheidung. Daher fügte Jesus hier notwendigerweise den Zusatz ein: »es sei denn, sie war untreu«[18]. Wer eine untreue Frau entließ, stigmatisierte sie nicht zu Unrecht als ehebrecherisch, denn sie war es ja tatsächlich – was nicht heißen soll, dass Stigmatisierung okay ist.

Aufgrund des Kontextes und der grammatikalischen Konstruktion in Vers 32 könnte die Aussage von Jesus folgendermaßen übersetzt werden:

> Alle die, die ihre Frau entlassen – abgesehen von dem Fall, dass es (tatsächlich) wegen (ihrer) Unzucht geschieht – bewirken, dass sie als ehebrecherisch angesehen wird, obwohl sie es nicht ist.[19]

Ein ähnliches Unrecht passierte auch dem Mann, der eine geschiedene Frau heiratete. Denn er wurde von den Leuten als Mann einer Ehebrecherin angesehen und so gewissermaßen selbst als ein Ehebrecher bewertet.[20]

Auch dieses Unrecht gegen den Mann, der eine geschiedene Frau heiratete, war ein Unrecht, das die Stellung der verstoßenen Frau ungerechterweise verschlechterte: Die Möglichkeit, neu zu heiraten und eine Familie zu gründen, sank natürlich rapide, wenn die Eheschließung für den Mann so negative Folgen hatte. Die Wahrscheinlichkeit, dass sie sich prostituieren musste, stieg.

Lange hatte ich geglaubt, dass Jesu Aussage über den Mann, der eine Geschiedene heiratete, darauf abzielte, die zweite Ehe als andauernden Ehebruch darzustellen und sie somit für illegitim zu erklären. Durch meine Lektüre verschiedener theologischer Bücher zu dem Thema begriff ich, dass Jesus in der Bergpredigt aber gar keine Aussage zur Wiederheirat an sich machte, sondern von den Auswirkungen der jüdischen Scheidungspraxis seiner Zeit sprach. Zur Frage der Berechtigung einer Scheidung äußerte er sich später in einem Gespräch mit den Pharisäern (vgl. Matthäus 19). Darin stellte Jesus klar, dass es Gottes ursprünglicher Plan gewesen war, dass Mann und Frau zusammenbleiben und eine Einheit bilden. Auf die Frage der Pharisäer, weshalb Mose dann den Scheidungsbrief eingeführt habe, antwortete Jesus: »Mose erlaubte die Ehescheidung, weil eure Herzen hart sind, aber ursprünglich war sie nicht Gottes Wille« (Matthäus 19,8).

Jesus machte damit deutlich, dass die Tolerierung einer Scheidung seitens Gottes nicht seinem Willen entsprang, sondern der unbußfertigen Einstellung der damaligen Männer. Ihre Herzenshärte behinderte die Einheit der Ehe und hatte das Potenzial, die Beziehung ganz zu zerstören. Und so blieb am Ende die Scheidung als kleineres Übel.

Für mich war es absolut überraschend zu erfahren, dass Jesus weder in der Bergpredigt noch in seinem Gespräch mit den Pharisäern die Scheidung (oder Wiederheirat) an sich verurteilt, sondern dass es ihm in erster Linie um Unrecht geht, das in diesem Zusammenhang entsteht.

All diese theologischen und historischen Einordnungen waren mir völlig unbekannt, als ich mich mit der Frage quälte, ob ich mich scheiden lassen sollte. Und so beendete ich meine Ehe ohne all diese Hintergrundinformationen. Das Einzige, was ich zu diesem Zeitpunkt wusste, war, dass in vielen deutschen Bibelübersetzungen das Wort »Scheidung« steht, wo es eigentlich »Ausstoßung« heißen müsste. Aber schon dieses Detail hatte genug Zweifel zur Scheidungsfrage in mir gesät. Die Überzeugung, dass Gott mich liebt, siegte über die Angst, dass er mich verwerfen würde, wenn ich mich scheiden ließ. Manchmal, wenn ich in einem ruhigen Moment in mich reinhörte, hatte ich das Gefühl, dass es nicht Gottes

Die Überzeugung, dass Gott mich liebt, siegte über die Angst, dass er mich verwerfen würde, wenn ich mich scheiden ließ.

Wille für mich sein konnte, bis ans Ende meines Lebens so unerfüllt zu leben. Und dieses Gefühl war stärker als meine Angst davor, von den Menschen verurteilt zu werden. Mit der Theologie habe ich mich erst viel später auseinandergesetzt. Sie bestätigte mir, was mein Herz – unter all der Religiosität – über Gott wusste.

Aus der Kirche, in die ich hineingeboren wurde, kannte ich die Praxis, Menschen auszuschließen, die sich nicht an Regeln der Gemeinschaft halten – zum Beispiel Leute, die sich scheiden lassen wollen. Ein herzloses Unterfangen, wie ich finde. Das Ziel dahinter ist, die Menschen zum Einlenken zu bewegen, damit sie wieder das tun, was die Gemeindeleitung für richtig hält. Diese Praxis war nur einer der Gründe, warum ich diese Gemeinde mit neunzehn Jahren verließ. In der Pfingstgemeinde, in der ich war, als ich mich scheiden ließ, musste ich »nur« damit rechnen, meine Ämter aufgeben und ein Gespräch mit dem Pastor und seiner Frau führen zu müssen. Ich bin heute wirklich sehr dankbar und stolz auf diese jüngere Version von mir. Weil ich vorausschauend plante, was eigentlich nicht meine Art ist, mein Amt aufgab und die Gemeinde verließ, bevor ich die Trennung offiziell machte.

5. Ehe, Liebe und Gefühle heute

Meine erste Ehe war für mich lange Zeit wie ein Gefängnis, aus dem es kein Entrinnen zu geben schien. Inzwischen lebe ich in einer glücklichen Ehe, die zwar nicht perfekt ist – denn die perfekte Ehe ist eine Illusion –, die aber dem nahekommt, was aus meiner Sicht der Sinn einer jeden Ehe sein sollte. Ich bin überzeugt davon, dass die Ehe als verbindlicher und verlässlicher Lebensbund gedacht ist. Gegründet auf und für den Zweck einer Liebe, um die sich beide ein Leben lang bemühen. So einfach ist das. Und so schwer. Keiner erreicht dieses Ziel in Gänze. Alle verfehlen es in der einen oder anderen Weise.

Liebe ist ein Gefühl. Und eine Entscheidung. Und eine Fähigkeit, die wir erlernen können.[21] Wie ich erlebte, hat Liebe auch viel damit zu tun, ob wir dazu fähig sind zu trauern. Darüber später mehr.

Sarah Keshtkaran schrieb in einem Instagram-Post: »Heute weiß ich, dass Ehe mehr ist als Liebe. Es ist eine Ressourcengemeinschaft.«

Ich möchte das erweitern: Für mich ist Ehe auch noch viel mehr als Liebe und als eine Ressourcengemeinschaft. Sie ist eine Lebensgemeinschaft. Und wenn wir eine Lebensgemeinschaft mit jemandem eingehen, dann werden wir von dem Verhalten unseres Partners massiv beeinflusst. Und haben gleichzeitig keine Kontrolle über das Verhalten des anderen. Es kann sein, dass wir in dieser Lebensgemeinschaft aneinander und den gemeinsamen Herausforderungen wachsen – emotional, psychisch, spirituell –, dass wir uns bereichern und voneinander lernen. Es kann sein, dass wir Dinge aus unserer Vergangenheit aufarbeiten und in unserem Sein in eine immer größere Freiheit kommen, während wir gleichzeitig immer fähiger werden, uns mit unserem Partner und anderen Menschen zu verbinden. Und ich glaube aus tiefstem Herzen, dass genau das Gottes Idee war: dass wir uns in unseren Beziehungen helfen und heilen, nicht uns gegenseitig zerstören und auf Biegen und Brechen irgendwie zusammenbleiben.

In einer vollkommenen Welt würden Ehen genauso sein und nicht zerbrechen. Es würde keine zerstörerischen Kräfte geben, die an den Verbindungen der Menschen zerren. Menschen würden nicht aus den falschen Gründen heiraten. Und Menschen würden nicht Gedanken, Einstellungen und Verhaltensweisen an den Tag legen, die ihnen selbst, dem anderen oder dem gemeinsamen Zusammenleben schaden.

Wir leben aber nicht in einer perfekten Welt. Das habe ich am eigenen Leib erfahren und auf die harte Tour gelernt. Es kommt nicht immer so, wie wir uns das wünschen. Manchmal sind die Herausforderungen zu groß. Traumata, die wir in unsere Beziehungen mitbringen, sind zu überwältigend. Und manchmal endet das, was so hoffnungsvoll begonnen hat, in einem einzigen unauflösbaren Drama. Manche Ehen wirken emotional, psychisch oder geistlich so zerstörerisch, dass eine Scheidung lebensrettend sein kann – sogar im wahrsten Sinne des Wortes.

Menschen, denen es so geht, brauchen Unterstützung von außen. Leider haben mir sowohl meine eigenen Erlebnisse als auch die Berichte meiner Interviewpartner gezeigt, dass Betroffene nicht immer gute Unterstützung bekommen – vor allem nicht, wenn das Umfeld die gerichtliche Scheidung als Ausweg aus so einer miserablen Lage nicht akzeptiert. Dann kann es sein, dass die Betroffenen statt Unterstützung sogar noch zusätzlichen Druck erleben, auch schlechte oder missbräuchliche Beratung bis hin zu geistlichem Missbrauch im Gemeindekontext, durch Familienmitglieder und sogar durch Bekannte oder gar Fremde, die damit eigentlich nichts zu tun haben.

Wenn ich heute Matthäus 5,28 lese, verstehe ich Jesus folgendermaßen: Ehebruch beinhaltet alle Gedanken, Einstellungen und Verhaltensweisen, die unsere Sexualität entstellen – Missbrauch oder auch egoistische Ausnutzung oder Manipulation des anderen – und die Fähigkeit zur ehelichen Einheit beeinträchtigen oder zerstören. Es geht dabei zuerst um die innere Einstellung zum Ehepartner, erst in zweiter Linie um Verhaltensweisen.

Für mich ergab sich daraus folgende Erkenntnis: Im geistlichen Sinne kommt Ehebruch mehr innerhalb als außerhalb einer Ehebeziehung vor: Denn in dem Maße, wie die innere Einheit der Ehe durch einen Partner zerstört oder verhindert wird, verhält sich derjenige ehebrecherisch. Das kann so ziemlich alles sein. Und es ist von außen schwer einzuschätzen. Denn was zwischen den Ehepartnern – und in ihnen – wirklich vor sich geht, wissen meist nur die beiden Beteiligten selbst. Deshalb kann von außen kaum jemand darüber urteilen, was innerhalb der Ehe passiert. Noch weniger, was in den Ehepartnern vorgeht. Und in den Aussagen Jesu kann ich auch keine Aufforderung erkennen, das zu tun.

> Von außen kann niemand darüber urteilen, was innerhalb der Ehe passiert.

Ich konnte das, was in diesen Auslegungen stand, und das, was ich selbst erlebt hatte, sehr gut in folgenden Worten von Brené Brown wiederfinden:

> Wenn Menschen, die wir lieben oder mit denen wir emotional verbunden sind, aufhören, sich für uns zu interessieren, uns Aufmerksamkeit zu schenken, in die Beziehung zu investieren und für sie zu kämpfen, beginnt sich das Vertrauen aufzulösen, und allmählich bildet sich das Terrain, auf dem Schmerz- und Kränkungen ihre destruktive Wirkung entfalten können. Disengagement löst bei uns Schamgefühle und die größten Ängste aus, die Angst verlassen zu werden, wertlos und nicht liebenswert zu sein. Was diesen unterschwelligen Verrat weitaus heimtückischer macht als so etwas wie eine eindeutige Lüge oder eine

handfeste Affäre, ist, dass wir nicht greifen können, was uns so wehtut. Es gibt keinen Vorfall oder offensichtlichen Beweis, der belegt, dass etwas nicht stimmt. Das kann einen schier verrückt machen.[22]

Meine Vermutung ist, dass sich in diesem Sinne alle verheirateten Menschen schon mindestens einmal ehebrecherisch verhalten haben. Demnach kann keiner von uns den ersten Stein werfen. Und deswegen sagt Jesus, dass Mose uns Menschen aufgrund unserer Hartherzigkeit den Scheidebrief gegeben hat: eine legale Form der Auflösung einer Ehe.

Es ist wahr: Mit einer Scheidung verfehlen wir das Ziel. Aber genauso verfehlen wir es, wenn wir lieblos in einer Ehe bleiben.

Immer wieder habe ich das Argument gehört, man könne und müsse doch an einer Ehe arbeiten. Und da stimme ich durchaus zu. Es ist wichtig, nicht vorschnell die Flinte ins Korn zu werfen und an der eigenen Ehe zu arbeiten. Und gleichzeitig bin ich überzeugt davon, dass dieses Arbeiten seine Grenzen hat. Zum einen geht das nur freiwillig, zum anderen nur so weit, wie beide den nötigen Willen, genügend Kraft und psychische Gesundheit dafür haben.

Unser freier Wille, so eingeschränkt er auch sein mag, ist Teil unserer gottgegebenen Würde. Und dieser freie Wille beinhaltet, dass Menschen sagen können: »Nein. Ich will nicht (mehr). Es ist genug.« Jemanden dazu zu zwingen, in einer Ehe zu bleiben, ist eine Verletzung seiner Würde. Und dazu hat weder der Partner noch irgendjemand anderes ein Recht. Schon gar nicht eine Gemeinde, indem sie mit Ausschluss droht und damit auch gewissermaßen den Ausschluss aus vertrauten Gruppen, Freundeskreisen oder sogar der Familie in den Raum stellt.

Ja, Gott kann eine Quelle der Kraft sein, aus der wir schöpfen können. Und ja, wenn einer sich ändert, dann besteht die Möglichkeit, dass der andere sich auch ändert. Aber manchmal passiert es einfach nicht. Und niemand kann dazu gezwungen werden. Auch nicht durch »Gemeindezucht«, wie die Praxis des Ausschlusses in manchen Gemeinden genannt wird. Liebe lässt sich nicht erzwingen. Nicht einmal von uns selbst. Und dementsprechend ist es nicht gesund, wenn ich versuche, mich selbst kraft meines bewussten Willens und Entscheidens zu etwas zu zwingen, wogegen sich mein ganzes Sein wehrt.

Vielleicht erinnerst du dich noch an meine Interviewpartnerin Anna: Sie hatte sich zu einer Ehe drängen lassen und anschließend Gott gebeten, ihr Liebe für diesen Mann zu schenken. Doch Gott schenkte sie ihr nicht. Dabei war es ihr ernst gewesen. Sie wollte das unbedingt, weil sie dem Urteil anderer mehr vertraut hatte als ihrem eigenen Gefühl. Sie hatte geglaubt, dass sie sich nur beugen müsse, um glücklich zu werden. Gehorsam hatte sie für ihre oberste Pflicht gehalten. Aber je länger sie blieb, umso mehr wehrte sich ihr ganzer Körper. Warum? Weil wir unsere Gefühle nicht einfach bestimmen können.

Liebe lässt sich nicht erzwingen.

Bereits in jungen Jahren hatte ich verinnerlicht, dass Gefühle gewissermaßen der Feind sind, dass sie uns täuschen und wir ihnen nicht trauen dürfen. Erst viel später begriff ich: Gefühle sind nicht der Feind. Gefühle können uns wertvolle Informationen darüber geben, was unser Unterbewusstsein wahrnimmt, unser Kopf aber nicht erkennt oder zu verdrängen versucht. Nur wenn wir unsere Gefühle miteinbeziehen, können wir Entscheidungen treffen, die lebensbejahend sind. Auch wenn Gefühle natürlich nicht unsere einzigen Wegweiser sein sollten, finde ich es klug, sie wahr- und ernst zu nehmen.

Ich bin überzeugt: Gerade weil es Gottes ursprüngliche Idee war, dass wir uns lieben bis an unser Lebensende, gibt es Fälle, in denen eine Trennung für einen oder beide die bessere Alternative ist. Wir machen Fehler, und wir dürfen sie wieder korrigieren. Alles andere wäre lieblos – gegenüber uns selbst und dem anderen.

Liebe ist (k)eine Entscheidung

Ich saß auf der Treppe und sah die Menschen um mich herum ausgelassen feiern. In meiner Brust war ein Schmerz, der drohte mir die Kehle hochzuklettern. Meine Mädels hatten mich ablenken wollen und waren mit mir feiern gegangen. Früher wäre ich die Erste gewesen, die auf den Tischen getanzt hätte – auch ohne Alkohol. Aber an diesem Abend gab es nichts zu feiern für mich. Ich hatte mich von dem Mann getrennt, mit dem ich in einer toxischen Verbindung gelebt hatte. Ich liebte ihn noch und ich wollte einfach nur, dass er mich auch liebte. Ihn zu verlassen, war hart für mich. Aber ich wusste, dass es keine Hoffnung für uns gab. Mein Herz war gebrochen, weil der Mensch, den ich liebte und von dem ich geglaubt hatte, dass er mich auch liebte, mich immer wieder zurückgewiesen hatte.

Mich zu trennen, war eine Entscheidung. Eine Entscheidung für meine seelische Gesundheit.

Ich musste erkennen, dass ich meinen Mann nicht dazu bringen konnte, mich zu lieben. Oder anders gesagt: Ich wusste, dass er mich liebte. Aber diese Liebe war irgendwie blockiert. Sie kam nicht bei mir an. Viele Jahre hatte ich alles in meiner Macht Stehende getan, um den Eisblock in seinem Inneren schmelzen zu lassen, damit seine Liebe endlich frei fließen konnte. Ich kämpfte für diese Liebe, die keine Chance hatte, bis ich irgendwann verstand, dass ich nicht Gott bin. Auch keine Heilige. Ich bin nur eine normale Frau mit normalen Bedürfnissen.

> Ich kämpfte für eine Liebe, die keine Chance hatte, bis ich endlich begriff, dass ich nicht Gott bin.

Ja, Gottes Liebe vermag alles zu ertragen, der Mensch aber nicht. Ich konnte es nicht länger ertragen, ohne die Liebe zu leben, die ich mir so sehr wünschte. Und erkannte selbst nicht, dass die Liebe, die ich gab, nicht das war, was mein Mann brauchte. Irgendwie hatte ich das Gefühl, es sei meine Aufgabe, ihn zu retten, zu heilen, seinen inneren Eisblock schmelzen zu lassen. Doch das überstieg völlig meine eigene Kompetenz. Das war eine Sache zwischen ihm und Gott und nicht meine. Ihn an dieser Stelle loszulassen, hatte etwas damit zu tun, ihn und seinen Prozess zu respektieren und gleichzeitig für mich zu sorgen.

Für mich führte diese Erkenntnis dazu, dass ich damit aufhörte, um die Liebe meines Mannes zu kämpfen, und mich für mich selbst entschied. Ich hatte zu lange geglaubt, dass es an mir lag und ich mir nur mehr Mühe geben müsste. Schließlich glaubte ich, es einfach nicht wert zu sein, geliebt zu werden – bis ich endlich erkannte, dass jeder Mensch in sich Zugang zu der Quelle von Gottes Liebe hat. Dass Gott mich liebt und ich somit nicht mehr um die Liebe eines anderen Menschen buhlen muss. Dass ich gehen darf. Nicht, weil mein Mann an allem schuld gewesen wäre, sondern weil ich es wert bin, geliebt zu werden und Liebe zu erleben. Und zu lernen, was es wirklich bedeutet, einen anderen Menschen zu lieben.

Immer wieder habe ich diese eine Aussage gehört: Liebe ist eine Entscheidung. Und das stimmt in gewisser Hinsicht auch. Schließlich ist Liebe mehr als Schmetterlinge im Bauch und eine rosarote Brille auf der Nase. Und es gibt sicher Phasen in einer Ehe, da fühlen wir die Liebe nicht, obwohl sie noch da ist. Und dann ist es wichtig, nicht sofort alles hinzuschmeißen, sondern an der Entscheidung, die man füreinander getroffen hat, festzuhalten. Nur gibt es einen Punkt, an dem unsere Kraft erschöpft ist. Und bei mir war dieser Punkt erreicht, als mein Herz brach, weil ich erkannte, dass unsere Liebe verloren war. Ein gebrochenes Herz ist so viel schmerzhafter als Fehler, die wir machen, furchtbarer als jede Enttäuschung und beschämender als jedes Scheitern. Wie Joe Reynolds in einem Brief an Brené Brown formulierte: »In einer Beziehung kann es auch Fehler geben – und es gibt sie mit Sicherheit … aber die Fehler haben nicht das gebrochene Herz verursacht. Das Herz bricht, wenn die Liebe verloren geht. Ein gebrochenes Herz kann die Folge sein, wenn der Mensch, den wir lieben, uns zurückweist.«[23]

Ja, ich glaube, christliche Ehepartner sind aufgefordert, einander zu vergeben, sich zu versöhnen, ihre Einstellungen und Verhaltensweisen zu verändern und an der Erhaltung ihrer Ehe mit allen ihnen zur Verfügung stehenden Mitteln zu arbeiten (Kolosser 3,12-14), auch unter Einbeziehung eines Eheberaters oder Paartherapeuten.

> Jeder Mensch gibt zu jeder Zeit sein Bestes.

Meiner Erfahrung nach steckt in dieser Aussage, Liebe sei eine Entscheidung, aber manchmal auch die Unterstellung, dass die beiden Ehepartner einfach nicht genug wollen und es deswegen nicht klappt. Sie müssten sich doch einfach nur entscheiden. Aus meiner Sicht lässt dieser Ansatz völlig außer Acht, dass wir als Menschen natürliche Grenzen und beschränkte Ressourcen haben. Diese können sehr unterschiedlich verteilt sein. Ich glaube inzwischen, dass jeder Mensch zu jeder Zeit sein Bestes gibt – gemessen an den Ressourcen, die er zu diesem Zeitpunkt zur Verfügung hat. Keiner kann von außen beurteilen, wann die Mittel einer Person erschöpft sind.

Die Ansicht, dass Liebe letztlich nur eine Entscheidungsfrage sei, hatte ich schon als Jugendliche verinnerlicht. Und es dauerte lange, bis ich mich von dieser Haltung löste und meine unfruchtbaren Versuche, diese Liebe per Entscheidung zu erzwingen, aufgeben konnte. Aber nach und nach wurde mir klar, dass Scheidung im geistlichen Sinne nichts anderes ist als die Anerkennung der »Un-Einheit« einer Ehe und dass sie moralisch gerechtfertigt ist, wenn die eheliche Einheit nicht (wieder-) herzustellen ist. Die Gründe dafür sind sehr vielfältig und umfassen so viel mehr als sexuelle Untreue.

Für mich war diese Anerkennung und Akzeptanz der »Un-Einheit« meine Lebensrettung. Solange ich so tat, als wäre da noch Hoffnung, wo keine war, hatte ich keine Chance, zu der Wahrheit durchzudringen, dass ich geliebt und wertvoll bin. Erst als ich entschied, diesen Mann und diese Ehe nicht über mein eigenes Wohl zu stellen, bekannte ich meinen Glauben an Gott – an seine Stimme der Liebe, die sagt, dass ich unendlich wertvoll bin. Und das war der Anfang meiner Glaubensreise, die mich zurück zu mir selbst und an das Herz eines liebenden Gottes brachte.

Ich bewundere Menschen, die es geschafft haben, tiefe Krisen – wie zum Beispiel den Seitensprung eines Partners – zu überwinden, und deren Beziehungen danach sogar besser wurden als je zuvor. Jede Krise kann, muss aber nicht, für beide Partner eine Möglichkeit sein zu sehen, wo sie und ihre Beziehung stehen. Wenn diese Dinge gut aufgearbeitet werden, kann auf Dauer hinterher sogar mehr Intimität möglich sein als vorher. Das hängt aber immer von beiden ab. Wenn einer nicht will, kann der andere frei entscheiden, wie er mit dieser Situation umgehen möchte.

Es hat aus meiner Sicht überhaupt keinen Sinn, Listen mit »akzeptablen« Trennungsgründen aufzustellen, um zu bewerten, ob eine Scheidung legitim ist oder nicht. Das würde dem zugrunde liegenden Problem nicht gerecht werden und nur zu einem gesetzlichen Umgang mit dem Thema Scheidung führen. Eine entscheidende Frage könnte lauten: Gibt es noch Möglichkeiten, die zu einer Wiederherstellung der Liebe und der Einheit in einer Ehe führen? Aber ich weiß auch von Menschen, die sich gemeinsam entschieden haben, ihre Ehe ohne Liebe und Intimität aufrechtzuerhalten. Sie haben ihre Gründe, über die ich nicht zu urteilen habe.

Welcher Partner die Schuld für eine Ehekrise oder das Scheitern einer Ehe trägt, ist ebenfalls eine Frage, die mir weder zielführend noch hilfreich erscheint. Oft haben beide Ehepartner ihren Beitrag geleistet. Dabei kann die Schuld auch schon darin liegen, dass die Ehe überhaupt eingegangen wurde, zum Beispiel aus falschen Gründen oder mit einer ehebrecherischen Absicht, wie Jesus es gegenüber den Pharisäern andeutete.

Die Messlatte, die Jesus anlegt, ist wesentlich höher als die von Mose, den Rabbinern und Pharisäern. Was Jesus als ehebrecherische Herzenshaltung entlarvt, ist von außen nicht zu kontrollieren. Dementsprechend ist es eigentlich absurd, von außen darüber urteilen zu wollen, ob jemand noch einmal heiraten darf oder nicht. Wir können nicht wissen, ob ein Mensch mit einer ehebrecherischen Absicht heiratet, ob bei der ersten Eheschließung oder bei einer weiteren. In der Sache des Herzens können wir nur glauben, was der andere sagt. Wir können es nicht wissen. Es gibt keine letzte Sicherheit. Gewinnen kann nur, wer auch das Risiko eingeht zu verlieren. Und verlieren kann jeder. Es gibt keine Garantie für eine gelingende Beziehung. Nicht in der Bibel. Und nicht in unserer heutigen Realität.

Reaktionen von Gemeinden auf den Notstand von Menschen

Keiner meiner Interviewpartner fühlte sich in seiner Gemeinde, in der es zu der Scheidung gekommen war, verstanden. Oder gar unterstützt und aufgefangen. Eine der Frauen erzählte mir:

> Nach der Trennung im Ausland bin ich wieder nach Deutschland gekommen und habe mich bewusst nicht in der alten Gemeinde angemeldet. Ich wusste ja, was sie mit mir machen würden. Ich wollte nicht vor der Gemeinde, vor anderen, erzählen, in allen Details … Es wird auseinandergepflückt, was ich sage, was er sagt – vor allen Leuten. Und dann wird das alles von anderen bewertet. Und dann wird möglicherweise ein Ausschluss entschieden – je nachdem, wie sie die Lage beurteilen. Was mich schon immer sehr gestört hat, die Bibelauslegung zu dem Thema. Wiederheirat nur möglich, wenn

einer der Partner fremdgegangen ist. Ich glaube, dass die Bibel viel falsch ausgelegt wird. Wieso sollte Ehebruch der einzige Grund für eine Trennung sein? Ich habe den psychischen und seelischen Missbrauch, den ich erlebt habe, als schlimmer empfunden, als wenn er Ehebruch begangen hätte. Und ich hatte Selbstmordgedanken.

Wenn ich so etwas lese, drängt sich mir die Frage auf: Glauben Menschen wirklich, dass es unsere gottgegebene Aufgabe als Gemeinde ist, in den intimsten Privatangelegenheiten von anderen herumzustochern und über sie zu urteilen? Sie auszuschließen in einem Moment ihres Lebens, in dem sie Unterstützung, Verständnis und Mitgefühl am dringendsten brauchen? Sie in so eine emotionale Not und Einsamkeit zu drängen, dass sie glauben, sich umzubringen wäre einfacher, als das zu tun, was sie körperlich, psychisch und seelisch schützen würde?

Für mich steht fest: Das ist eine der Ungerechtigkeiten, die Jesus heute aufdecken würde. Und wir haben da in manchen Gemeinden großen Aufholbedarf in der Jesusnachfolge. Ich träume von einer Gemeinschaft, in der Menschen sich nicht nur wohlfühlen, wenn gerade alles glattgeht im Leben und sie eine Vater-Mutter-plus-zwei-Kinder-Vorzeigefamilie sind. Von einer Gemeinschaft, die aus Menschen besteht, die sich ihrer eigenen Verletzlichkeit und Fehlbarkeit und gleichzeitig ihrer Würde und Vollkommenheit in Gottes Augen bewusst sind. Einer Gemeinschaft, die weiß, dass Scheitern zum Leben dazugehört und dass Gemeinschaften nicht nur dazu da sind, um Hochzeiten zu feiern, sondern auch Verluste, Scheitern und Ehescheidungen würdevoll zu begleiten. Den Schmerz darin zu sehen und uns gegenseitig an die uns innewohnende Stärke zu erinnern,

> Ich träume von einer Gemeinschaft, in der Menschen sich ihrer Fehlbarkeit und gleichzeitig ihrer Würde bewusst sind.

die uns befähigt, alles durchzustehen, was das Leben uns entgegenwirft. Nicht allein, sondern gehalten von Menschen, die demütig sein können im Angesicht solcher Ereignisse.

Unsere gottgegebene Freiheit in Anspruch nehmen

»Wieso ist nichts zu essen da?« Mit hochgezogenen Augenbrauen stand Andreas vor Alina. Er deutete mit einer abfälligen Handbewegung auf die Arbeitsplatte der riesigen Küche.

Alina reagierte darauf: »Ich war arbeiten, ich hatte heute keine Zeit zu kochen und hatte gehofft, dass du das heute übernehmen würdest. Du bist doch seit 14 Uhr zu Hause?!«

Verständnislos und ebenfalls verärgert wandte Alina sich ab und ging ins Badezimmer, um sich abzuschminken. Andreas rief ihr noch hinterher: »Das ist deine Aufgabe, wieso soll ich das machen?«

Bis um 20 Uhr hatte sie Kunden beraten, anschließend mit der Chefin zusammen den Laden aufgeräumt und war erst um 21:30 Uhr nach Hause gekommen. Sie liebte ihren neuen Job, aber die Füße taten ihr nach einem langen Arbeitstag weh. Sie schminkte sich ab und sprang unter die Dusche. Andreas hasste ihren Job. Und er weigerte sich, auch nur eine einzige Sache im Haushalt zu übernehmen.

Nachdem Alina dreizehn Jahre lang alles im Haushalt allein gemacht und sich ausschließlich um die Erziehung der Kinder und die Bedürfnisse ihres Mannes gekümmert hatte, wollte sie einmal etwas tun, was ihr etwas Anerkennung gab. Etwas, das sie erfüllte und ihrem Dasein mehr Sinn gab. Sie fragte sich, wer sie eigentlich war. Ob sie noch mehr konnte? Anstatt eine Ausbildung zu machen, hatte sie damals ihr zweites Kind bekommen. Das hatten sie gemeinsam so entschieden. Aber jetzt wollte sie die Ausbildung nachholen. Das Problem war nicht der Job, auch nicht das Geld. Sie hatten mehr als genug Geld. Aber er überging alle ihre Wünsche. So erzählte Alina mir:

> Ich habe mich immer geschämt, wenn ich ihn um etwas gebeten habe, was ich mir wünschte. Er sagte dann einfach: »Wozu? Du brauchst das nicht.« Als ich ihm von dem Job erzählte, hatte ich gehofft, dass er sich mit mir freuen oder wenigstens Interesse zeigen würde. Aber er war verärgert: »Wofür? Du brauchst das nicht. Wir haben genug Geld für alles, was du willst. Hör auf rumzuspinnen, du kannst das sowieso nicht.«

Seine Eltern hatten einen eigenen Schlüssel. Sie kamen und gingen, wie es ihnen passte. Als Alina versuchte, darüber zu sprechen, dass sie etwas mehr Privatsphäre brauche, sagte Andreas ihr, dass man so nicht über die Eltern spricht: »Eltern sind tabu.« Für Andreas war den Wünschen seiner Eltern immer Folge zu leisten. Das war seine Definition davon, die Eltern zu ehren. Für Alina war das kein Leben. Sie wollte rausgehen, die Welt sehen, feiern, Menschen treffen. Und herausfinden, was sie noch mehr konnte, als Hausfrau zu sein. Deswegen hatte sie sich auf diesen Job beworben. Um ein wenig eigenes Leben und Geld zu haben, über das sie bestimmen konnte. Sie brauchte etwas Sinnvolles, das ihr Leben füllte. Die Kinder waren in einem Alter, in dem sie sich nach der Schule mit Freunden verabredeten. Und so war sie die meiste Zeit allein in dem großen Haus. Andreas lebte sein Leben, war mit seinem besten Kumpel unterwegs, fuhr regelmäßig lange raus zum Jagen und lümmelte nach der Arbeit auf dem Sofa. Er hatte scheinbar kein Interesse an Alina. Sie erinnerte sich gar nicht mehr, wann sie sich das letzte Mal geküsst hatten oder gemeinsam ausgegangen waren. Sie weinte viel, sprach darüber, was sie brauchte, bat darum, dass sich etwas änderte. Sie stritten viel, und irgendwann verloren sie den Respekt voreinander.

Als Alina sich von ihrem Mann trennte, stellte sich heraus, dass sie zu Beginn ihrer Ehe Dokumente unterschrieben hatte, in denen stand, dass sie im Falle einer Trennung nichts bekommen würde. Er hatte ihr damals weisgemacht, dass sie damit den Kreditvertrag unterschrieb, damit ihr das Haus genauso gehören würde wie ihm. Die neunzehnjährige Alina hatte die deutsche Sprache damals noch nicht gut genug verstanden. Und so stand sie nun also da: ohne Berufsausbildung, ohne Rente und ohne jegliche finanzielle Absicherung.

Der Rat des Pastors war wie wohl so häufig: »Ordne dich unter.« Ihr wurde geraten, den Job aufzugeben, damit der Friede in der Ehe gesichert sei. Aber was ist das für ein Frieden, in der sich einer über den anderen erhebt und ihn ausbeutet? Ihn am ausgestreckten Arm verhungern lässt, demütigt und ignoriert?

Alina entschied, dass es ihr wichtiger war, in einer Beziehung zu leben, in der auch ihre Bedürfnisse vorkamen, und auf Augenhöhe mit Respekt behandelt zu werden, als die finanzielle Absicherung durch Andreas zu haben. Und so ging sie. Damit verlor sie jeglichen sozialen Rückhalt. Ihre christlichen Freunde wandten sich von ihr ab, hinter ihrem Rücken wurde über sie geredet, ihre eigene Familie beleidigte sie. In den Augen der Umwelt war sie schuld an dieser Trennung. Um sie »wieder zur Vernunft zu bringen«, wurde sie von vielen in ihrem Umfeld mit Ächtung bestraft.

Wählen zu können, ist eines der entscheidenden Dinge, die uns Würde verleihen. Dass sich diese Freiheit in der Welt ausbreitet, ist eine direkte und manchmal indirekte Folge der Lehren Jesu. Auch wenn die Christenheit sich in den vergangenen Jahrhunderten nicht mit Ruhm bekleckert hat, als es um die Gleichberechtigung der Frau ging (bis auf einige wenige Ausnahmen) – der Gedanke der Freiheit und Gleichheit aller Menschen entspringt den Lehren Jesu.

Gott hat uns einen Rahmen gegeben – Normen und Werte, die er uns mitteilte und die weitergedacht werden wollen. Eine Gebotsethik, wie sie zu Zeiten Moses noch herrschte, eins zu eins auf heute zu übertragen, ohne sie weiterzudenken, ergibt aus meiner Sicht wenig Sinn. Sonst dürften wir heute auch keine Kleidung tragen, die aus zwei unterschiedlichen Materialien hergestellt wurde, und Männer dürften sich nicht rasieren (vgl. 3. Mose 19,19.27). Stattdessen brauchen wir eine Ethik, die sich an den Werten orientiert, die die Bibel generell vermittelt. In der Zeit von Eva bis Junia hat sich die Welt ganz schön gewandelt. Abraham schlief mit seiner Magd, um einen Sohn zu zeugen, Jakob hatte zwei Frauen und David und Salomo hatten mehrere Hundert Frauen. Die Vielehe war lange Zeit gang und gäbe – zu Zeiten Jesu allerdings schon nicht mehr. Und genauso, wie sich Traditionen und kulturelle Normen im Laufe der Entstehung der biblischen Bücher veränderten, haben sie sich seitdem noch weiter verändert. Wir können also nicht sämtliche Gesetze und Gebote, die für eine spezifische Zeit bestimmt waren, auf heute übertragen. Das gilt auch für die Gebote rund um das Thema Ehe und Scheidung. Die Fragen der finanziellen Versorgung werden im Fall einer Trennung in unserem Land vom Staat und dessen Gesetzen geregelt, nicht von der Kirche.

Die Regeln, die damals galten, waren zum Schutz derer, die schutzbedürftig waren, gemacht worden – und um ein gutes Leben in einem sicheren Rahmen gestalten zu können. Nicht um ungerechte Machtgefälle in Beziehungen herzustellen oder beizubehalten und Menschen gefangen zu halten in unaushaltbaren Situationen – wie Alina bei Andreas. Wenn wir diese Werte der Bibel weiterdenken und in unsere Welt übertragen wollen, dann müssen wir uns fragen, wie wir heute die Schutzbedürftigen schützen und Rahmen schaffen können, damit Menschen die Möglichkeit haben, sich ein gutes Leben aufzubauen. Dazu gehört auch, dass wir uns ganz neu überlegen, wie wir Menschen begleiten, die durch eine Trennung gehen.

6. Wenn nicht so, wie dann?

I find love is not something we give or get
It´s something that grows between two people
When they allow themselves to be fully seen by each other
That´s what I think what love is
How far does it go?
As far as you´re willing to see in each others' eyes
I think it goes this far
I don´t think it´s fragile, but I do think it has limits
And I think shame, blame, critizism, and the withholding of affection –
I think those things are poisonous to love
And you can only tolerate those things, when they are rare and people make amends[24]
Brené Brown

»Wieso heiraten Sie denn so jung?« Mein 21-jähriges Ich hatte meiner Kollegin gerade die Einladung zu meiner Hochzeit in die Hand gedrückt. Sie war völlig perplex.

Und ich auch: »Äh, na, weil ich ihn liebe.«

»Aber deswegen muss man doch so jung nicht heiraten. Lassen Sie sich Zeit, lernen Sie sich erst mal gut kennen. Genießen Sie das Leben!«

Ihre Frage verärgerte mich. Und ich dachte: *Wieso stellt sie meine Entscheidung infrage? Das ist ja wohl meine Sache!* Okay, sie hatte nicht die Heirat grundsätzlich infrage gestellt. Nur den Zeitpunkt. Und ich wusste, dass der Grund, warum ich heiratete, zwar Liebe war. Aber so früh heiratete ich vor allem deshalb, weil in meinem Kulturkreis Sex offiziell nur in der Ehe stattfinden durfte. Deswegen konnten wir nicht einfach zusammenwohnen und gucken, wie gut wir uns im Alltag verstanden, bevor wir uns das ewige Ja-Wort gaben. Wir mussten vorher heiraten.

Aus vielen Gesprächen weiß ich aber auch, dass zahlreiche Paare sagen, vor der Hochzeit schon »zu weit« gegangen zu sein. *Surprise, surprise!* Man kann nämlich auch miteinander intim werden, ohne zusammenzuziehen. Manche dieser Paare leben mit Schuldgefühlen. Andere finden es rückblickend einfach nur lächerlich, von jungen Leuten, die sich lieben, Keuschheit zu erwarten.

Hätte ich meiner Kollegin damals gesagt: »Ich heirate so früh, weil ich sonst weder mit einem Mann zusammenleben noch Sex haben darf!«, hätte sie wahrscheinlich die Augenbrauen sehr weit hochgezogen, das Kinn gehoben und sehr langsam genickt. Noch verständnisloser hätte sie wohl geguckt, wenn ich gesagt hätte, dass ich heiraten müsse, um mich und meine Kinder finanziell abzusichern. Vor 2000 Jahren wäre das ganz normal gewesen. Aber natürlich hatte ich nicht deshalb geheiratet. Auch wenn ich es durchaus für sinnvoll erachte, Kinder in einem auch finanziell geschützten Rahmen zu bekommen.

Wir heiraten heute aus anderen Gründen als früher. Ja, wir heiraten oft auch, um eine Familie zu gründen. Menschen in Ehen sind finanziell meist bessergestellt als Singles. Vor allem, wenn zwei Einkommen zusammenkommen. Damit werden auch mögliche Kinder abgesichert. Aber wenn ein Paar sagen würde, sie heiraten wegen der finanziellen Absicherung, würden die meisten wohl sehr irritiert gucken. Trotzdem ist Ehe auch Lebenspartnerschaft mit allem, was dazugehört. Seit der Romantisierung ist für uns in der westlichen Welt Liebe der Grund zu heiraten, auch wenn uns bewusst ist, dass es beim Heiraten um wesentlich mehr geht als nur um schöne Gefühle. Wir erhoffen uns von einer Ehe in der Regel Glück, Erfüllung und manchmal auch persönliche Weiterentwicklung. Ich würde sagen, das sind grundsätzlich erstrebenswerte Ziele.

Für mich ist Liebe schon der wichtigste Grund zum Heiraten. Und gleichzeitig denke ich, dass es auch richtig gut passen sollte mit jemandem, an den wir uns ein Leben lang binden. Denn leider sind das zwei verschiedene Dinge: Nicht immer lieben wir einen Menschen, der auch wirklich gut zu uns passt. Oder andersherum gesagt: Nicht immer passt der Mensch, den wir lieben, auch automatisch gut zu uns. Außerdem habe ich das Gefühl, dass wir die Ehe und unsere Partner mit den romantischen Erwartungen unserer Zeit schnell überfrachten. Zumindest habe ich das getan. Ich habe mein Glück viel zu sehr von dem Mann an meiner Seite abhängig gemacht. Ohne es zu merken, habe ich dabei all die unbewussten Enttäuschungen und Verletzungen aus meiner Vergangenheit unreflektiert mitgenommen und geglaubt, dass mein Partner all die Löcher stopfen könnte, die bodenlos in meinem Innern auf Erfüllung warteten. Und vermutlich bin ich nicht die Einzige, der es so ging.

Diese Sache mit der Liebe finde ich ziemlich kompliziert. Einerseits brauchen wir einander wirklich. Andererseits werden Beziehungen schwierig, wenn wir sie aus reiner Bedürftigkeit eingehen. Ich glaube zwar, dass der Grund, warum wir auf dieser Erde sind, tiefe Verbindung zu uns selbst, Gott und anderen Menschen ist. Nur erleben wir das nicht zwingend in jeder Ehe. Sich nicht scheiden zu lassen, ist noch kein Beweis dafür, dass Partner einander nahe sind oder waren. Auch nicht, dass sie bindungsfähig sind oder Verbundenheit erfahren haben. Es bedeutet zunächst mal nur, dass die Partner noch verheiratet sind. Über die Qualität der Ehe oder das Maß der inneren Verbundenheit sagt es nichts aus.

Verbundenheit in erwachsenen Beziehungen benötigt die Reife der Interdependenz – das Bewusstsein, dass wir wechselseitig voneinander abhängig sind. Und dass wir uns gegenseitig bedingen: Alles, was ich tue, hat Auswirkungen auf dich, und alles, was du tust, hat Auswirkungen auf mich. Um diese Reife zu erlangen, müssen wir erst einmal aus der einseitigen Abhängigkeit vom Du – die seit Kindesbeinen an besteht, zum Beispiel von unseren Eltern – herauswachsen in eine Unabhängigkeit hin zum Ich. Wir müssen lernen, unsere Bedürfnisse wahrzunehmen, gut für uns selbst zu sorgen, für uns einzustehen und uns von anderen abzugrenzen. Erst dann können wir einen Sinn für Interdependenz entwickeln und zu einem wechselseitig abhängigen Wir finden.[25]

Für mich passt dieser Weg vom Du zum Ich zum Wir gut zu der gleichberechtigten Ordnung, die Jesus einführte: Wir lernen für uns und unsere Bedürfnisse einzustehen und die Bedürfnisse des anderen zu berücksichtigen. Wir verhandeln darüber, wer was wann wie braucht, und schauen, wie wir gemeinsam unsere Ressourcen so nutzen, dass möglichst die Bedürfnisse aller Beteiligten so weit wie möglich erfüllt werden. Wir verurteilen einander nicht wegen unserer Bedürfnisse. Und wir stellen unsere eigenen Bedürfnisse auch nicht generell über oder unter die des anderen.

Aus meinen Beziehungen habe ich gelernt, dass wir echte Verbundenheit da erleben, wo wir uns zeigen können, wie wir sind. Wenn wir den anderen erlauben, uns zu sehen, wie wir wirklich sind. In unserer Ganzheit. Und wenn wir bereit sind, den anderen zu sehen – so, wie er oder sie wirklich ist. Sobald wir aufhören, uns selbst zu zähmen, um jemand zu sein, der für andere akzeptabel erscheint, finden wir zum Ich. Und wenn wir uns erlauben, dieses Ich mutig zu zeigen, dann öffnen wir eine Tür für ein Wir. Die Frage ist, wie der andere darauf reagiert.

Brené Brown sagt, dass der Moment, in dem zwei Menschen einander wirklich sehen, der Augenblick ist, in dem Liebe zwischen zwei Menschen wächst. Das ist es auch, was ich erlebt habe. In meiner zweiten Ehe. Und mit Caro, meiner engsten Freundin und Vertrauten. Und in Teilen auch in einigen anderen Freundschaften, die ich seitdem aufbaue. Wir feiern einander, dienen uns gegenseitig und ermutigen uns, über uns hinauszuwachsen, ohne Druck oder Manipulation. Mit Liebe, Verständnis und Mitgefühl.

Davon, wie ich das lernte, handelt der zweite Teil dieses Buches.

TEIL 2

Wie ich **mutig** damit aufhörte, mich selbst zu **zähmen**

Ich selbst werden.
Gott begegnen.
Über das selbstständige Ich zu einem verbundenen Wir finden.
Beziehungen authentisch leben.

1. Exodus

Heilungswege

Bei meinen Gesprächen mit Menschen, die aus Kontexten mit moralisch engen Vorstellungen kamen und eine Scheidung erlebt hatten – aus welchen Gründen auch immer –, stellte ich fest, dass diese Menschen alle einen Prozess der Heilung durchgemacht hatten, der für jeden extrem individuell war. Gleichzeitig wiederholten sich in den Aussagen meiner Interviewpartner aber auch einige Inhalte.

Sehr viele, wenn auch nicht alle, sprachen davon, dass sie sich für diese Ehe entschieden hatten, weil sie einen Druck oder Zwang empfanden. Oder dem Urteil anderer mehr vertrauten als ihrem eigenen. Dementsprechend hatten sie nach der Scheidung das Bedürfnis, Gott und sich selbst ganz neu zu entdecken, ihre eigenen Urteile und Werte zu überdenken und sich neu zu orientieren. Aber auch diejenigen, die nicht von einem Druck bezüglich der Eheschließung berichteten, erzählten, dass sie durch die Trennung ihren Glauben neu definieren und eine neue Perspektive für ihre Zukunft finden mussten.

Diejenigen, die inzwischen in neuen Beziehungen lebten, berichteten, dass sie auch in diese neue Partnerschaft ihre Verletzungen und eigenen Herausforderungen mitgenommen hatten, dass sie die Verbindung diesmal aber als echter erlebten, weil sie ehrlicher und offener mit ihrem neuen Partner reden und sich anders begegnen konnten. Dass sie sich selbst differenzierter sahen, ihre Schattenseiten wahrnahmen und an ihnen arbeiteten.

Mir ist bewusst, dass es auch Menschen gibt, die in der zweiten Beziehung genau die gleichen Fehler wiederholen wie in der ersten – und in der dritten und vierten … Deshalb sage ich auch nicht, dass

Trennung immer die Lösung ist. Das kann nur jeder selbst für sich entscheiden. Aus meiner Sicht ist es wichtig, dass wir heil werden von unseren Verletzungen – ob sie nun ursprünglich aus unserer früheren Vergangenheit oder der beendeten Beziehung stammen.

Ich teile im Folgenden meine eigene Geschichte des Heilwerdens und setze sie in Bezug zu den Etappen der Befreiungsgeschichte des Volkes Israel. Dabei versuche ich, ein möglichst rundes Bild zu zeichnen aus dem, was ich selbst erlebt habe, und dem, was mir von meinen Interviewpartnern berichtet wurde. Dementsprechend teile ich hier einerseits Dinge, die uns in unserem Erleben einen, aber auch das, worin sich unsere Geschichten unterscheiden. Vielleicht findest du dich in manchem davon wieder und fühlst dich dadurch weniger allein mit deiner Geschichte. Und möglicherweise ermutigt es dich sogar weiterzugehen: dich ganz zu zeigen und dich wieder einzulassen auf eine tiefe Verbindung und das Leben.

Beim Scrollen auf Instagram sprang mir ein Reel von Priska Lachmann ins Auge, mit dem ich mich sofort identifizieren konnte.

> I came from a conservative Christian background and got married at 19.
> I worked as a pastor until I finally got divorced with 26.
> I lost my job, my Christian conservative friends and my whole life.
> I went back to college, met a new man, fell in love, and deconstructed my faith.
> I became free. Authentic. And started living the life of my dreams.
> You can do anything in life, if you don´t avoid the process, but face your problems.
> Don´t be ashamed for your process.[26]

Ich habe es sofort gefühlt. Denn ich komme ebenfalls aus einem evangelikalen Hintergrund mit sehr engen moralischen Grenzen. Mit 21 Jahren heiratete ich einen Mann. Ich glaubte zu wissen, was richtig ist. Mit 26 Jahren hatte ich mich wieder getrennt und versuchte, die Scherben aufzusammeln. Nur war es keine Vase, die zerbrochen war, sondern mein Selbstbild, mein Glaube, mein Selbstvertrauen und das Vertrauen in mein Umfeld.

Bis zu diesem Zeitpunkt hatte ich mich zu sehr darauf verlassen, was andere mir über mich, das Leben und Gott erzählt hatten. Nun machte ich mich auf die Suche nach meiner eigenen Verbindung zu und Erfahrung mit Gott, mir selbst und den Werten, nach denen ich selbst mein zukünftiges Leben gestalten wollte. Ich setzte mich mit meinen eigenen Themen auseinander und lernte, mich ganz anders auf Menschen einzulassen und mich abzugrenzen.

Raus aus Ägypten – Befreiung aus der Abhängigkeit

Als ich ein Kind war, hatten wir offiziell keinen Fernseher. So wie alle in unserer Kirche. Nur so einen, den keiner sehen durfte. Er stand im Keller, und alles, was wir gucken durften, waren christliche Filme. Wir hatten genau drei davon. *Juda Ben Hur* war der James Bond meiner Kindheit und natürlich war ich in meiner Vorstellung Esther. Da fällt mir auf – Esther heiratete am Ende nicht den Mann, dem sie versprochen war, sondern pflegte ihren Vater, Ben Hurs Mutter und Schwester, die alle krank waren. Hätte sie geheiratet, dann nicht den Mann, den sie liebte (den gut aussehenden Ben Hur), sondern einen, der gut für die Geschäfte ihres Vaters war. Die Botschaft, dass Frauen ihren Wert dadurch bekommen, dass sie sich für andere aufopfern, lernte ich also nicht nur in meiner Kirche oder Familie, sondern inhalierte sie ganz früh auch mit den wenigen Medien, die ich zu sehen bekam.

Und dann waren da noch zwei andere Filme: *Die Farbe Lila* und *Mose*.

Meine Cousine und ich kannten den Film *Mose* auswendig. Und wir bekamen in der Kinderstunde eine Auszeichnung dafür, dass wir einfach alle Antworten wussten, wenn es um die Mose-Geschichte ging. Gut, dass Tante Nina nicht wusste, dass wir sie nicht aus ihrem Bibelunterricht, sondern aus einem verbotenen Film mit Kussszenen hatten.

Als erwachsene Frau fand ich es etwas notdürftig, meine theologische Bildung auf der Kinderstunde von Tante Nina und Filmen wie *Ben Hur* oder *Mose* aufzubauen, auch wenn die Erinnerungen an diese Filme und Kinderstunden mich ein wenig rührselig machten. Also begann ich, theologische Literatur zu lesen und theologische Podcasts zu hören.[27]

In einem Vortrag von Professor Siegfried Zimmer fand ich die Geschichte der Befreiung Israels aus Ägypten so erzählt, dass sie die Reise unserer Identitätsfindung widerspiegelt. Denn auch diese beinhaltet meist eine Befreiung aus einem System, das uns zwar irgendwie genährt, aber auch in Abhängigkeit gehalten hat.

Professor Zimmer vergleicht die biblische Exodusgeschichte mit der Loslösung von unseren Eltern hin zu einem erwachsenen, eigenständigen, selbstverantwortlichen Leben. Das bedeutet auch die Loslösung aus allen damit verbundenen Systemen – Glaubenssystemen und Gemeindestrukturen. Er beschreibt diesen Prozess als die Reise zu unserem ureigenen Wesen: »Jeder Mensch hat etwas Ureigenes, das Gott in ihn hineingelegt hat. Und es wäre schade, für dich, aber auch für deine Umwelt, wenn du dieses Ureigene nicht entdeckst und lebst.«[28]

Ich glaube, diesen Auszug aus Ägypten kann man auch mit allen anderen auf Abhängigkeit basierenden Beziehungen vergleichen. Meine erste Ehe war für mich so eine solche Beziehung. Und als ich mich aus ihr befreite, war das der Anfang eines zehnjährigen Weges in ein gelobtes Land, das Gott mir zeigen wollte. Er hatte mir eine Sehnsucht ins Herz gelegt, nach echter, tiefer Verbindung, nach Liebe und nach Freiheit. Weil das meine Zukunft werden sollte. Dafür musste ich – im übertragenen Sinn – Ägypten mit seinen Fleischtöpfen verlassen. Und das hieß nicht nur, meine erste Ehe aufzugeben, sondern auch Überzeugungen über mich selbst, über Gott und das Leben, die mich von der Freiheit abhielten, nach der mein Herz sich so sehr sehnte.

Wir können uns von den Fleischtöpfen Ägyptens ernähren, die vielleicht nicht grundsätzlich schlecht sind, aber solange wir nicht in die Wüste gehen und lernen, uns von der Versorgung Gottes abhängig zu machen, bedeuten diese Fleischtöpfe immer, dass wir in Abhängigkeit leben. Meiner Meinung nach gehört es zu einem erwachsenen Christsein dazu, dass wir die Überzeugungen und Erfahrungen unser Vorfahren und der Kirche, in die wir geboren wurden, prüfen und nicht einfach nur unreflektiert übernehmen. In bekannten Traditionen zu leben, kann bequem, vielleicht sogar gut sein, aber es ist nicht unbedingt das Ureigene, das Gott in uns hineingelegt hat, damit wir die Welt auf unsere Art mitgestalten. Jede Generation, jeder Mensch muss für sich entdecken, was es für ihn bedeutet, Gottes Ruf zu folgen. Und dafür müssen wir manchmal durch die Wüste.

Rein in die Wüste – Plötzlich auf mich allein gestellt

Meine Gedanken kreisten in einem einzigen unaufhaltbaren negativen Strudel um mein vermeintliches Versagen. Obwohl ich mich aus meiner ersten Ehe befreit hatte, waren die Überzeugungen und Botschaften, die mich überhaupt in diese Ehe gebracht und so lange in ihr gehalten hatten, immer noch in mir aktiv.

Nicht liebenswert.

Eine Katastrophe.

Das hast du nun davon.

Gott bestraft dich.

Du wirst nie ein gutes Leben haben.

Und immer wieder: *Nicht liebenswert.*

Ich konnte mich selbst nicht mehr aushalten. Auf dem Küchenboden in meiner Wohnung sitzend schlug ich mit den Händen auf den Boden. Als das nicht half, machte ich weiter mit meinem Kopf gegen die Kücheneinrichtung. Nicht so sehr, dass es richtig wehtat, aber so, dass ich es spüren konnte. Mich spüren konnte.

An diesem Punkt in meinem Leben, an dem es mir am schlechtesten ging, hatten Freunde mich verlassen – Freunde, für die ich in den unmöglichsten Situationen da gewesen war, genauso wie Freunde, mit denen ich ziemlich coole Partys gefeiert hatte. All diese Verluste waren schmerzhaft. Aber am meisten schmerzten mich die negativen Reaktionen, die ich nicht hatte kommen sehen.

Ein Freund, bei dem ich mir sicher gewesen war, auf seine Unterstützung zählen zu können, hatte auf eine Art reagiert, die mich völlig vor den Kopf gestoßen und einsam zurückgelassen hatte. Direkt nach der Trennung hatte ich ihn aus dem Auto angerufen und ihm gesagt, dass ich mich getrennt hatte. Mein unbeholfener Versuch, dem Ganzen durch einen Witz die Schärfe zu nehmen, war völlig nach hinten losgegangen. Meine Entscheidung entsprach nicht seinem Verständnis von Richtig und Falsch. Er fand nichts daran witzig – ich ja eigentlich auch nicht – und konnte auch meine Verzweiflung hinter dem Witz nicht erkennen. Ganz im Gegenteil. Er fand meine Entscheidung nicht nachvollziehbar. Dementsprechend hagelte es Vorwürfe: Ich hätte mir doch auch noch mehr Mühe geben können. Hätte mehr beten, länger durchhalten, härter an mir arbeiten sollen. Und überhaupt, ich sei schließlich mitschuldig am Scheitern dieser Ehe. Es seien doch immer zwei schuld an so einer Sache …

Ja, verdammt. Das war ich. Mitschuldig. Und dessen war ich mir durchaus bewusst. Was mir seine Worte – und die vieler anderer gut meinender Christen – aber auch vermittelten, war, dass ich es nicht genug versucht hatte. Und dass es irgendwie kein Wunder war, dass meine Ehe scheiterte, weil ich in ihren Augen zu der Sorte Frau gehörte, die sie als schwierig einstuften. Hätte ich einfach alles richtig gemacht – so wie die guten Frauen, die ihrem Mann alles recht machen und keine Ansprüche erheben, sondern wie willen- und bedürfnislose Wesen neben ihnen existieren –, dann wäre diese Ehe gelungen. Was diese Menschen nicht wussten, war, wie sehr ich mich tatsächlich aufgegeben, wie viele Entscheidungen ich gegen mich selbst getroffen hatte. Sie verstanden nicht, dass von mir einfach nicht mehr viel übrig blieb und ich mit meinen Kräften komplett am Ende war.

Was ich hörte, war: »Nicht liebenswert!«

All das Negative über mich, das ich meinem Ex-Mann und den Stimmen in meinem Kopf inzwischen sowieso glaubte, verstärkten diese Menschen mit ihren Worten und Taten noch zusätzlich.

Ich machte mir selbst schon wahnsinnige Vorwürfe. Gott wusste, dass ich es mir mit dieser Entscheidung nicht leicht gemacht hatte. Aber das sahen diese Leute nicht.

Ich vermute, dass die Menschen, die mir so begegneten, das Gefühl hatten, an dieser Stelle für ihre Werte und ihren Glauben einstehen zu müssen. Jedenfalls hörte ich Sätze wie »In dieser Gesellschaft gehen alle Werte verloren«, »Heute lassen sich die Leute einfach aus Jux und Tollerei scheiden« oder »Alles Egoisten!«.

Bis heute frage ich mich: Glauben sie das wirklich? Dass Menschen sich »einfach« scheiden lassen? Glauben sie, dass es einfach ist zuzugeben, einen so gravierenden Fehler gemacht zu haben? Die eigenen Träume und Hoffnungen aufzugeben?

Als ich meinen Freund anrief, hoffte ich auf Verständnis. Der Schmerz war so groß. Ich brauchte jemanden, der mich festhielt. Nicht jemanden, der mir eine Moralpredigt hielt. Dafür hatte ich keine Kraft. Ich musste erst mal selbst klarkommen. Deswegen distanzierte ich mich von solchen Menschen relativ schnell. Was ich brauchte, war jemand, der mich auffing: in meiner Schuld, meiner Enttäuschung und Verletzung. Jemand, der mich an die Wahrheit erinnerte, dass ich trotz allem immer noch liebenswert war.

Für mich war die Trennung überlebenswichtig, aber für die meisten aus meinem Umfeld verstieß sie gegen alles, was sie für gut und richtig hielten.

Momente wie das Telefonat mit diesem Freund gaben mir das Gefühl, emotional auf mich allein gestellt zu sein. Vor genau solchen Erlebnissen hatte ich mich gefürchtet und deshalb gedacht, es wäre besser zu sterben, als derartige Reaktionen ertragen zu müssen. Für mich war die Trennung überlebenswichtig, aber für die meisten aus meinem Umfeld verstieß sie gegen alles, was sie für gut und richtig hielten. Als ich mich endlich dazu durchgerungen hatte, für mich einzustehen und mich zu trennen, schienen meine schlimmsten Befürchtungen wahr zu werden. Vor allem einige meiner christlichen Freunde und teilweise auch Familienmitglieder ließen Kommentare los, die ich als alles andere als mitfühlend empfand.

Ich war in der Wüste angekommen. Weit und breit nur Leere, Sand und ab und an mal eine Fata Morgana, die sich in Luft auflöste, wenn ich sie zu erreichen versuchte. Dementsprechend musste ich lernen, unabhängig von meinem gewohnten Umfeld klarzukommen. Zumindest, was meinen Glauben anging.

Gott sei Dank waren in dieser Zeit, als sich meine christlichen Freunde erst mal fassen mussten, noch andere Freunde da, die keinen freikirchlich-christlichen Background hatten, aber dafür sehr viel Verständnis, Mitgefühl und Loyalität. Sie waren es, die mir in dieser Wüstenzeit ein Glas Wasser und einen Unterschlupf vor der kalten Nacht angeboten haben.

Glaube nicht den Lügen der Nacht

Es war das erste Silvester nach meiner Trennung: Ich war allein in meiner eigenen Wohnung. Die Erfahrungen der vergangenen Monate waren geprägt gewesen von Verlust, dem Gefühl von Verrat und von Einsamkeit. Und nun war ich mit meinen Selbstzweifeln allein zu Hause. Die Freunde, die ich noch hatte, waren auf diversen Partys. Ich bekam Fotos per WhatsApp … und fühlte mich allein. Digitale Isolation nennt man das, habe ich gelernt: online mitzubekommen, was die anderen machen, und sich deshalb einsam zu fühlen.

Ich bekam den Eindruck, dass niemand mit mir zusammen sein wollte. Dabei hatte ich vor diesem Abend vier Party-Einladungen von verschiedenen Freundeskreisen bekommen. Mein Plan war es gewesen, zwei davon zu besuchen. Die Party der glücklichen Familien zuerst und dann mit den Single-Freunden in der Stadt feiern gehen. Die anderen zwei Partys hatte ich direkt abgesagt, als sie ins Haus geflattert waren.

Warum ich jetzt trotzdem allein zu Hause saß? Na ja, eigentlich saß ich gar nicht. Ich lag eher. Auf meinem Sofa im Wohnzimmer. Mit Fieber und einer fiesen Erkältung. Ich war damals eigentlich durchgehend krank – mit kurzen Atempausen von zwei Wochen, bevor das nächste Thema losging.

Einen sehr kurzen Moment sagte ich mir, dass ich mich gar nicht so mies fühlen müsse. Schließlich gab es ja einen sehr guten Grund, an diesem Silvesterabend allein zu Hause zu bleiben. Ich war krank.

Ich konnte auf keine Party. Der Gedanke half aber nicht. Die negativen Stimmen in meinem Kopf waren einfach lauter.

In mir drin fühlte es sich so an, als hätten mich meine Freunde, die mich ja eigentlich eingeladen hatten, nun absichtlich ausgeschlossen. Und als würden sie alle nur Spaß haben und das Leben feiern, um mir zu zeigen, wie armselig mein eigenes Leben war. Als würden sie mir eine lange Nase drehen, die Zunge rausstrecken und »Ätsch, bätsch!« rufen. Meine Gedanken und Gefühle drehten sich in einer Negativspirale und ließen sich von den Fakten nicht beeindrucken.

Unaufhörlich redete die bittere Stimme in meinem Inneren auf mich ein: *Tolles Jahr hast du da hinter dir. Beruflich nichts erreicht. Dafür eine Ehe in den Sand gesetzt. Deine eigenen Freunde haben sich gegen dich gewandt. Du musst echt ätzend sein. Superanstrengend mit dir. Geht es dir jetzt besser als vor der Trennung? Also letztes Jahr an Silvester warst du noch verheiratet und hast mit mehreren anderen Paaren eine tolle Party gefeiert. Du hast noch dazugehört, du warst überall gern gesehen. Und jetzt? Sieh dich an: Wo bist du hingekommen?*

Und so weiter und so fort. Ich glaube, ein oder zwei Mal habe ich versucht, diese Gedankenflut zu stoppen, aber irgendwie hat das Fieber meinen Körper so geschwächt und meinen Verstand so vernebelt, dass ich kaum etwas ausrichten konnte. Schließlich nahm ich mir einen Stift und schrieb das schreckliche Zeug auf, das mir durch den Kopf ging. Die Gedanken taten mir so weh, sie drückten auf meine Brust und nahmen mir die Luft zum Atmen. Ich musste sie einfach irgendwo rauslassen, um wieder atmen zu können. Danach war ich, Gott sei Dank, so erschöpft, dass ich in einen barmherzigen Schlaf fiel.

Am nächsten Morgen wachte ich mit klarerem Kopf auf. Ich weiß noch, dass ich über mich selbst den Kopf schüttelte und mich fragte, was in dieser Nacht eigentlich mit mir los gewesen war. Eine andere Stimme machte sich in mir bemerkbar: *Meine Güte, sind vier Einladungen nicht genug für den Beweis deiner Beliebtheit? Und die Leute, die dich da eingeladen haben: alles richtig tolle Leute! Andere wären neidisch auf so großartige Freunde. Wieso ist es dir überhaupt so wichtig, beliebt zu sein? Und wieso all das Selbstmitleid?*

Erneut schüttelte ich den Kopf über mich. *Ich bin doch nur zu Hause geblieben, weil ich krank bin. Nicht, weil irgendjemand mich nicht mag. Geschweige denn alle.*

Dieses Mal blieb die negative Stimme ruhig.

Einmal unter die Dusche, die Gedanken und Gefühle der Nacht mit dem Fieberschweiß abwaschen und dann mit frischem Kopf und einem warmen Kaffee in der Hand neu ausrichten. Dazu schaute ich mir die verschriftlichten Gedanken der letzten Nacht an. So wollte ich mich nächstes Silvester nicht fühlen. Und auch an keinem anderen Tag meines Lebens. Aber was wollte ich denn sonst? Ich fing an zu schreiben:

Was will ich beruflich erreichen?

Wie soll mein Leben in einem Jahr aussehen? Wie in fünf Jahren?

Welche Freunde tun mir gut und welche nicht?

Was will ich in meinem Leben ändern?

Diese Fragen habe ich mir damals beantwortet. Und ich beantworte sie mir in regelmäßigen Abständen immer wieder neu.

Zu der beruflichen Frage wusste ich, dass ich eigentlich eine therapeutische Ausbildung machen wollte. Schon länger. Ich glaube, die Idee hatte ich seit der ersten Therapiesitzung bei Camila. Ich konnte mir das gut vorstellen. Denn es gefiel mir, zu reflektieren, hinter das Verhalten zu blicken und tiefe Gespräche mit einzelnen Menschen zu führen.

Damals war ich der Ansicht, von einer freiberuflichen Tätigkeit nicht leben zu können, und überlegte deshalb erst mal, was ich denn stattdessen tun könnte. Etwas mit Psychologie. Aber halt auch mit wirtschaftlichem Kontext. Das Geld muss ja reinkommen. Gegoogelt. Etwas gefunden. Unterlagen besorgt. Innerhalb einer Woche ein

Gespräch mit der Uni geführt. Und zack: Im Februar fing ich das nebenberufliche Studium an, das ich dreieinhalb Jahre später auch abschloss.

Heute, im Jahr 2023, mache ich endlich diese Coaching-Ausbildung, von der ich damals schon träumte. Und manchmal wünsche ich mir, ich hätte damals mehr vertraut und sie einfach gestartet, anstatt etwas zu tun, was augenscheinlich eine »sichere Lebensgrundlage« bot. Inzwischen glaube ich einfach, dass ich das kann und dass ich damit erfolgreich genug werde, um davon leben zu können. Und selbst wenn nicht, dann werde ich nicht vor Scham im Boden versinken, weil ich mich verschätzt habe.

Nach allem, was hinter mir liegt, bin ich überzeugt davon, dass wir zufrieden und erfolgreich sein werden, wenn wir etwas tun, das zu unseren Talenten und Vorlieben passt. Und dass sich das mit dem Geld dann irgendwann einpendelt. Aber gut, das ist ein anderes Thema. Für ein anderes Buch. Für den Moment zeigt es vor allem, dass ich Gott wieder vertraue. Und dem Leben. Und mir selbst.

In dem Moment damals wusste ich nur, dass ich ein positives Ziel brauchte. Etwas, worauf ich mich ausrichten konnte. Weniger Party, weniger und gut ausgewählte Menschen, weniger Zeit zum Grübeln. Das mit der großen Liebe würde sich dann hoffentlich von allein regeln. Auf jeden Fall eher, als wenn ich verzweifelt danach suchen und all meine Energie dafür einsetzen würde. Also ging ich erst einmal studieren.

In meinen Interviews sagten sehr viele der Frauen und Männer, dass es ihnen in dieser Phase sehr geholfen hat, einen Job zu haben oder einen neuen Job anzufangen, in dem sie Anerkennung und Wertschätzung erlebten. Einfach, weil der Selbstwert so am Boden war und sie positive Rückmeldungen von außen brauchten. Selbst zu erleben, dass sie etwas Sinnvolles gut machen konnten, stärkte ihr Selbstbewusstsein und erinnerte sie wieder daran, was in ihnen steckt.

»Gab es auch hilfreiche Reaktionen aus deinem Umfeld auf deine Trennung? Was hat dir in dieser Zeit geholfen?« Das waren zwei der Fragen, die ich meinen Interviewpartnern stellte.

Die wenigen Fälle, in denen ich die Antwort bekam, dass es keine oder kaum positive, hilfreiche oder unterstützende Reaktionen gegeben hatte, erfüllten mich mit tiefem Mitgefühl für die Betroffenen, die in dieser schweren Zeit so allein gelassen worden waren. Nach der Trennung fühlten sich alle extrem allein. Aber für diejenigen, die gar niemanden hatten, der in irgendeiner Weise hilfreich reagiert hätte, war es noch herausfordernder.

Viele berichteten allerdings auch von positiven Erfahrungen. Eine Frau erzählte mir:

> Ich hatte alte Freunde, die zu mir gestanden haben, auch wenn die Gemeinde es nicht getan hat. Diese Freunde haben mir praktisch geholfen, eine Wohnung einzurichten und so. Ich habe mich von ihnen auch nicht verurteilt gefühlt. Auch meine Familie und Verwandten gaben mir nicht das Gefühl, dass sie mich verurteilen würden. Tatsächlich war es ganz anders, als ich es mir ausgemalt habe. Geholfen hat mir, wie ich Gott in der Zeit erlebt habe. Ich habe ihn so anders erlebt, nicht strafend, sondern unterstützend, tragend und liebend. Gott hat mir viel Kraft gegeben. Deswegen hinterfrage ich noch viel mehr – blindes Vertrauen in die Gemeinde hinterfrage ich. Diese Erfahrung hat mich ja gelehrt, dass ich da etwas Falsches über Gott gelernt habe. Geholfen hat mir auch, dass ich in eine andere Gemeinde gegangen bin. Da gibt es keine klassische Mitgliedschaft. Und die Mitarbeit ist möglich über das

> Bekenntnis zu Jesus und keine weiteren moralischen Anforderungen.

Anna, die von ihrer Gemeinde ausgeschlossen worden war, erzählte mir:

> Außer Gott war niemand da. Ich hatte keine Ahnung, an wen ich mich wenden kann. Meine Hausärztin empfahl mir eine Psychotherapie. Meine Eltern haben erlaubt, dass ich bei ihnen wohnen durfte, ich konnte ja nirgendwohin. Später, als ich versuchte mich wieder in die Gemeinde einzugliedern, gab es eine Handvoll Menschen, die mir unter vier Augen Mut zugesprochen haben. Ich wusste das sehr zu schätzen, weil ich wusste, dass sie quasi gegen die Gemeindeleitung sprachen. Da habe ich gemerkt: Die Leute spüren, dass es falsch ist, dass man Menschen so fertigmacht, und da wo sie innerhalb des Systems heimlich trotzdem liebevoll sein können, da sind sie es auch. Auch wenn sie nicht in den Gemeindestunden aufstehen, in denen ein Ausschluss entschieden wird.

Eine der größten Überraschungen war für mich, dass meine Eltern völlig anders reagierten, als ich erwartet hatte. Nach zwei Wochen Urlaub kamen sie wieder nach Hause und fanden dort ihre Tochter vor. Ich war maximal gepanzert und emotional bis zu den Zähnen bewaffnet. Ich erwartete, dass mein Vater mir sagen würde, dass ich nicht bleiben könne. Dass ich zurückgehen müsse, weil das, was ich da machte, einfach falsch war. Und dass ich einen Weg finden müsse, wie diese Ehe doch funktionieren würde. Papa war auch ziemlich geschockt, mich in ihrem Wohnzimmer vorzufinden. Mama weniger, sie hatte es schon kommen sehen. Ich erklärte in knappen Worten, was los war und dass ich nicht darüber reden wollte: »Bitte akzeptiert das einfach, ich habe keine Kraft, darüber zu diskutieren.«

Mein Papa sagte mir, dass er schon gerne ein paar Worte loswerden wolle, wenn ich so weit sei, akzeptierte aber, dass ich erst mal meine Ruhe brauchte.

Einige Tage später ging ich nach der Arbeit nicht direkt nach Hause zu meinen Eltern. Ich musste dringend irgendetwas aus dem Haus meines Ex-Manns abholen und war unterwegs zu ihm. Mein Handy klingelte. Papa war dran. Ich hatte immer noch nicht mit ihm gesprochen. Wollte mir das alles einfach nicht anhören: Was für eine widerspenstige Person ich sei, dominant und streitsüchtig und … *Aaah!* Ich wusste, wenn er so etwas sagen würde, dann könnte ich ihn nur anschreien.

Ich ging trotzdem ans Handy und hörte die überraschte Stimme meines Vaters: »Hallo, Tina. Wo bist du?«

Ich war genervt und dementsprechend kurz angebunden: »Auf dem Weg ins Haus von meinem Ex-Mann.«

»Warum? Was willst du da? Warum kommst du nicht nach Hause? Ich möchte doch mit dir sprechen!«

Er klang verwundert und leicht aufgebracht. Noch genervter antwortete ich: »Papa, ich bin erwachsen, ich kann das selbst entscheiden. Ich muss was abholen. Und ich habe einfach keinen Nerv für so ein Gespräch mit dir.«

Plötzlich wurde seine Stimme weich, verständnisvoll, fast flehend: »Tina, *Schatzchen*, du weißt doch gar nicht, was ich dir sagen möchte. Bitte, fahre da nicht allein hin. Ich will nicht, dass du mit ihm allein bist. Am Ende lässt du dich wieder von ihm überzeugen und bleibst da. Komm nach Hause. Wir reden und dann fahre ich dich überallhin, wo du möchtest. Nur mach das nicht allein.«

Ich musste schlucken, Tränen schossen mir in die Augen. Fast hätte ich losgeweint. Ich wusste gar nicht, was ich sagen sollte. Hatte das *mein* Papa gerade gesagt? Der Mann, der an meiner Hochzeit zu mir gesagt hatte: »Sei gut!«, als müsse er mich daran erinnern, weil ich ja eigentlich schlecht war? Der gleiche Mann, der Scheidung für eine Sünde hielt?

In wenigen Sätzen versicherte ich ihm, dass er sich keine Sorgen machen müsse, und fuhr dann weiter, um meine Sachen abzuholen. Aber am Abend redeten wir lange. Und ich durfte erleben, dass meine Eltern einfühlsamer und aufmerksamer waren, als ich gedachte hatte. Dass sie zu mir standen, auch wenn ich gegen einen ihrer Werte gehandelt hatte. Ihnen war nicht entgangen, wie sehr ich gelitten hatte. Sie waren von einigen Szenen, die sie selbst mitbekommen hatten, geschockt gewesen und standen voll hinter meiner Entscheidung. Sie hatten mir nur vorher nie etwas gesagt, weil sie nicht der Anstoß sein wollten, dass diese Ehe vollends in die Brüche ging. Mama war schon drauf und dran gewesen, mich da rauszuholen. Aber sie hatte die Füße stillgehalten, weil sie wusste, dass sie sich nicht einmischen durfte – dass es *meine* Entscheidung sein musste. Und sie hatte richtiggelegen. Ich musste diese Entscheidung allein treffen.

Meine Einschätzung, wie meine Eltern reagieren würden, war falsch gewesen. Die Angst, dass ich allein sein würde, war zwar in gewisser Weise berechtigt gewesen – angesichts der Werte meiner Eltern und jeder kritischen Bemerkung, die sie jemals über mich geäußert hatten. Aber letztlich entsprachen meine düsteren Befürchtungen nicht dem, wie meine Eltern dann wirklich reagierten: Sie standen zu mir.

Auch andere Menschen innerhalb meiner Familie, im Freundeskreis und in der Kirche begegneten mir mit Liebe und Freundlichkeit. Besonders berührte mich die Reaktion meiner Nichten: Sie waren etwa zwölf und dreizehn, als ich mich trennte und bei meinen Eltern einzog. Sie wohnten zu zweit in einem Zimmer und waren sehr betroffen, als sie von meiner Lage erfuhren. Eine von ihnen sagte: »Tina kann doch einfach in unserem Zimmer wohnen.«

Sie hatte nicht einmal ein eigenes Zimmer und wollte selbst das noch mit mir teilen. Ich fühlte mich sehr geliebt durch diese ehrliche und mitfühlende Geste.

Inzwischen weiß ich, dass mich nicht alle gut finden und zu mir stehen müssen, um mich liebenswert zu fühlen. Menschen dürfen mich nicht mögen. Mich sogar doof finden. Und für falsch halten, was ich mache. Ich muss nur wissen, wer die Menschen sind, die mich uneingeschränkt mit dem Prädikat »liebenswert« auszeichnen. Und mich an diese Menschen halten. Diejenigen, die mir wichtig sind und denen ich wichtig bin, dürfen auch mit mir darüber sprechen, was sie nicht gut finden. Aber ich lasse nicht mehr jeden Hans-Franz in mein Leben sprechen. Und versuche nicht mehr, es allen recht zu machen.

> Nicht alle müssen mich mögen. Ich muss nur wissen, welche Menschen mich uneingeschränkt »liebenswert« finden.

Auf der Suche nach Manna – Neue Kirche und neuer Therapeut

Ägypten zu verlassen, erscheint uns so schwer, weil wir ahnen, wie beschwerlich der Weg durch die Wüste ist. Sie zu durchqueren, ist ein langer und schwerer Weg. Ein Prozess. Doch das Gelobte Land ist es wert. Dein ureigenes Wesen zu entdecken und im Einklang mit dem zu leben, was Gott als Sehnsucht in dich hineingelegt hat. Das ist es absolut wert!

Wie viele andere gläubige Menschen, die Ähnliches durchgemacht haben, hielt auch ich an meinem Glauben fest, obwohl es in meinem Umfeld viele Christen gab, die mich enttäuscht und alleingelassen hatten. Und trotz all der Widersprüche in mir, trotz meiner Zweifel und Fragen. Und wie viele andere suchte und fand ich eine Kirche, in der ich nicht das Gefühl hatte, verurteilt zu werden. Anfangs schlich ich mich rein, wenn der Gottesdienst schon angefangen hatte, und verließ ihn wieder, bevor er richtig zu Ende war. Denn ich hatte keine Zeit und Kraft für neue Beziehungen. Aber ich brauchte geistliche Nahrung. Die Predigten erreichten immer wieder mein Herz und nährten meine ausgehungerte Seele.

Ich erinnere mich insbesondere daran, wie der Pastor, in einer der ersten Predigten, die ich hörte, darüber sprach, dass Trennungen durchaus biblisch sind. Er erzählte von Abram und Lot (1. Mose 13,7-12), deren Hirten sich immer wieder stritten und die zu keiner guten Einigung miteinander fanden. Nachdem sie es mehrmals vergeblich versucht hatten, machte Abram Lot den Vorschlag, sich zu trennen. Er ließ Lot den Vortritt, sich auszusuchen, wohin er gehen wollte. Auch bei den Aposteln gab es Beziehungen, die auseinandergingen, weil sie sich theologisch und praktisch nicht einig werden konnten – zum Beispiel Paulus und Barnabas (Apostelgeschichte 15,36-40).

Für mich waren solche Botschaften völlig neu. Ich hatte verinnerlicht, dass Christen sich immer vertragen und gemeinsam weitergehen müssen, egal was vorgefallen ist. Und zwar nicht nur in der Ehe, sondern auch in der Familie und im Freundeskreis. Mir kam es so vor, als müssten wir in jeder Hinsicht die eigene Geistlichkeit beweisen, indem wir uns immer mit jedem verstanden, nie eine Beziehung beendeten und ein schönes, vorbildliches Bild nach außen abgaben.

Diese neuen Predigten erschienen mir dagegen so viel lebensnäher und menschenfreundlicher als alles, was ich bis dahin in meinen Gemeinden gehört hatte. Und in mir stieg Hoffnung auf: Vielleicht konnte der Pastor mir ja helfen. Sein Auftritt wirkte so authentisch: Er zeigte sich verletzlich und machte so eine große Tür auf. Ich rief ihn also kurzerhand an und kam direkt zum Punkt. Dass es mir mies ging und ich in negativen Gedankenstrudeln feststeckte, aus denen ich ohne Hilfe nicht rauskam. Ob er mir helfen könne?

Er empfahl mir einen Therapeuten. Durch die vorgeprägten, negativen Filter in meinem Kopf interpretierte ich, dass er mich für so ein anstrengendes Paket hielt, dass er mich lieber weiterreichte. Dementsprechend negativ dachte ich über mich: *Sogar dieser Pastor, der dich gar nicht kennt, findet dich anstrengend.*

Und »anstrengend« war für mich inzwischen gleichbedeutend mit »nicht liebenswert«. Es versetzte mir einen Stich und trieb mir die Schamesröte ins Gesicht. Am liebsten hätte ich mich irgendwo versteckt. Gut, dass er mich durchs Telefon nicht sehen konnte. Ich beendete das Gespräch dankend, bemüht darum, meine Würde zu wahren und bloß nicht durchscheinen zu lassen, wie es mir ging. *Jetzt bloß nichts anmerken lassen!*

Vom Verstand her wusste ich, dass er es gar nicht persönlich meinte. Meine verletzte Seele konnte aber nicht anders, als zu hören, was sie sowieso schon glaubte. Das war ja genau der Grund, warum ich eine Therapie brauchte. Trotz aller Bedenken rief ich den Therapeuten an und machte einen Termin. So bin ich. Tatkräftig. Mache Nägel mit Köpfen. Ergreife Initiative. Egal, wie ich mich fühle. Es muss einfach weitergehen. Wie die meisten Stärken ist das Segen und Fluch zugleich. Denn genau das hatte mich auch dazu gebracht, in dieser Ehe zu bleiben und weiterzukämpfen, als schon lange klar war, dass es nichts zu gewinnen gab. Dieses Mal wollte ich diese Stärke positiv nutzen.

2. In der Wüste findest du heraus, wer du bist und wer nicht

»Ich brauche Hilfe. Ich komme hier allein nicht raus. Ich bin einfach nur noch komplett kaputt.« Ob Michael, der Therapeut, mir wohl helfen konnte?

Er konnte. Und das bewies er mit wenigen Worten: »Das, was kaputt ist, bist nicht du selbst, es ist das Selbstbild, das du von dir hattest. Deine Geschichte zeigt, dass du stark bist. So stark, dass du es schaffst, eine schwierige Beziehung auszuhalten und viel zu investieren bis hin zur Selbstaufgabe. Du hast ein starkes Selbst. Das, was Menschen spüren, wenn sie dir begegnen, ist Stärke. Das, was du vermittelst, ist Kraft. Was kaputt ist, ist nur das Bild, das du von dir hattest.«

> Das, was kaputt ist, bist nicht du selbst, es ist das Selbstbild, das du von dir hattest.

Ich weiß heute noch, wie ich aufatmete. Was er sagte, ergab Sinn und resonierte mit mir. Vielleicht hatte er ja recht? Ich erinnerte mich dunkel: In meiner Vergangenheit, vor dieser Geschichte, war ich sprühend vor Energie, Kraft und Zuversicht gewesen. Vielleicht war ja noch etwas davon in mir?

Mir kam eine Kollegin in den Sinn, die mir einmal gesagt hatte, dass sie mich zwar mochte, aber auch Respekt vor der Kraft hatte, die ich ausstrahlte. Und meine Mutter, die sagte, ich hätte als fünftes Kind in der Familie mit meiner Energie und Wildheit alles auf den Kopf gestellt, was vorher für die anderen vier Kinder klar geregelt gewesen war.

Allmählich begann ich zu glauben, dass ich wieder sprühend vor Energie, Kraft und Zuversicht sein könnte. Ja, ich wollte wieder zuversichtlich in die Zukunft sehen. Und gleichzeitig spürte ich, dass ich die Pause-Taste für mein Leben drücken musste. Was für eine Chance, zur Ruhe zu kommen, zu mir selbst zurückzufinden und das Bild von mir neu zu entdecken, das ein Gott gemalt hatte, der ganz anders war, als seine Vertreter auf Erden mir manchmal vermittelt hatten.

Ich hatte geglaubt, das Richtige zu tun, als ich versuchte, meinen Ex-Mann und unsere Ehe zu retten. Und dabei hatte ich mich selbst verloren. Das brachte mich so was von in die Wüste!

Zu dieser Zeit konnte ich mich selbst nicht mehr spüren, konnte keine Entscheidungen treffen, weil ich nicht mehr wusste, was mich wirklich ausmachte, wer ich war, was ich brauchte oder wollte. Das passiert leicht, wenn wir zu lange unsere eigenen Gefühle unterdrücken und verdrängen – nur um ein Gespür für die Wünsche einer anderen Person und für die Erwartungen der Umgebung zu entwickeln und uns ihnen unterzuordnen. Für die Verbindung zu anderen hatte ich alles gegeben. Nicht nur für die zu meinem Ex-Mann, sondern auch zu allen anderen Menschen in meinem Leben. Nur die Verbindung zu mir selbst hatte ich darüber vernachlässigt und schließlich verloren.

Und so machte ich mich auf die Reise zurück zu mir. Ich hatte es dringend nötig, zur Ruhe zu kommen, allein zu sein und mich auf mein Innerstes zurückzubesinnen. Zu sortieren. Die Vergangenheit loszulassen. Schuld loszulassen. Meine und die Schuld all derer, die mich in meinem Lebensfortschritt behindert hatten. Auch das hält uns in Abhängigkeit, wenn wir nicht unsere Geschichte erzählen, die Schuld anderer offenbaren und schließlich loslassen.

Heute erkenne ich, wie übergroß dieses Konzept von Schuld in meiner Sozialisierung war. Der ganze Glaube schien sich um die Frage zu drehen, wer was wann falsch gemacht hatte und wie die Gemeinde damit nun umgehen sollte: »Können wir das dulden? Nein! Wir müssen es öffentlich bestrafen, damit die anderen nicht denken, dass sie das auch machen können!«

Stück für Stück erkannte ich, wie sehr auch mein Selbstbild von diesen Fragen geprägt worden war und wie sich das alles auf mein Leben und meine erste Ehe ausgewirkt hatte. Diese Fokussierung auf Schuld und Scham hatte mein Selbstbild völlig verzerrt. Erst langsam begriff ich: Das ist nicht das, was mich ausmacht und wer ich bin.

Ja, ich bin unvollkommen, und ich habe Fehler gemacht, die ich bereue. Das ändert aber nichts an der Wahrheit, dass ich liebenswert, würdevoll und wertvoll bin. Beides ist wahr. Gleichzeitig.

Wenn wir uns auf das fokussieren, was uns wieder aufrichtet und uns an unsere Würde erinnert, befähigt uns das, uns von überzogenen Schuld- und Schamgefühlen zu lösen und unserer realen Schuld zu begegnen. Und dann Verantwortung dafür zu übernehmen, wie es weitergeht. Sonst kann es passieren, dass die Scham uns so niederdrückt und lähmt, dass wir nur noch versuchen, sie zu meiden. Was eine echte Herzensänderung behindert und nur dazu führt, dass wir genauso weitermachen wie bisher.

Dieser Perspektivwechsel half mir, wieder zu glauben, dass alles, was passiert war, am Ende zu meinem Besten zusammenwirken konnte. Auch wenn ich das erst im Rückspiegel sehen würde.

Reue und was wir aus ihr lernen können

Sandra war gerade mal zwei Wochen mit Hendrik verheiratet, als er sie bei einem Abendessen fragte, ob es okay für sie sei, wenn er ein Glas Wein trinke. Natürlich war es okay für sie. Denn sie wusste ja nichts von seiner Sucht. Dieser Abend war der Anfang vom Ende. Er trank immer mehr, wurde ausfällig und suggerierte ihr, dass sie dafür verantwortlich war, wie er sich verhielt. Sandra verstand erst rückblickend, dass er häufig solche Fragen gestellt und damit versucht hatte, ihr die Verantwortung für sein Handeln zuzuschieben.

Der Gedanke an eine Trennung schien zunächst undenkbar: Hendrik würde vermutlich seinen Job verlieren und vielleicht sogar seine Teenagertochter. Sandra hatte ein übergroßes Verantwortungsgefühl und versuchte, Hendrik in allen Alltagsfragen beizustehen. Sie versuchte, ihm aus der Sucht zu helfen, und kümmerte sich um seine Tochter. Denn sie liebte diese Tochter und wollte sie auf keinen Fall mit ihm allein lassen. Und gleichzeitig merkte sie, dass er sie in seinem negativen Strudel mit nach unten riss. Später erkannte sie, dass sie ein völlig überzogenes Verantwortungsgefühl für andere hatte, aber keines für ihr eigenes Wohlergehen. Das Wichtigste war für sie, dass sie sich fair gegenüber diesem Mann verhielt und sich um seine Tochter kümmerte, egal, wie sehr sie von ihm verbal und emotional missbraucht wurde. Sie erzählte mir:

> Ich wusste, in der Gemeinde würden sie sagen, ich dürfe mich nicht trennen, weil er mir nicht fremdgegangen war. Für mich war der jahrelange psychische und seelische Missbrauch aber viel schlimmer, als wenn er fremdgegangen wäre. Trotzdem war es so, als würde ich alles verlieren, als ich ihn verließ.

So wie Sandra ging es vielen meiner Interviewpartner. Und auch ich selbst habe es ähnlich erlebt. Die Zeit nach der Trennung war für mich zunächst eine Wüstenzeit – eine Zeit der Leere, der Verzweiflung, der Einsamkeit und des tiefen Mangels. Aber wenn du Sandra oder mich fragen würdest, ob wir es bereuen, unsere Ehepartner verlassen zu haben, wäre das aus meiner Sicht vergleichbar mit der Frage, ob es falsch vom Volk Israel war, aus Ägypten zu fliehen. Keine Frage: Es war schwer. Es gab keine Fleischtöpfe mehr. Und die Wüste war einsam. Das würden weder Sandra noch ich schönreden. Aber ohne die Wüste hätten wir nie herausgefunden, wer wir sind und wie wir unser ureigenes Leben und unseren Glauben in unseren eigenen Farben leben können.

Manche Paare können innerhalb ihrer Beziehung heilen. Doch so war es nicht in Sandras Ehe und auch nicht in meiner. Wir mussten erst raus aus der Umgebung, die uns kaputt gemacht hatte, um heilen zu können. Und mit Umgebung meine ich in meinem Fall nicht nur die Ehe, in der ich steckte, sondern auch das ganze Drumherum – und so manches in mir drin. Aber dazu später mehr.

Es gibt Beziehungen, in denen beide gemeinsam ungesunde Muster durchbrechen. Und beide zusammen heil werden. Aber das ist nicht immer so. Manchmal gibt es einen Strudel, aus dem man nicht einmal allein gut rauskommt, geschweige denn, dass man den anderen daraus befreien könnte. Und dann muss einer so mutig sein, die Reißleine zu ziehen. Ich finde es gefährlich, Menschen zu vermitteln, dass der andere sich automatisch ändern wird, wenn sie selbst sich ändern. Im Falle einer ungesunden (Co-)Abhängigkeit können solche Aussagen alles noch verschlimmern und das Problem somit vergrößern, anstatt es zu verkleinern.

So hart und vielleicht auch widersprüchlich es klingen mag: Manchmal tun wir dem anderen den größeren Gefallen, wenn wir ihn verlassen und ihn die natürlichen Folgen seines Handelns selbst tragen lassen. Anstatt zu bleiben und damit das dysfunktionale Verhalten zu unterstützen, indem wir ständig die Konsequenzen für das Verhalten des anderen selbst tragen. Aber manchmal lässt selbst eine Trennung den anderen nicht aufwachen. Das ist dann aber seine Verantwortung, nicht unsere. Wir sind nicht verantwortlich dafür, dass der andere seine ungesunden Muster durchbricht oder gar glücklich wird. Wir können nur die Verantwortung für uns selbst übernehmen. Und manchmal bedeutet das leider auch, eine Beziehung beenden zu müssen.

Die Entscheidungen, die wir treffen, können wir immer nur für den Moment und die Umstände treffen, in denen wir uns gerade befinden – nach bestem Wissen und Gewissen, mit den Informationen, die uns zu diesem Zeitpunkt zur Verfügung stehen. Und mit den Ressourcen, die wir in diesem Augenblick (noch) haben. Innerlich und äußerlich. Wir wissen nie, ob sich ein Mensch in den nächsten zwei, fünf, zehn oder zwanzig Jahren doch noch geändert hätte. Und wir können im Voraus nicht wissen, welche Entscheidung wir vielleicht irgendwann bereuen werden.

Brené Brown schreibt über Reue: »Reue ist ein harter, aber gerechter Schulmeister. Ohne Reue zu leben, heißt zu glauben, dass wir nichts zu lernen hätten, nichts wieder gut zu machen hätten, und keine Chance hätten in unserem Leben mutiger zu sein.«[29]

Es gibt vieles, was ich bereue. Dazu gehört jedoch nicht, dass ich letzten Endes gegangen bin. Was ich bereuen könnte, ist, dass ich mich viel zu lange damit aufgehalten habe zu hoffen, dass sich etwas ändern würde. Manchmal sage ich, dass es richtig für mich war, alles gegeben zu haben. Ich könnte auch bereuen, dass ich nach meinem ersten Trennungsversuch in eine Paartherapie eingewilligt habe und nochmals zurückgegangen bin. Aber vielleicht musste ich auch einfach für mich wissen, dass ich alles getan hatte, was mir möglich war. Gleichzeitig weiß ich heute, dass ich weit über alles hinausgegangen bin, was für mich gesund war. Wahrscheinlich aus dem Gefühl heraus, dass ich irgendwie beweisen musste, dass ich nicht »einfach so« gegangen war.

Ich bereue, dass ich früher keine liebevolle und fürsorgliche Haltung mir selbst gegenüber hatte.

Wenn ich heute daran zurückdenke, merke ich, dass ich nicht gerade eine liebevolle und fürsorgliche Haltung mir selbst gegenüber hatte. Und das ist etwas, das ich bedauere. Auch die Härte, mit der ich mir selbst begegnete, bereue ich. Wie ich mich von mir selbst entfernte und mich auf eine Weise verhielt, die nicht zu mir passte, bis ich mich selbst nicht mehr leiden konnte. Und auch dass ich einen anderen Menschen verletzt habe. Ich bedauere, dass ich es so weit habe kommen lassen.

Inzwischen habe ich Mitgefühl mit dieser jüngeren Version von mir, dass ich ihr zurufen möchte: »Du musst niemanden retten. Du musst niemanden überzeugen, dich zu lieben. Du darfst für dich sorgen. Du darfst gehen!« Aber ich weiß, damals hätte ich das nicht annehmen können. Ich kenne mich. Wenn es irgendwo nur einen kleinen Funken Hoffnung gibt, dann muss ich einfach kämpfen. Ich hoffe, dass ich in Zukunft lerne, diese Stärke in eine Balance zu bringen mit dem Wohlwollen mir selbst gegenüber und der Fürsorge für mich, die ich als Einzige zu tragen verantwortlich bin.

Was ich also bereue, ist der lieblose Umgang mit mir selbst. Das mangelnde Bewusstsein dafür, was ich brauchte. Denn daraus war auch alles lieblose Verhalten gegenüber meinem Ex-Mann entstanden. Und was ich daraus lernte, war, dass ich einen anderen Umgang mit mir brauchte, der sich auch auf meinen Umgang mit anderen ausweiten würde.

Ein Berater ohne eigene Agenda

»Ich weiß nicht, wie sehr du dich in den kommenden Wochen auf mich verlassen kannst. Es geht mir gerade nicht gut. Ich werde mich wahrscheinlich von meinem Mann trennen. Und ich weiß nicht, wie sich das auf meine Arbeit auswirken wird. Ich finde, das solltest du wissen.«

Diese Worte hatte ich mir vorher zurechtgelegt und aufgeschrieben. Ich wollte sie ganz sachlich und emotionslos rüberbringen – und heulte direkt nach dem ersten Satz los. Oliver, mein Chef, reagierte mit Verständnis und respektvollem Abstand. Wir hatten eine gute und vertrauensvolle, aber professionell distanzierte Arbeitsbeziehung, was ich als sehr angenehm empfand. Über so private Dinge sprachen wir eigentlich nie. Dass er nicht emotional reagierte, sondern mir einfach nur sein Verständnis und seine Unterstützung zusicherte, vermittelte mir Sicherheit. Nachdem ich mir die Nase geputzt und meine Tränen abgewischt hatte, wandten wir uns wieder der Arbeit zu. Ich hasste es, vor ihm geweint zu haben, aber ich war froh, dass er jetzt wusste, was bei mir los war.

Nach acht Monaten Trennung und Therapie war ich wenige Monate vor diesem Gespräch zurück zu meinem damaligen Noch-Ehemann gezogen. Irgendwie hatte die Therapeutin Camila mir damals vermitteln können, dass ich die freie Wahl hatte, zu gehen oder zu bleiben. Sie hatte mir geholfen zu erkennen, dass Gott mich nicht verwerfen würde, wenn ich diese Ehe beendete. Diese Freiheit, auch gehen zu dürfen, hatte es mir möglich gemacht, mich noch einmal freiwillig für diesen Mann und diese Beziehung zu entscheiden.

Ich selbst hatte bis dahin unfassbar viel gelernt. Vor allem, die Verantwortung für mich und mein Wohl zu übernehmen. So hatte ich nun nicht mehr die Erwartung, dass er mich glücklich machen würde. Außerdem konnte ich auch bei ihm eine Veränderung feststellen. Und so zog ich hoffnungsvoll wieder bei ihm ein. Etwa vier Monate ging es gut. Und dann lief es wieder genau in die entgegengesetzte Richtung. Es ging mir schlechter als vor der ersten Trennung. Ich war verzweifelt und konnte trotzdem nicht entscheiden zu gehen.

Einige Monate nach dem Gespräch mit meinem Chef fragte er mich in einer selten ruhigen Minute, wie es mir eigentlich gehe und ob sich in der Frage etwas getan habe. Er saß in seinem Büro und ich in meinem. Mit seinem Bürostuhl war er so an den Rand seines Tisches gefahren, dass er mich sehen konnte und ich ihn. Zwei Tische und einige Meter Abstand zwischen uns. Er wusste, wie er so eine intime Frage stellen und gleichzeitig die Distanz wahren konnte, die mir in dieser vulnerablen Situation Sicherheit vermittelte. Nachdem er die

Frage gestellt hatte, stand ich auf und stellte mich in den Türrahmen, der unsere Büros trennte.

Ich war bereit für ein Gespräch und holte tief Luft: »Nicht viel. Es ist alles beim Alten. Es läuft nicht gut. Ich weiß ehrlich gesagt nicht, was ich tun soll.«

Mehr als diese kurzen, fast inhaltsleeren Aussagen zu meiner Ehe hatte Oliver nicht. Und doch stellte er mir drei der hilfreichsten Fragen, die mir jemals zu dieser Ehe gestellt worden waren.

Die erste war: »Was ist der Grund, der dich davon abhält zu gehen?«

»Wenn ich gehe, dann bin ich einfach auf ganzer Linie gescheitert. Liebe, Ehe, Familie – das ist für mich das Wichtigste im Leben. In allem anderen kann ich scheitern, aber nicht hier. Das ist, wer ich bin.«

Er nickte verstehend und stellte dann die zweite Frage: »Du hast mit ihm geredet und er weiß alles, was dich bewegt? Und es hat sich nichts verändert?«

»Ja.« Ich wusste, es war komplizierter, aber ich musste ihm ja keine Details verraten. Die Fragen waren für mich, nicht für ihn.

Wieder dieses Nicken und dann die letzte Frage: »Wenn sich nach drei Monaten nichts geändert hat und nach sechs Monaten nicht – wieso denkst du dann, dass sich etwas in neun Monaten ändern wird?«

In mir schrie es: *Was für Monate? Es sind sechs Jahre!* Die Antwort blieb ich ihm schuldig. Ich wusste, warum, aber das konnte ich ihm unmöglich sagen. Ich wusste, wie lächerlich die Antwort in seinen Ohren klingen musste.

»Darf ich noch etwas zum Scheitern sagen?«, fragte er vorsichtig.

»Jip.« Ich wappnete mich innerlich. Was kam jetzt?

»Wenn du diese Ehe beendest, dann ist nicht dein ganzes Leben gescheitert. Dann ist *ein* Projekt in deinem Leben gescheitert. Du kannst noch mal von vorne anfangen. Gescheitert bist du, wenn du am Ende feststellst, dass dein ganzes Leben so war, wie es jetzt ist.«

Wir beendeten das Gespräch und gingen zurück an die Arbeit.

Diese sachliche und logische Projektberatung war das Beste, was mir zu diesem Zeitpunkt geholfen hat, eine sinnvolle Entscheidung zu treffen. Danke, Oliver.

Die Fragen meines Chefs bewirkten viel in mir und zogen auch ein Erleben Gottes nach sich, wie ich es nicht erwartet hatte. Sie befreiten mich aus der Aussichtslosigkeit, die durch mein übergroßes Gewissen und meine Prägung entstanden war. Mit einem Mal konnte ich eine Entscheidung treffen, die ich für lebensfördernd hielt, ohne zu fragen, ob sie gemäß den Moralvorstellungen meines Umfelds richtig war. In diesem Moment wollte ich nicht wissen, ob Gott das gut fand, was ich tat. Ich wollte einfach nur leben.

Meinen Beziehungsstatus zu Gott hätte ich in diesem Moment mit »Es ist kompliziert« beschrieben. Ein Teil von mir glaubte, dass ich nicht nah bei Gott war, weil ich mich weigerte zu tun, was mir als sein Wille verkauft worden war – schließlich verstieß ich gerade gegen alle möglichen Regeln, die ich als göttliche Wahrheit verinnerlicht hatte. Doch gleichzeitig spürte ich, dass ich Gott so nah war wie noch nie. Das verwirrte mich. Es stellte meine Vorstellung von ihm auf den Kopf. Lange Zeit hatte ich gedacht, es würde mich näher zu Gott bringen, wenn ich versuchte, immer alles (vermeintlich) richtig zu machen. Aber heute weiß ich, dass diese strenge innere Stimme, die nie danach fragte, was ich brauchte, sondern nur danach, was ich (scheinbar) musste, mich vielmehr von Gott fernhielt, anstatt mich mit ihm zu verbinden. Äußerlich sah mein Verhalten nicht mehr so vorbildlich aus. Aber innerlich war ich Gott näher als je zuvor.

Nach meinem Gespräch mit Oliver nahm ich mir auf der Rückfahrt vor, zu Hause noch ein allerletztes Mal mit dem Mann zu sprechen, mit dem ich eigentlich hatte alt werden wollen. Ich sagte ihm noch einmal, was mir fehlte und was es für mich brauchte, um zu sehen, dass sich unsere Ehe in die richtige Richtung bewegte. Doch das passierte nicht.

Und so packte ich etwas mehr als fünf Monate später zum zweiten Mal meine Koffer und ging. Diesmal endgültig.

Wenn du in einer ähnlichen Lage bist wie ich damals, dann möchte ich dir ans Herz legen, dass du dich nicht nur von Menschen beraten lässt, die eine eigene Agenda haben. Also, die wollen, dass du dich so verhältst, wie sie es für richtig halten, oder die einfach nicht wollen, dass in ihrer Gemeinde, Familie oder im Freundeskreis eine Scheidung stattfindet. Such dir als Gegengewicht zu den Meinungen deines Umfeldes jemanden, der das Ganze mit Abstand betrachtet. Der nicht emotional involviert ist. Das heißt noch lange nicht, dass du den Rat dieser Person befolgen musst. Vielleicht bekommst du von ihr gar keine Ratschläge, sondern einfach nur hilfreiche Fragen, die deinen Blick weiten können. Am Ende weißt nur du tief in deinem Inneren, was richtig für deine Situation ist.

Wenn du hoffst, dass dein Gegenüber sich ändert

Nachdem ich auf Instagram über meine Scheidung gesprochen hatte, bekam ich eine Nachricht von einer Frau, die seit einer Weile wusste, dass ihr Mann regelmäßig fremdging. Die beiden hatten sehr jung geheiratet und waren ein wunderschönes Paar. Auf ihrem Profil fanden sich romantische Hochzeitsbilder mit Treueschwüren in den Texten. Aber in der Realität war sie komplett verzweifelt. Sie und ihr Mann waren beide Pastoren in einer Freikirche, und wenn sie sich von ihm scheiden ließ, musste sie damit rechnen, alles zu verlieren: ihren Job, ihr Ansehen, die Geschichte, die sie allen und sich selbst erzählte, wer sie war und wer ihr Mann war. Alles, woran sie glaubte, alles, wofür sie die letzten Jahre gearbeitet hatte. Sie konnte mit ihren Freunden nicht über das sprechen, was gerade in ihrer Ehe passierte. Sie war komplett einsam in dieser Situation. Die Seniorpastoren, denen sie sich geöffnet und die sie um Hilfe gebeten hatte, rieten ihr, zu beten und ihren Mann nicht zu verlassen. Er sei zwar vom Teufel verführt worden, aber da er sich entschuldigte und bereute, müsse sie ihm vergeben und weiter mit ihm leben. Sie gingen so weit, ihr zu versprechen, dass ihr Mann sich schon noch ändern würde.

Anscheinend war es für diese Pastorin einfacher, sich mir gegenüber zu öffnen, als mit ihren Freunden zu reden. Und so fragte sie mich – eine fremde Frau im Internet –, ob sie glauben sollte, dass ihr Mann sich ändern würde.

Ihre Geschichte brach mir das Herz. Was sollte ich ihr sagen? Ich weiß nicht mehr, was ich damals schrieb, aber ich weiß, was ich ihr heute sagen würde:

Wenn du dir wünschst, dass dein Gegenüber sich ändert, dann kann ich dir aus meiner Erfahrung Folgendes sagen: Du kannst dich nur für einen Menschen entscheiden, so wie er sich dir jetzt zeigt. Nicht so, wie er sein könnte oder wie er sich vielleicht irgendwann entwickeln wird oder wie du wünschst, dass er wäre. Du wirst dich anpassen müssen, ob dein Partner sich nun zu deinem Besten oder zum Schlechten verändert. In diesem Moment kannst du nur entscheiden, wie du mit dieser Person, so wie sie jetzt gerade ist, zusammen sein kannst und willst. Wenn dich das deinen Frieden oder deine Gesundheit kostet, musst du dir überlegen, ob es das wert ist.

Egal, ob du dich dafür entscheidest, mit diesem Menschen zusammenzubleiben oder ihn zu verlassen: Du wirst den Schmerz oder die Freude, die diese Entscheidung mit sich bringt, annehmen müssen. Und du musst auf jeden Fall akzeptieren, wer und wie diese Person jetzt ist, und eine Entscheidung treffen, die in diesem Moment für dich die beste ist.

Stell dir vor, jemand versteht nicht, was du sagst, weil er kein Deutsch kann. Würde es helfen, ihm das Gleiche noch einmal lauter zu sagen? Und dann noch lauter?

Wenn dir jemand sagt, dass er dir nicht geben kann, will oder wird, worum du bittest, dann ist es nicht sinnvoll, ihn immer wieder darum zu bitten und beleidigt oder erstaunt zu sein, wenn er es wieder nicht gibt. Wieder und wieder darum zu bitten, würde bedeuten, die Realität zu ignorieren, dass er bereits mehrfach »Nein!« gesagt hat – ob durch Worte oder durch sein Verhalten. Dem anderen immer und immer wieder mehr Zeit zu geben, ist in so einem Fall keine Strategie. Was würde denn noch mehr Zeit bringen, wenn du schon mehrfach erlebt hast, dass sich nichts nachhaltig verändert?

> Du kannst nicht im Voraus wissen, wie sich ein Mensch entwickeln wird. Entscheiden kannst du dich nur so für ihn, wie er jetzt gerade ist.

Nur du weißt, wo deine individuelle Schmerzgrenze liegt. Du darfst realistisch einschätzen, ab welchem Punkt du dich selbst nur verbiegst, ohne dass dein Gegenüber sich auf dich zubewegt. Du darfst entscheiden. Du darfst dir die Frage stellen: Was will ich? Und du darfst berücksichtigen, was die Realität dir zeigt.

Auf Umwegen ans Ziel kommen

»Tina, mach das nicht. Geh nicht studieren. Such dir nicht noch ein Schlachtfeld. Lenk dich nicht mit einer weiteren Aufgabe ab. Halte die Unsicherheit aus. Lerne darin die Lektion, die du lernen musst. Komm zur Ruhe. Auch wenn du noch kein höher gestecktes Ziel hast, an dem du dich ausrichten kannst.«

Das sagte mir ein Freund, als ich erzählte, dass ich mich acht Monate nach der Trennung zu einem nebenberuflichen Abendstudium angemeldet hatte.

Ich stimmte ihm zu. *Das sollte ich wirklich nicht tun!* Und ich würde dir das auch nicht raten. Andererseits: Wer bin ich, dir etwas zu raten? Nur du weißt, was du wirklich brauchst. Und dein Schöpfer, der in dir lebt und dich leitet, wenn du ihn darum bittest und in dich reinhörst.

Vielleicht war es trotzdem richtig für mich, diesen Weg einzuschlagen. Das Studium kostete mich viel Kraft und Zeit. Und gleichzeitig hielt es mich wirklich auf Kurs. Parallel dazu ging ich zur Therapie. Ich las die richtigen Bücher und ging die Themen an, die wichtig für mich waren. Klar, mit einem relativ hohen Stresspegel, aber irgendwie konnte ich damals auch nicht anders. Heute erkenne ich, dass ich die Ruhe zwar gebraucht hätte, aber dass ich noch nicht so weit war, mich wirklich auf sie einzulassen. Ich war nicht bereit für das, was hochkommen würde, wenn ich wirklich zur Ruhe käme. Deswegen lief ich vor ihr weg. Und das war in diesem Moment okay. Ich vertraute Gott noch nicht so weit, weil ich mich zwar von dem alten Bild des strengen Richters gelöst hatte, aber das neue Bild, das sich langsam in mir bildete, noch sehr fragil war.

Heilungswege verlaufen nicht immer geradlinig. Aber Gott geht auch unsere Umwege mit.

Inzwischen habe ich mich entschieden zu vertrauen: dass es Gründe gibt, warum Dinge laufen, wie sie laufen. Und dass sich unsere Herzensentscheidungen am Ende als das Beste für uns erweisen werden, auch wenn wir es auf den ersten Blick weder sehen noch mit logischen Argumenten belegen können.

Ich beobachte das bei meiner kleinen Tochter: Es scheint so, als würde in ihr ein Entwicklungsplan schlummern, den sie kognitiv oder intellektuell nicht verstehen oder beschreiben kann. Trotzdem bewirkt eine schwer zu greifende Kraft, dass sie sich jeden Tag ein kleines bisschen weiterentwickelt – ohne mein äußeres Zutun und ohne, dass meine Tochter bewusste Pläne dafür schmiedet. Das erinnert mich übrigens an die Lilien auf dem Feld, die sich keine Sorgen machen.

Was ich damit sagen will: Du wirst deinen Weg finden. Auch wenn du nicht alle guten oder gut gemeinten Ratschläge berücksichtigst. Und auch wenn du zwischendrin Entscheidungen triffst, die sich im Nachhinein nicht als optimal herausstellen – oder von denen du eigentlich von Anfang an weißt, dass es keine wirklich guten Entscheidungen sind. Gott geht auch unsere Umwege mit.

Solange du bereit bist, dich mit dir auseinanderzusetzen, dich deinen Problemen zu stellen und dich auf den Prozess der Transformation einzulassen, wirst du immer freier, authentischer und damit auch zufriedener werden. Weil du dich dem Leben annäherst, das in dir liegt und in diese Welt gebracht werden möchte.

Ich habe lange geglaubt, Heilungswege würden gradlinig und immer aufwärts verlaufen, aber so einfach – oder langweilig – ist das Leben dann doch nicht.

Wenn wir gewisse mentale Berge erklommen haben, dann erkennen wir manchmal erst, welch ein Tal hinter uns liegt. Wie viel Kraft uns der Aufstieg gekostet hat. Wie schmerzhaft einiges war und immer noch ist. Und wenn wir uns davon erholt haben und ein Stück des Weges weitergegangen sind, frohgemut und manchmal nichts ahnend, dann sind wir bereit für die nächste Erkenntnis – und auch die tut vielleicht wieder richtig weh, und es dauert, bis wir sie verdaut haben. Manchmal fühlt es sich an, als würden wir einen Schritt vor und zwei Schritte zurück machen. Und von außen sieht es womöglich auch genauso aus. Aber wenn wir dranbleiben, dann geht es nach jedem tiefen Tal und nach jedem Rückschritt vorwärts und aufwärts.

Meine Freundin und Geschäftspartnerin Georgina sagte mal zu mir: »Ja, Tina, Gott mutet uns nicht gleich alles zu. Er weiß, wie viel wir auf einmal vertragen. Er schält uns wie 'ne Zwiebel, Schale für

Schale, und in dem Tempo, wie wir es ertragen können. Er weiß, was er uns zumuten kann. Und dann geht's 'ne Weile rosig weiter, und irgendwann kommt die nächste Schale.«

Deswegen ist es so wichtig, den Prozess zu genießen, ihn zu feiern und ihn mit allen Sinnen wahrzunehmen. Das heißt vor allem, dass wir auch in den Talfahrten ganz bei uns bleiben, also liebevoll und verständnisvoll mit uns selbst umgehen und immer wieder zurück zur Stimme der Liebe finden, wenn die Stimmen der Verurteilung doch mal wieder in uns gewütet haben. Dort finden wir die neuen Erkenntnisse – und tiefe Heilung.

3. Schuld und Vergebung

Ich freute mich auf einen schönen Abend mit Freunden. Sie hatten mich zum Essen eingeladen, und ich wusste, dass sie es immer besonders lecker und schön machten. Erst wenige Wochen zuvor war ich bei meinem Mann aus- und bei meinen Eltern eingezogen. Dementsprechend vulnerabel fühlte ich mich noch.

Meine Freunde fragten mich, wie es mir ging und ob sie etwas für mich tun könnten. Ich beantwortete ihre Fragen und glaubte, dass damit bei ihnen angekommen war, wo ich mental gerade stand – am Rande eines Nervenzusammenbruchs. Ich erwartete, dass sie in irgendeiner Weise ihr Mitgefühl ausdrücken würden. Doch stattdessen kam die Frage:

»Wieso versucht ihr es nicht einfach noch mit einem Eheseminar-Wochenende? Manche Menschen fahren dahin, sperren sich zwei Tage gemeinsam ein, und danach sind die Probleme geklärt.« Mir fiel die Kinnlade runter. Fühlte mich erst überrumpelt, dann schockiert. Hatten sie nicht verstanden, wie es mir ging? Dass ich seit zwei Jahren zwischen Nervenheilanstalt, Suizid und Ehescheidung hin und her überlegte? Dachten sie, ich dramatisiere einfach nur?

Für dieses Paar kam die Trennung plötzlich und unerwartet. Sie glaubten, ich hätte in einer Kurzschlussreaktion meine Koffer gepackt. Wie meine Ehe von ihrer Warte aus ausgesehen hatte, schienen sie normal zu finden. Und das, obwohl ich ihnen die durchwachten Nächte, in denen ich einfach nur hatte sterben wollen, geschildert hatte. War das irgendwie missverständlich gewesen? Kam bei ihnen nicht an, dass ich mich zwischen zwei Tragödien hatte entscheiden müssen und letztlich das kleinere Übel gewählt hatte? Oder glaubten sie mir nicht?

Ich hatte auf Mitgefühl und Verständnis gehofft und stieß stattdessen auf Unverständnis, Vorwürfe und wieder einmal auf die Aussage, dass es ja nicht nur an ihm liegen könne. Dadurch fühlte ich mich tief verletzt. Als ich ging, weinte ich, und das hörte auch nicht auf, als ich nach Hause kam. Es hörte die ganze Nacht nicht auf. Meine Befürchtung, durch die Trennung auch wichtige Freundschaften zu verlieren, war eingetreten. Es traf mich wie ein Messerstich ins Herz. Viele Christen in meiner Umgebung reagierten ähnlich.

Ich bin mir heute noch sicher, dass die beiden und einige andere es wirklich gut mit mir meinten und es ihr Ziel war, mir zu helfen. Sie wollten mir vermutlich zeigen, was ich tun konnte, um den Karren wieder aus dem Dreck zu ziehen. Hilfreich war es trotzdem nicht.

Es hatte eine Zeit gegeben, in der es mir geholfen hätte zu wissen, was ich falsch gemacht hatte. Doch inzwischen war es einfach zu spät dafür. Meine Schuld und das Gefühl des Versagens waren so übergroß, dass es mir nicht half, diese Dinge zu hören. Sie verstärkten nur den Schmerz über meine Unzulänglichkeit, der sowieso schon unerträglich war. Und diese Aussagen entfernten mich von den Menschen, die ich eigentlich so sehr gebraucht hätte, um mit alldem fertigzuwerden. Auch meine Fähigkeit, mit meiner Schuld umzugehen, wurde dadurch nur immer kleiner. Was ich in dieser Situation gebraucht hätte, sind Verständnis, Annahme und Empathie. Das Gefühl, verbunden zu sein und nicht ausgeschlossen zu werden. Egal, was ich getan oder versäumt hatte. In der Bindung zu anderen Menschen ruhen zu können, ist eine Voraussetzung für gesunden Umgang mit Scham und für inneres Wachstum. Es hilft, unsere Schuld zu erkennen, sie anzunehmen und dafür die Verantwortung zu tragen. Und uns zu öffnen für Gott, der uns ja eine Lösung für unsere Schuld anbietet. Durch Jesus brauchen wir unter der Last unseres Versagens und unserer Schuld nicht mehr zusammenzubrechen. Aber wenn wir von Schuldgefühlen überrollt werden, fehlt uns manchmal der Blick für Gottes offene Vaterarme.

Dann brauchen wir Menschen, die uns daran erinnern, wie unendlich wertvoll und geliebt wir immer noch sind. Dass uns nichts, auch nicht unser eigenes Versagen, von Gottes Liebe trennen kann.

Die meisten Menschen, die mitfühlend reagierten, waren entweder meine Blutsverwandten oder ausgerechnet Freunde, die sich nicht dem christlichen Glauben zugehörig fühlten. Doch auch sie konnten mir dieses Gefühl der sicheren Verbundenheit nicht geben. Ich spürte in fast allen Beziehungen entweder Erwartungen, die an mich gestellt wurden, oder eine gewisse Überforderung im Umgang mit dem, was mir passiert war und was ich in der Folge erlebte und fühlte. Bei meinen nicht christlichen Freunden hatte ich das Gefühl, dass sie meine inneren Konflikte bezüglich meines Glaubens nicht nachvollziehen konnten. Und mit meinen Eltern konnte ich, trotz all ihrer Unterstützung, über vieles nicht sprechen – unter anderem, weil ich Dinge aus meiner Kindheit aufarbeiten musste, über die ich nie mit ihnen gesprochen hatte.

Und an diesem fragilen Punkt meines Lebens fühlte ich mich auch nicht in der Lage, das zu ändern. Denn ich hatte zu dieser Zeit noch nicht einmal eine sichere Verbindung zu mir selbst. Es brauchte einen langen Prozess, bis ich selbst mich diesen Geschehnissen und ihren Folgen zuwenden konnte. Die erste wirklich sichere Verbindung, die ich spürte, war wohl die zu Camila und später zu Michael, die mich therapeutisch begleiteten. Camila hatte meine Aggressivität in der ersten Beratungsstunde ausgehalten und mir damit das Gefühl gegeben, dass sie mich und meine Gefühle halten konnte. Bei ihr fing ich an, Dinge auszusprechen, von denen ich geglaubt hatte, sie nicht einmal denken zu dürfen. Michael erinnerte mich wieder daran, wie viel Kraft in mir steckte und dass ich viel mehr war als das, was in mir versehrt war.

Durch diese therapeutischen Beziehungen lernte ich, in mir selbst und bei Gott Verbundenheit zu finden. Langsam wandelte sich mein

Bild von Gott und damit mein Bild von mir. Ich begegnete mir selbst und darin Gott. Oder andersrum? Jedenfalls durfte und darf ich erleben, wie er mir zuspricht: »Du gehörst zu mir!«

Mit Gott bin und bleibe ich verbunden (Römer 8,38-39) und kann in der Bindung zu ihm ruhen. Inzwischen ist es so, dass ich nur die Augen schließen und mich besinnen muss auf diesen Ort in mir, an dem Gott wohnt, und ich spüre tiefen Frieden. Dahin zu kommen, war ein langer Weg – dazu liest du mehr in meinem Kapitel über Spiritualität.

> Gott spricht mir zu: »Du gehörst zu mir!« In der Bindung zu ihm kann ich ruhen.

Gott erinnerte mich an meine Menschlichkeit und daran, dass ich so, wie ich in dieser Ehe gewesen war, nicht sein wollte. Ich konnte meine Geschichte der Schuld erzählen: Gott, mir selbst, meinen engsten Vertrauten und meinen Therapeuten. Und darin Annahme und Vergebung finden. Und mir selbst erlauben, wieder glücklich zu werden und Liebe anzunehmen.

Inzwischen betrachte ich nicht mehr die ganze Ehe als Scheitern oder verlorene Zeit – ich wertschätze die Verbindung, die einmal da war. Ich habe durch diese Ehe etwas gelernt: über mich, Beziehungen und das Leben. Ich bin milder und mitfühlender geworden. Meine Entscheidungsgewalt und mein Handlungsspielraum sind nicht mehr eingeschränkt durch das, was andere denken oder sagen. Ich weiß, wo meine Grenzen sind und was ich akzeptieren muss, weil ich es nicht ändern kann. Und ich habe begriffen, dass ich mein Leben gestalten kann. Dass ich Dinge entscheiden und umsetzen kann, die anderen nicht gefallen, die aber für mich gut sind.

Das hat mich auf gesunde Art unabhängig von Menschen gemacht. Und genau diese Unabhängigkeit ist die Voraussetzung dafür, mich auf echte, tiefe Bindung einlassen zu können – zu denen, die mir das anbieten. Mit weniger muss ich mich nicht zufriedengeben, das weiß ich jetzt. Wenn ich in dieser Bindung ruhe, ist für mich alles möglich.

Sogar meine Schuld zuzugeben, für sie Verantwortung zu übernehmen und mich nicht von der Scham überwältigen zu lassen. Was ich darüber gelernt habe, teile ich in den folgenden Kapiteln.

Vergebung – Wie sie uns nutzen kann

> Der Weg der Vergebung ist nicht leicht. Auf diesem Weg müssen wir die schlammigen Zonen von Hass und Wut durchqueren, uns durch Schmerz und Verlust hindurchkämpfen. Nur so gelangen wir zu der Akzeptanz, die das Gütesiegel der Vergebung ist.[30]
> *Desmond Tutu*

Ich saß an meinem Küchentisch in meiner neuen Wohnung. Seit ungefähr einem Jahr war ich nun schon getrennt. Ich wollte ein neues Leben. Und nicht, dass das Alte mich und mein Erleben bestimmte. Ich wollte glücklich sein. Wollte, dass meine Wunden heilten. Und dass diese Geschichte nicht alles in meinem Leben negativ beeinflussen würde. Ich wollte positiv sein. Und trotzdem saß ich da und spürte sehr viel Wut in meinem Bauch. In diesem Moment entschied ich, dass diese Emotion mein Leben nicht mehr bestimmen sollte. Ich wollte loslassen und vergeben.

Gleichzeitig hielt mich etwas zurück. Mir wurde klar, dass ich jetzt laut aussprechen musste, was genau ich loslassen wollte: meine Geschichte und die konkreten Verletzungen. Und das tat ich dann auch. So, als würde mein Ex-Mann vor mir sitzen. Und als säße auch Gott persönlich mit mir am Küchentisch. Also habe ich meine Geschichte erzählt, meine Verletzungen benannt und beiden gesagt, dass ich jetzt alles vergebe und loslasse. Dabei spürte ich auch einen Widerstand in mir. Scheinbar wollte etwas in mir nicht loslassen. Ich akzeptierte dieses Gefühl, leugnete es nicht und verdrängte es auch nicht. Kämpfte nicht dagegen an, sondern lud es ein mitzugehen auf dem Weg, den ich jetzt gehen wollte. Ich sagte es so oft, bis dieses Gefühl nachließ und ich Frieden bekam.

In der folgenden Zeit kam das Gefühl immer wieder. In Situationen, in denen ich wegen der Scheidung noch Kontakt zu meinem Ex-Mann hatte. Wenn er zum Beispiel etwas sagte, das meine Wunden wieder aufriss und die alte Wut, Verletztheit und manchmal sogar Hass wieder aufleben ließ. Manchmal stritten wir. Ich sagte Dinge, die ich nicht hätte sagen sollen und die mir im Nachhinein sehr leidtaten. Dann erkannte ich, dass ich selbst ganz schön gemein gewesen war. Und so bat ich um Vergebung. Nicht aus der Haltung heraus, dass ich ein furchtbarer Mensch war, der sich schämen musste. Sondern aus einer Haltung der Würde. Denn ich hatte ja entschieden, dass ich nicht mehr so leben wollte. Ich entschuldigte mich, weil ich gegen meine eigenen Werte gehandelt hatte, gegen das, wie ich sein wollte. Vergebung bedeutet für mich auch, jegliche Hoffnung auf eine bessere Vergangenheit aufzugeben. Und mich der Zukunft zuzuwenden.

Ich wollte liebevoll und mitfühlend sein. Ein weiches Herz haben. In dieser Beziehung waren so häufig Verletzungen geschehen, dass ich einen richtig dicken Panzer angelegt hatte. Und den wollte ich nicht mehr tragen. Das war ja der Grund, warum ich diese Ehe beendet hatte. Mir war klar geworden, dass ich mit diesem Mann keine Beziehung führen könnte, in der ich weich bleiben und mein Herz zeigen konnte. Die häufigen Verletzungen ließen das nicht zu. Ich musste mein Herz ständig panzern. Die Trennung war für mich der erste Schritt, diesen Panzer abzulegen. Der zweite Schritt bestand darin, meine Geschichte zu erzählen und die Verletzungen konkret zu benennen – wenigstens mir selbst, Gott

Vergebung bedeutet für mich, jegliche Hoffnung auf eine bessere Vergangenheit aufzugeben. Und mich der Zukunft zuzuwenden.

und meinem Therapeuten gegenüber. Und später auch einigen sorgfältigst ausgewählten Vertrauten.

Dass ich mich meiner eigenen Verletzung zugewandt und mich liebevoll um sie gekümmert habe, war ein wichtiger Teil meiner inneren Heilung. Der Schmerz wurde dadurch kleiner, und irgendwie war es so, als würde die zerbrochene Vase in einem Akt der Selbstliebe wie in eine dicke Decke eingewickelt werden. Die spitzen Scherben konnten mich nicht mehr verletzen. Und im Schutz dieser Decke konnten die Scherben langsam wieder zusammengesetzt werden. Gott füllte die Risse mit flüssigem Gold. Und so wurde die Vase schöner und interessanter als zuvor. An diesen Stellen ist die Vase immer noch zerbrechlicher, als wenn sie einfach heil geblieben wäre. Aber sie hat auch eine Durchlässigkeit entwickelt für alles, was durch sie hindurchfließt. Ich konnte mich selbst wieder mit Liebe ansehen.

Mit der Zeit veränderte sich mein Blick auf meinen Ex-Mann. Ich sah seine Menschlichkeit und Verletzlichkeit, seine Begrenzungen. Mitgefühl für seine Situation erfüllte mich. Ich meine damit kein überhebliches Mitleid, das den anderen als Opfer sieht, dadurch degradiert und von seiner Verantwortung enthebt. Nein. Sondern ein freundliches Mitgefühl, das versteht und zur Eigenverantwortung ermächtigt. Endlich konnte ich ihn als ganze Person sehen und nicht mehr nur als den Menschen, der mich verletzt hatte. Ich konnte anerkennen, dass wir uns in unserer Menschlichkeit und unserer Verletztheit ähnlich waren. Mit meinem geheilten Herzen hatte ich wieder Zugang zu meiner Vergebungsfähigkeit. Ab diesem Zeitpunkt war die Vergebung kein Kampf mehr, sie fiel mir leichter. Und sie wirkte befreiend. Sie nahm der Vergangenheit die Macht über mich. Und bewahrte mich davor, meinen Ex-Mann immer wieder zu verletzen und mich dadurch immer wieder schuldig zu machen und schuldig zu fühlen.

Nun konnte ich endlich ehrlich hinschauen und zugeben: Ich hatte ihn auch sehr verletzt. In mir wuchs ein Bewusstsein dafür, wie sehr es unsere eigene Würde verletzt, wenn wir andere Menschen verletzen. Weil es nicht unserem innersten, authentischen und wahren Selbst entspricht. Nicht dem, wozu Gott uns geschaffen hat. Wir spüren das. Und deswegen schämen wir uns. Ich schämte mich. Und ich fand mich selbst furchtbar. Vielleicht ging es ihm ähnlich. Das kann ich nicht sagen. Aber mir half diese Sicht, ihm zu vergeben. Und mir selbst.

Es ist mir an dieser Stelle sehr wichtig, davor zu warnen, vorschnell zu vergeben oder sich selbst zum Vergeben zu zwingen. Achte auf dein Herz, wende dich ihm zu und gib dem Schmerz Raum. Lass ihn sich bewegen, schau ihn an. Trauere über die verpassten Möglichkeiten und über alles, was hätte sein können. Darüber zu trauern, anstatt es kleinzureden, ist wichtig, denn es befähigt uns zu akzeptieren, was wir nicht mehr ändern können – zu akzeptieren, dass es nicht war, nicht ist und nicht sein wird.[31] Dami Charf schreibt in ihrem Buch *Auch alte Wunden können heilen*, dass ein zu frühes Verzeihen aus Pflichtbewusstsein dazu führen kann, dass wir die Wut auf uns selbst richten. Vergebung steht am Ende des Heilungsprozesses und ist eine freiwillige Entscheidung. Als Außenstehende können wir nie ganz erfassen, was jemandem angetan wurde und ob dies zu verzeihen ist. An diesem Punkt meines Heilungsprozesses war ich bereit, ihm zu vergeben.

Im Prozess der Vergebung ist es hilfreich, auch anzuerkennen, was gut war, und es dann zu verabschieden.

Aus irgendeiner Lektüre hatte ich die Idee mitgenommen, Abschiedsbriefe zu schreiben. Und so nahm ich mir im Urlaub Zeit dafür. Ich schrieb an meinen Ex-Mann und alle Menschen in seiner Familie, die mir ans Herz gewachsen waren. Aber ich schickte diese Briefe nie ab. Darum ging es auch nicht. Ich wollte einen sauberen Schnitt: für mich. Im Guten abschließen. Ich dankte in den Briefen meinen Ex-Schwägerinnen und meiner Ex-Schwiegermutter für die Liebe, die sie mir entgegengebracht hatten, und zählte alles auf, was ich an ihnen schätzte. Damit verabschiedete ich mich von ihnen und dem Guten, das wir hätten leben können.

Es ist wichtig, dass wir auch das loslassen, was gut war. Dafür müssen wir es anerkennen, dafür danken und es dann verabschieden. Und so schrieb ich mir auf, welche Menschen mich in dem ganzen Prozess noch verletzt hatten, vergab ihnen, suchte nach den Dingen, mit denen sie mein Leben bereichert hatten, schrieb auch diese Dinge auf, dankte ihnen und verabschiedete mich. Mein Herz war danach so viel leichter.

Trotzdem kamen auch hinterher noch manchmal die alten Verletzungen hoch. Dann entschied ich mich immer wieder dafür, mich mir selbst und diesen Verletzungen liebevoll zuzuwenden, mir selbst mit Mitgefühl zu begegnen und anzuerkennen, wie das, was mir passiert war, sich für mich angefühlt hatte. Mit der Zeit beruhigten sich diese verletzten Gefühle immer mehr und ließen mich los.

Das ist das Gegenteil von dem, was ich früher über Verletzungen gelernt hatte. Sätze wie »Sei nicht so sensibel!« bedeuteten für mich so viel wie »Hör auf zu fühlen, was du fühlst. Ignoriere, was du spürst«. Aber das ist unmöglich. Denn was wir verdrängen, wirkt in uns weiter. Was ich auch oft gehört hatte, waren Sätze wie »Hör auf, über das Schlechte zu reden, sonst wird es nur immer mehr«.

Ja, wenn wir es in einer passiven Haltung machen und nicht bereit sind, uns der eigenen Verantwortung zuzuwenden, dann mag das stimmen. Aber wenn wir bereit sind, unseren Anteil zu sehen und aktiv zu werden, kann es sehr hilfreich sein, über Negatives zu reden.

Ein weiterer Satz, den ich öfter zu hören bekommen hatte, war: »Sei doch einfach dankbar für das, was gut ist.« Das hieß für mich: »Verdräng einfach das, was nicht gut ist.« Doch das ist keine Lösung. Wenn wir nicht darüber reden, was unsere Geschichte ist und was konkret uns verletzt hat, dann ist es so, als würden wir einfach nur ein Pflaster auf eine ungereinigte Wunde kleben. Statt zu heilen, entwickelt sie ein Eigenleben. Sie eitert. Und das kann ziemlich hässlich sein.

Wahrscheinlich passiert es dann, dass du den Schmerz zurückwirfst auf den, der dich verletzt hat. Vielleicht tritt dadurch sogar kurzfristig eine Form von Erleichterung ein. Wir lernen: So tut es weniger weh. Aber geheilt wird dadurch nichts. Die Wunde bricht nur immer wieder in den falschen Momenten auf.

Wir müssen diesen Kreislauf der kurzfristigen Erleichterung unterbrechen und immer wieder eine andere Reaktion wählen, wenn wir den Schmerz spüren. Geheilt wird er, indem wir uns dem Schmerz zuwenden, ihn fühlen, ihn verbinden, uns selbst liebevoll behandeln. Nicht, indem wir ihn kleinreden. Brené Brown schreibt: »Ich habe außerdem gelernt, dass man umso weniger Empathie mit anderen zeigen kann, je kleiner man seinen eigenen Schmerz macht und je öfter man ihn mit dem vergleicht, was andere durchgemacht haben.«[32]

Oft wird gesagt, wir müssten loslassen. Aber die Realität lehrt uns: Wir können das, was uns festhält, nicht einfach nur loslassen. Wir müssen es vollständig integrieren in unsere Geschichte und unser Sein. Auf eine liebevoll akzeptierende Weise. Wie eine Narbe, die zurückbleibt, wenn eine Wunde heilt, so bleiben diese Dinge, die uns verletzt haben, Teil unseres Lebens. Wenn wir die Wunden liebevoll reinigen, versorgen und verbinden, dann wird diese Narbe weich, glatt und manchmal sogar ein bisschen schön. Vielleicht bleibt sie aber auch für immer hässlich. In jedem Fall wird sie davon erzählen, wer wir sind und was wir erlebt haben – hoffentlich eine Geschichte darüber, wie wir weiser, liebevoller und milder geworden sind. Denn genau das passiert meiner Erfahrung nach, wenn wir aufhören zu verdrängen oder gewaltsam versuchen loszulassen: Indem wir uns liebevoll uns selbst zuwenden und alles integrieren, was zu uns gehört, werden wir auch liebevoller mit anderen. Es entwickelt sich in uns nicht nur eine Gewohnheit, sondern wir stärken den Teil in uns, der liebevoll auf uns, unseren Schmerz und auf andere und deren Schmerz reagiert. Dadurch heilt unser Schmerz, und wir können den anderen in einem neuen Licht sehen. In diesem Prozess entwickelt sich die Vergebung. Dieser neue Blick kann auch bewirken, dass du erkennst, wo du selbst falsche Verantwortung auf dich genommen und für andere etwas getragen hast, was nicht zu dir und deinen Aufgaben gehört. Das darfst du den Menschen gern zurückgeben. Die Verantwortung für ihr Glück. Oder die Schuld und Scham für das, was sie getan haben. Das gehört nicht zu dir, sondern zu ihnen. Wenn du es ihnen zurückgibst, können sie auch dafür die Verantwortung übernehmen, und du kannst davon frei werden. Das ist auch Vergebung: dem anderen die Möglichkeit zu geben, Verantwortung zu übernehmen – für sich und sein Handeln oder Nichthandeln.

Es ist völlig in Ordnung, wenn du das jetzt gerade noch nicht willst. Keiner zwingt dich dazu. Auch Gott zwingt dich nicht. Vielleicht machst du das auch einfach dann, wenn du merkst, dass dein Inneres so weit ist. Oder du lässt es sein und überblätterst die folgenden Seiten. Manchmal ahnen wir, dass dieser Schmerz so überwältigend für uns sein könnte, dass wir Angst haben, ihm zu begegnen. Wenn es dir so geht, dann überfordere dich selbst nicht. Such dir einen Therapeuten, zu dem du eine vertrauensvolle Verbindung aufbaust. In so einer sicheren Beziehung lernen wir wieder zu vertrauen: Wir werden gehalten in dem, was wir nicht selbst halten können, und stellen uns Dingen, die uns zuvor zu groß erschienen.

Wenn du dich jedoch bereit fühlst und diesen Prozess der Vergebung in Gang setzen möchtest, kann ein erster Schritt sein, dir deine Geschichte selbst zu erzählen, indem du sie aufschreibst oder jemandem erzählst, dem du vertraust. Erinnere dich zuerst daran, dass du das für dich machst. Damit du den alten Rucksack ausleeren kannst. Schreibe völlig ungefiltert einfach alles auf, was dir in den Sinn kommt. Alles, was dich verletzt hat, was dich verängstigt oder wütend gemacht hat oder immer noch macht. Das darf gesehen werden und ist nicht selbstmitleidig. Nur ehrlich.

Du entscheidest, dass du für dich und für deine Zukunft die Verantwortung übernehmen und sie kreativ gestalten möchtest. Und dass du diese Dinge loslässt, um die Hände, den Kopf und das Herz frei zu haben für Neues.

Formuliere deine Geschichte so, dass zum Ausdruck kommt, was dein Gegenüber getan und welche Auswirkung das auf dich gehabt hat. Mach es nicht kleiner, als es ist. Darum geht es bei der Vergebung nicht. Vergebung ist ein Prozess. Und manchmal beinhaltet die erste Schicht in diesem Prozess sogar, mit Hass zu wüten. Vielleicht sagst du in der ersten Schicht der Wut, dass du Menschen nie wiedersehen möchtest. Dabei muss es nicht bleiben, aber du darfst das auch durchziehen, wenn es für dich wichtig ist. Du reinigst damit die Wunde.

Begegne allen Gefühlen, die mit dieser Geschichte zusammenhängen: Wut, Ärger, Scham, Trauer. Lass sie eine Weile da sein. Und dir erzählen, was deine nächsten Schritte sein können. Vielleicht erkennst du an diesem Punkt, wo du in Zukunft anderen Menschen nicht mehr die Erlaubnis geben wirst, so mit dir umzugehen.

Wenn diese Schicht abgetragen ist, änderst du deine Meinung vielleicht und weißt, ob und wie du wieder mit diesen Menschen zusammen sein kannst – und das kann Monate und Jahre dauern oder einen kurzen Moment, das ist individuell.

Wenn du so weit bist, dann such dir all die positiven Dinge raus, die mit dieser Beziehung zusammenhingen. Was war gut? Was war schön? Wofür bist du dankbar? Und was hätte sein können? Nimm dir so viel Zeit, wie du brauchst, um dich dir selbst zuzuwenden und die Trauer darüber zu fühlen, den Schmerz zu spüren.

Und dann schreibe in deinen eigenen Worten auf, dass du das alles hinter dir lässt, das Gute wie das Schlechte. Das, was passiert ist, und das, was hätte sein können.

Diese ganzheitliche Sicht auf dein Gegenüber und die gemeinsame Zeit ist fair und ehrlich. Sie ist wertschätzend dir selbst und deinem früheren Partner gegenüber – und der Verbindung, die ihr hattet. Du vermeidest damit, den Dingen emotional nachzuhängen, die gut waren oder die hätten sein können.

Du kannst auch fragen: Was hatte dein Partner, was dir fehlt? Und wie kannst du das in deinem Leben wachsen lassen? Eva-Maria Zurhorst schreibt in ihrem Buch *Liebe dich selbst und es ist egal, wen du heiratest*, dass wir uns Partner aussuchen, die etwas haben, was uns fehlt. Anfangs finden wir es attraktiv, später regt es uns oft auf. Vielleicht bist du jemand, der nicht entspannen kann, und dein Partner konnte das gut. Anfangs konntest du mit ihm zusammen chillen und dich darüber freuen, dass diese Qualität mit ihm endlich in dein Leben gekommen war. Aber später begann dich sein übermäßiges Chillen aufzuregen. Du hast es verurteilt, weil du Sätze wie »Zuerst die Arbeit, dann das Vergnügen« zu deinem Lebensmotto auserkoren und nicht nachhaltig hinterfragt hattest. Dann ist es wichtig, dass du jetzt lernst zu chillen. Diese Fähigkeit, die er hatte und die dir fehlt, ist das, was dich weiterhin abhängig halten kann, weil sie ein Bedürfnis berührt, das unerfüllt bleibt. Wenn du lernst, dieses Bedürfnis selbst zu erfüllen, verliert das Abhängigkeitsverhältnis an Kraft. Du kannst leichter loslassen. Und machst dich bereit für deine Zukunft, die jetzt für dich beginnt.

> Eine Beziehung zu heilen, bedeutet zu vergeben, auch wenn wir entscheiden, diese Beziehung zu beenden.

Aus meiner Erfahrung heraus glaube ich, dass es nötig ist, die Beziehung, die wir hatten, heilen zu lassen, auch wenn wir sie nicht weiterführen. Sonst hängt sie uns ewig hinterher. Für diesen Prozess brauchen wir den anderen nicht. Es reicht, wenn wir unser Ende der Schnur liebevoll loslassen, um uns zu befreien. Eine Beziehung zu heilen, bedeutet, dass wir vergeben, auch wenn wir anschließend entscheiden, die Beziehung zu beenden.

Wir können eine Beziehung auch beenden, ohne sie zu heilen. Dann hängt sie uns nach und drückt wie ein Stein im Schuh oder ein schwerer Rucksack auf unseren Schultern. Das macht es schwer weiterzugehen.

Wenn du alles aufgeschrieben hast – das Schwere, das Schöne und deine Bereitschaft, es loszulassen –, kannst du den Brief verbrennen, zerreißen oder wegwerfen – oder du bewahrst ihn eine Weile auf, bis du merkst, dass deine Emotionen dazu wirklich durchgefühlt sind, und vernichtest ihn dann.

Priorität Nr. 1: Schutz vor Missbrauch – Keine Vergebung um jeden Preis

In meinen Interviews fiel mir Folgendes auf: Es gibt gewisse christliche Kreise, in denen gelehrt wird, dass Vergebung innerhalb einer Ehe immer zu gewähren ist, dass die Ehe unter allen Umständen aufrechterhalten oder wiederhergestellt werden muss und dass derjenige, der sich – aus welchen Gründen auch immer – weigert, die Ehe weiterzuführen, derjenige ist, der die »Schuld« für das Scheitern der Ehe trägt und deshalb aus der Glaubensgemeinschaft ausgeschlossen werden muss. Dadurch wird einem einzelnen vulnerablen Menschen, der sich vielleicht sogar in einer missbräuchlichen Situation befindet, von der Gemeinschaft versagt, dem persönlichen Drama ein Ende zu setzen. Ironischerweise erlaubt sich die Gemeinschaft aber gleichzeitig selbst einen Beziehungsabbruch, indem sie die »untragbare« Person aus ihrer Mitte ausschließt. Ein einzelner Mensch darf sich und seine Integrität nicht schützen und die dafür notwendigen Grenzen setzen, aber die Gemeinschaft darf es – ja, sie muss es sogar –, um ihre Werte zu schützen. Ist das nicht paradox?

Häufig erreichen mich Anfragen von betroffenen Menschen – es sind übrigens nicht immer nur Frauen –, die wissen möchten, in welchem Fall eine Trennung aus meiner Sicht erlaubt ist. Dieses Thema habe ich aus theologischer Sicht bereits im ersten Teil dieses Buches behandelt. Hier möchte ich noch aus seelsorgerlicher Sicht etwas zu missbräuchlichen Beziehungen ergänzen:

Wenn du dich in einer Abhängigkeitsbeziehung mit einer anderen Person befindest und gleichzeitig von dieser Person schlecht behandelt wirst – also Opfer von emotionalem, geistlichem oder körperlichem Missbrauch bist –, dann kann es sein, dass du ein sogenanntes Täterintrojekt entwickelst. Das bedeutet, dass sich in dir ein Anteil bildet, der nicht in deinem eigenen Sinne denkt, sondern gewissermaßen für den Täter. Ich möchte es kurz an einem Beispiel erklären: Aus der Botschaft des Täters: »Du bist schlecht, verachtenswert!«, wird im Verlauf der Verarbeitung der Introjektion die Selbstsicht: »Ich bin schlecht und damit verachtenswert!« Das macht es dem Opfer möglich, mit dem Täter weiterhin emotional verbunden zu sein. Das Opfer entlastet den Täter von der Realschuld, indem es sich einredet, dass der Täter nicht aus unlauteren Motiven heraus handelt, sondern aufgrund der selbst zugeschriebenen und nachvollziehbaren Schlechtigkeit des Opfers, die real nicht existiert. Dementsprechend fühlt das Opfer sich schuldig und empfindet Scham, obwohl es nicht schuldig ist.

Häufig finden wir dieses Phänomen bei Kindern, die Traumatisierung erleben und glauben, sie seien selbst schuld an dem, was ihnen passiert. Oft bleibt diese verzerrte Wahrnehmung bis ins Erwachsenenalter bestehen und äußert sich dann beispielsweise in Sätzen wie: »Ja, meine Eltern haben mich geschlagen, aber ich hatte es auch verdient, und geschadet hat es mir auch nicht.« Hinter diesen Sätzen stecken schädliche, immer wiederkehrende Gedankenmuster und völlig unberechtigte Scham- und Schuldgefühle, die oft ein Leben lang bestehen bleiben, wenn sie nicht aufgearbeitet werden. Die Täterintrojektion ist hartnäckig, weil sie eine Art Schutzmechanismus der Seele ist. Denn die Kinder leben in Abhängigkeit von den Tätern, und es wäre für sie unerträglich wahrzunehmen, dass jemand, von dem ihr Überleben abhängt, bösartig oder missbrauchend ist. Das würde dem Kind eine solche Todesangst einjagen, dass es lieber glaubt, selbst schlecht zu sein, und damit das Verhalten des Täters rechtfertigt.

Genau das Gleiche kann auch in erwachsenen Beziehungen passieren. Ist die Abhängigkeit vom Partner sehr groß – sei es emotional, körperlich oder finanziell –, kann es passieren, dass Betroffene nicht einmal vor sich selbst zugeben können, dass sie missbraucht werden oder wurden. Oder sie glauben, dass sie es verdient haben. Weil sie die Sicht des Täters in sich aufgenommen haben, um in der Beziehung überleben zu können.

In solchen Fällen geht es nicht darum, dem Täter zu vergeben, um zurück in eine Beziehung zu gehen, sondern darum, die Beziehung zu beenden, sich und mögliche Kinder schnellstmöglich in Sicherheit zu bringen und den Kontakt zu unterbinden. Die höchste Priorität ist hier, selbst heil zu werden. In jedem Fall ist eine nachhaltige Veränderung nötig, um eine derart zerbrochene Beziehung wiederherzustellen. In Fällen von Missbrauch jeglicher Art ist eine solche Veränderung jedoch sehr fragwürdig. Denn die gewohnten Opfer-Täter-Dynamiken können in der Beziehung auch dann wieder auftreten, wenn eine kurzzeitige Besserung eingetreten ist.

Wenn du unter jeglicher Art von Missbrauch gelitten hast oder noch leidest – sei es körperlich, sexuell, geistlich, emotional oder psychisch –, dann möchte ich dir Folgendes sagen:

> Das hätte nicht passieren dürfen. Es war und ist falsch.
> Du hast das in keinster Weise verdient.
> Es war absolut nicht deine Schuld.
> Du bist keineswegs komplett kaputt.
> In dir liegt ein Wesenskern, der durch nichts versehrt werden kann. Und du kannst ihn wiederfinden, auch wenn du ihn gerade nicht spürst.

Du hast alles Recht der Welt, wütend zu sein.
Vergebung ist *deine* Wahlmöglichkeit, keine christliche Pflicht.
Auch wenn du vergibst, kannst du die Beziehung beenden, egal zu wem. Du hast die freie Wahl!
Noch einmal: Du musst die Beziehung nicht wiederherstellen, du darfst sie auch beenden.

Du wirst erleben, wie stark du sein kannst. Aber du musst nicht dankbar sein für das, was dir passiert ist. Denn was dich stark macht, ist nicht das Schlimme, das dir angetan wurde, sondern der Teil in dir, der mehr Überlebenswillen hat als alles andere: dein innerer Wesenskern.

Diese Art von Trauma sorgt dafür, dass du sehr viel Mist tolerierst, den du nicht verdient hast. Weil du Menschen nicht verlieren möchtest. Aber wenn du heilst, realisierst du, dass Menschen, die Teil deines Lebens sein wollen, dich mit Liebe, Achtung und Respekt zu behandeln haben. Deine Toleranz für schädliches Verhalten wird sinken. Und du wirst deine Konsequenzen daraus ziehen, wenn Menschen sich weigern, ihr schädliches Verhalten zu unterlassen. All das kann ich dir aus meiner eigenen Erfahrung heraus zusprechen. Denn ich durfte selbst erleben, wie mein innerer Wesenskern nach und nach mehr Raum in mir einnahm. Ich lernte die verletzten Anteile in mir zu integrieren und zu versorgen, anstatt gegen sie zu kämpfen. So konnten sie sich beruhigen. Ich erkannte, dass alles Denken, Fühlen und Handeln, das von diesen Anteilen ausging, mich eigentlich schützen wollte, auch wenn es von außen so destruktiv wirkte. Nach und nach konnte ich sie integrieren und so transformieren. Das brachte mich in einen inneren Frieden, den keine Beziehung mir hätte geben können.

Vergebung ist eine Wahlmöglichkeit. Keine christliche Pflicht!

Ich hoffe, dass du diese Hoffnung aus meiner Geschichte mitnehmen kannst: Heilung und Wachstum sind möglich – auch nach traumatischen Erfahrungen.

Um Vergebung bitten

Wenn wir ehrlich sind, dann wissen wir, dass wir selbst immer wieder Dinge tun, die andere verletzen oder schädigen. Und wenn wir eine Beziehung zu einem Menschen heilen wollen, dann ist es unerlässlich, dass wir uns eingestehen, wie das, was wir getan haben, sich auf unser Gegenüber ausgewirkt hat.

Eine Beziehung zu heilen – auch wenn wir entscheiden, sie zu beenden und die entsprechende Person nie wiederzusehen –, ist wichtig, damit wir uns von der Bindung zu der Person lösen können. Das gilt auch dann, wenn der andere entscheidet, die Beziehung zu beenden, obwohl wir uns etwas anderes wünschen würden.

Wenn wir an einem Menschen schuldig geworden sind, dann sind wir gleichzeitig auch an Gott schuldig geworden. Denn er hat alle Menschen geschaffen hat, liebt jeden einzelnen, und er lebt in uns. Deshalb ist es wichtig, auch die Beziehung zu ihm zu heilen. Und Gott macht uns das so leicht. Durch Jesus hat Gott selbst bereits die Wiedergutmachung geleistet. Wir brauchen ihm nur zu sagen, was uns leidtut, und seine Vergebung zu empfangen, schon ist unsere Beziehung wieder heil. Ich habe das als sehr befreiend erlebt. Gott ist mir in diesen Gesprächen nie als strenger, strafender Gott begegnet, sondern mit so viel Liebe und Mitgefühl, dass ich mit der Schuld auch zugleich alle Scham bei ihm lassen konnte. Gott unsere Schuld zu bekennen, kann außerdem ein wichtiger Schritt sein, wenn wir uns darauf vorbereiten, einen anderen Menschen um Vergebung zu bitten. Für mich war es jedenfalls immer leichter, auf andere zuzugehen, nachdem ich mit Gott darüber gesprochen hatte.

Wenn wir um Vergebung bitten, ist es wichtig, dass wir die volle Verantwortung übernehmen für unseren Anteil an dem, was passiert ist. Und das kann ganz schön schwer sein. Es reicht nämlich nicht zu sagen: »Es tut mir leid« oder »Ich weiß auch nicht, was mit mir los war, ich hatte keine Ahnung, was ich tat« oder »Ich war betrunken!«, oder die Schuldumkehr zu betreiben: »Weil du XY getan hast, habe ich YZ getan.« Selbst wenn es wahr ist, übernimmst du damit nicht die Verantwortung. Wir sollten benennen, was wir konkret getan haben und wie es den anderen beeinträchtigt hat – soweit wir das wissen.

Es ist wichtig, sich darauf einzulassen, dass der andere Fragen stellt und alles dazu wissen möchte. Wir müssen den Schmerz ansehen und ihn anerkennen. Außerdem kann es passieren, dass wir unsere Entschuldigung mehrfach wiederholen müssen, bis die betroffene Person uns glaubt.

Wiedergutmachung zu leisten, ist nicht nur für den anderen wichtig, sondern auch für uns selbst. Das bedeutet nicht, dass wir uns selbst geißeln, fertigmachen oder im Gefühl der Scham verlieren. Und genauso wenig geht es darum, sich dem anderen zu unterwerfen. Das wäre eine typische Traumareaktion. Ganz im Gegenteil: In dem Moment, wenn wir aus dem Schuldgefühl in eine Verantwortung kommen, wandelt sich etwas in uns und in der Beziehung. Es bedeutet zu erkennen, dass wir entgegen unserer eigenen Würde gehandelt haben, als wir auf verletzende Weise mit dem anderen umgegangen sind. Dieses Anerkennen bewirkt schon, dass wir unsere Würde wiederherstellen. Weil wir uns daran erinnern, wer wir im Kern sind und dass dieses Verhalten nicht unserem Kern entspricht. Wir dis-

Um Vergebung zu bitten, ist nicht nur für den anderen wichtig, sondern auch für uns selbst.

tanzieren uns, indem wir uns sagen: »Was ich getan habe, bestimmt nicht, wer ich bin.« Und gleichzeitig übernehmen wir die Verantwortung dafür, indem wir uns eingestehen: »Was ich getan habe, hat andere oder mich verletzt, es tut mir leid und ich möchte es wiedergutmachen.« Um Vergebung zu bitten und Wiedergutmachung zu leisten, vollendet die Wiederherstellung unserer Würde. Und zugleich ermöglichen wir damit, dass auch der andere seine Würde wiederherstellen kann.

Wir wissen nicht, wie es dann weitergeht. Vielleicht vergibt uns der andere, vielleicht auch nicht. Manchmal dauert es sehr lange, bis die Vergebung ausgesprochen wird. Hier kann Geduld gefragt sein. Möglicherweise beenden wir die Beziehung oder unser Gegenüber tut es. In jedem Fall haben wir dann alles getan, was es von unserer Seite brauchte, um die Beziehung zu heilen. Damit können wir unseren Weg weitergehen – in eine verheißungsvolle Zukunft –, ob mit oder ohne diese Beziehung.

Das Gleiche gilt, wenn wir uns selbst um Vergebung bitten und uns selbst vergeben. Dadurch heilen wir die Beziehung zu uns selbst. Wir öffnen eine Tür in die Zukunft, die unabhängig davon ist, was wir in der Vergangenheit getan haben. Dieser Prozess kann langwierig sein. Das habe ich selbst erlebt. Ich war der Ansicht, dass ich mir vergeben hatte, doch einige Jahre später, als ich wieder heiraten wollte, holten mich unbewusste Schuldgefühle wieder ein. Sie behinderten mich, eine Zukunft zu kreieren, die meinem Wesen und meinen Wünschen entsprach. Wie ich davon befreit wurde, beschreibe ich in einem späteren Kapitel.

Hier will ich nur verdeutlichen: Vergebung ist ein Prozess, der sehr lange dauern kann, bei dem – wieder im Bild der Zwiebel gesprochen – eine Schale nach der anderen abgeschält wird. Manchmal sind wir noch nicht bereit für die nächste Schicht. Gott weiß das. Er lässt uns zwischendurch ausruhen. Und wenn wir Kraft geschöpft haben, geht er einen weiteren Schritt in Richtung Freiheit mit uns.

4. Das gelobte Land finden
Therapie und Spiritualität

Als ich Oliver, meinem damaligen Chef, den Grund für mein Bleiben verschwieg, wusste ich selbst sehr genau, warum. Einer der Gründe war, dass meine Glaubensgeschwister meinen Glauben daran maßen. Aus ihrer Sicht musste ich daran glauben, dass sich etwas verändern würde. Obwohl die Realität seit sechs Jahren das Gegenteil bewies. Aber ich war verpflichtet zu glauben, dass Gott jederzeit Wunder tun kann – was in meinem Leben konkret bedeutete, daran zu glauben, dass Gott meinen Mann, mich, unsere Ehe positiv verändern und damit retten würde. Ich durfte keine realistische Einschätzung der Situation vornehmen und keine logische Schlussfolgerung ziehen. Denn damit hätte ich Gott begrenzt. Nicht mehr zu glauben, dass sich etwas ändern könnte, wäre gleichbedeutend damit, dass ich Gottes Allmacht anzweifelte. Woraus geschlussfolgert wurde, dass ich nicht genug Glauben hatte.

Das war der Grund, warum mir die meisten Christen in meiner Umgebung keine hilfreichen Fragen stellen konnten. Stattdessen verschlossen sie die Augen vor der Realität, rieten mir indirekt, dasselbe zu tun und dabei zu glauben, zu hoffen und zu beten. Und vor allem: mir bei alldem mehr Mühe zu geben.

Inzwischen empfinde ich es als Manipulationsversuch, wenn ich Gott darum bitte, eine andere Person so zu verändern, dass sie sich für mich angenehmer oder passender verhält. Nicht einmal Gott setzt sich über unseren Willen hinweg. Er lässt uns Entscheidungs- und Handlungsfreiheit. Und wenn jemand mir durch sein Handeln klar und deutlich zeigt, dass er nicht auf eine gute Weise – oder überhaupt – mit mir zusammen sein möchte, dann sollte ich seinen Willen respektieren. Und mich selbst wichtig genug nehmen, um zu fragen: »Was will ich?«

Damals glaubte ich, ganz genau zu wissen, dass es nur eine einzige richtige Antwort auf meine Situation gab. Und dabei waren meine Bedürfnisse oder gar meine Wünsche irrelevant. Ich musste bleiben, egal, wie es mir damit ging. Diese Einstellung machte mich blind für die Realität. So etwas kann passieren, wenn wir etwas, das wir glauben, zu einer absoluten Wahrheit für alle Lebenssituationen und alle Menschen setzen. Wir werden blind für die Not anderer Menschen und unfähig ihnen eine Hand zu reichen – sogar für unsere eigene Not werden wir blind.

Wenn wir aber unseren Glauben nicht als eine fixe, in Stein gemeißelte Antwort verstehen, die im Grunde unverrückbar ist, sondern als Suche, dann bleiben wir offen für die Lebensrealität der Menschen und offen für Gottes Wirken. Wir können uns lösen von herzlosen Schwarz-Weiß-Überzeugungen und unseren kulturell bedingten Vorstellungen von Gottes Erwartungen oder Wirkungsweisen. Für uns und für andere. Wir können aus dem Leben lernen, mitfühlender zu werden. Und bleiben offen für das, was Gott uns jeden Tag neu zeigen möchte. Wir fangen dann an, selbst zuzuhören: der Stimme von Gottes Liebe in uns. Dann kann der Glaube uns Mut machen, Entscheidungen trotz Unsicherheit zu treffen: einerseits aus bestem Wissen und andererseits aus dem Glauben, dass Gott in uns lebt und wir Zugang zu seiner Weisheit und Liebe in uns haben – demütig, in dem Bewusstsein, dass wir Entscheidungen in Unsicherheit treffen, wir unrecht haben können und es im Leben für nichts eine Garantie gibt.

Manchmal stellen sich diese Entscheidungen im Nachhinein als gut heraus. Wenn sie sich allerdings als falsch erweisen, macht es den Fehler nicht besser, wenn wir ihn nicht korrigieren. Dann müssen wir erst recht handeln. Nicht immer können wir uns für etwas Optimales entscheiden. Manchmal bedeutet eine gute Entscheidung, das geringere Übel zu wählen – und damit einen Neuanfang in der Zukunft möglich zu machen.

Mir ist an dieser Stelle wichtig, dir noch einmal zu sagen: Du bist es Gott wert, dass du diese Entscheidung für dich triffst.

Mit der Trennung von meinem Ex-Mann entschied ich mich, an einen Gott zu glauben, der mich mehr liebt als die Institution Ehe, wie wir sie oft interpretieren. Und ich entschied mich, darauf zu vertrauen, dass Gott mehr für mich vorgesehen hat, als mich ein Leben lang an starren menschengemachten Regeln entlangzuhangeln, die mir das Leben aussaugten.

Ich entschied mich für Selbstmitgefühl und dafür, meiner eigenen Einschätzung zu vertrauen und Verantwortung für mein Leben zu übernehmen.

Ich entschied mich für Mitgefühl und Verständnis dem anderen gegenüber, ohne mich selbst oder mein Leben deswegen für den anderen aufgeben zu müssen.

Ich entschied mich dagegen, einen Schuldigen zu suchen oder mein Gehen mit dem Verhalten des anderen zu rechtfertigen. Ich war gegangen, weil es mir in dieser Ehe nicht gut ging und ich keine positive Zukunft sehen konnte. Und weil ich es mir wert war, eine positive Zukunft zu haben.

Im zweiten Brief an die Korinther schreibt der Apostel Paulus:

> [Gott] hat uns befähigt, Diener seines neuen Bundes zu sein, eines Bundes, der nicht auf schriftlichen Gesetzen beruht, sondern auf dem Geist Gottes. Der alte Weg führt in den Tod, aber auf dem neuen Weg schenkt der Heilige Geist Leben.
> *2. Korinther 3,6*

Ich verstehe diesen Vers so, dass wir den Sinn, der hinter den »schriftlichen Gesetzen« steht, verstehen und anwenden sollen, anstatt herz-

und kopflos eine Einhaltung der Gesetze zu fordern. Durch den Geist, also unsere persönliche Verbindung zu Gott, finden wir heraus, welche lebensspendenden Gedanken hinter Gottes Gesetzen stehen und was das heute für uns in unserer individuellen Situation bedeutet. Das Gesetz hat da eine Berechtigung, wo es überzogenes egoistisches Verhalten zügelt und in sozial verträgliche Bahnen lenkt. Ich glaube nicht, dass es von Gott dazu gedacht ist, dass wir Menschen verurteilen oder vorführen. Besonders schräg wird es aus meiner Sicht, wenn Menschen Normen, Werte und Regeln propagieren, über die sie sich selbst hinwegsetzen.

Mir widerstreben lebensfeindliche Auslegungen und solche, die immer nur die Bosheit bei den anderen sehen und die eigene verdrängen. »Sakralisierte Boshaftigkeit« nennt Richard Rohr dieses Phänomen, wenn das eigene böse Denken und Tun als »gute Sache« oder gar »Wille Gottes« getarnt und die eigene Boshaftigkeit nur auf das Gegenüber projiziert wird. Das ist vor allem bei solchen Menschen verbreitet, die glauben, als Einzige im Besitz der Wahrheit zu sein.[33] Genau das kritisierte auch Jesus, als er mit den Pharisäern über die Ehegesetze diskutierte, und auch, als er sagte: »Wer von euch ohne Sünde ist, der soll den ersten Stein werfen!« (Johannes 8,7).

Er sagte mir, was ich tun sollte, aber er war nicht meine Verbindung zu Gott.

Als ich mich endgültig trennte, sagte ein Pastor mir, dass es falsch sei und dass ich Gott vertrauen solle. Gott würde von mir erwarten, dass ich blieb. Ich könne nicht auf meine Gefühle oder mein Herz hören, sie würden mich irreführen. Er sagte mir, was ich tun sollte, aber er war nicht meine Verbindung zu Gott.

Jesus, der Heilige Geist in mir, mein Herz und mein Verstand, sogar mein Körper sind meine Verbindung zu Gott.

Ich brauchte keine Anleitung von außen. Ich brauchte eine Verbindung zu mir und zu Gott. Und so entschied ich mich, in erster

Linie selbst auf Gottes Geist in mir zu hören, in zweiter Linie mir mein eigenes Bild von verschiedenen theologischen Auslegungen zu machen und meine eigenen Schlüsse daraus zu ziehen. Ich wollte mein Leben und meinen Glauben nicht mehr daran ausrichten, was andere mir vorgekaut hatten, sondern selbst herausfinden, was ich als wahr für meine persönliche Situation erkennen konnte.

Ich wurde erwachsen. Und mein Glaube mit mir.

Frei glauben – Selbst hören, entscheiden und handeln

> Er war mein erster Freund, und ich habe mir gesagt: »Ich will den ersten Freund heiraten.« Ich habe nicht reflektiert, ob wir passen. Und ich habe erwartet, dass Gott uns segnet, weil wir ja keinen Sex vor der Ehe hatten und alles richtig gemacht haben. Im Nachhinein total dumm und naiv.

So äußerte sich Natalie, als ich sie im Interview fragte, wie es zu ihrer Hochzeit gekommen war. Und sie war damit nur eine von vielen, die mir ähnliche Antworten gaben. Natalie erzählte weiter, dass sie nach ihrer Hochzeit mit ihrem Mann zusammenzog. Doch schnell mussten beide feststellen, dass sie sich nicht leiden konnten. Sie fanden sich gegenseitig unmöglich und nach einer langen Phase, in der sie das zu verbergen versucht hatten, brach es aus ihnen heraus. Sie sagten sich, wie ätzend sie sich gegenseitig fanden. Aber Trennung war keine Option. Er hatte lange depressive Episoden mit Suizid-Gedanken und verließ sie und die zwei Kinder erst, als er sich in eine andere Frau verliebte.

Als Natalie mir erzählte, dass sie geglaubt hatte, Gott würde ihre Ehe schon segnen, weil sie und ihr Mann sich an die Regeln gehalten hatten, wusste ich sofort, was sie meinte. Auch ich war mir früher sicher gewesen, dass Gott mich segnen würde, wenn ich tat, was er wollte. Und im Umkehrschluss, dass er mich nicht segnen oder mich sogar bestrafen würde, wenn ich ungehorsam wäre. Damals war ich der Ansicht gewesen, dass ich angesichts meines Gehorsams gegenüber den Ge- und Verboten, die ich in meiner Kirche gelernt hatte, wesentlich mehr Segen verdient hatte, als mir letztlich zugekommen war: *Also, mindestens mal eine funktionierende Ehe hätte doch drin sein müssen!*

Erst später begriff ich: Gott funktioniert nicht wie ein Bankkonto, bei dem ich sozusagen durch die Befolgung von Regeln und Geboten einzahle und durch Sünden etwas abhebe. Und wenn ich im Plus bin, dann werde ich belohnt. Quasi mit Segenszinsen. Bin ich dagegen im Minus, werden Strafzinsen fällig, und der Segen bleibt aus.

Unbewusst hatte ich jahrelang ein solches Bild von Gott und meinem Glaubensleben gehabt. Doch ich erlebte, dass Gott nicht so ist. In Matthäus 5,45 steht: »Denn er lässt die Sonne für Böse und Gute aufgehen und sendet Regen für die Gerechten wie für die Ungerechten.« Gott schenkt seine Güte allen. Wir können und müssen nichts dafür tun. Er schenkt einfach. Weil er so ist. Weil er liebt.

Egal, wie fromm ich war, als ich geheiratet hatte, und was ich bis dahin alles getan oder unterlassen hatte: Das war keine Garantie für ein sorgenfreies oder gar glückliches Leben. Denn das ist nichts, was wir uns verdienen. Gott schenkt einfach so, und die Sorgen gibt das Leben uns allen gratis dazu.

Durch die schwere Zeit der Trennung hindurch lernte ich allmählich: Gott ist gütig. Ich kann mir seine Güte durch kein Verhalten erkaufen. Und Gott zwingt auch niemanden »das Richtige« zu tun. Er wünscht sich, dass wir auf eine gute Weise miteinander umgehen, und er lädt uns ein, indem er uns einen Weg der Liebe zeigt. Immer wieder begegnet er uns mit Gnade und Liebe, auch wenn wir uns gegen sie entscheiden.

In manchen Glaubenssystemen und Gemeinden geht es in erster Linie darum, sich an Gebote und Verbote zu halten. Dadurch werden Menschen auf das äußerlich sichtbare Verhalten reduziert. Hier heißt es oft, dass es Sünde sei, wenn einer von beiden Partnern nicht mehr an der Ehe festhalten und nicht (mehr) an ihr arbeiten möchte. Doch in manchen Fällen ist genau das die gesündeste, beste und richtige Entscheidung. Denn – wie Jesus sagt – die eigentliche Sünde beginnt viel früher. Da, wo wir lieblos handeln. Nicht nur gegenüber anderen, sondern auch gegenüber uns selbst.

In einer meiner Therapiestunden bei Camila erklärte ich ihr, dass ich in meiner Ehe bleiben müsse, weil das ja so in der Bibel stehe. Daraufhin zitierte Camila eine Bibelstelle über Gottes Liebe zu uns Menschen und fragte: »Was bedeutet diese Bibelstelle für dich?«

Ich war maximal verwirrt. *Was für eine seltsame Frage. Gott liebt mich. Punkt. Hat Tante Nina mir doch in der Kinderstunde beigebracht.*

»Dass Gott mich liebt«, antwortete ich automatisch.

»Okay. Und ganz konkret? Was bedeutet es, dass er dich liebt? Heute. Hier. Jetzt. In der Situation, in der du dich jetzt befindest?«

Ich hatte zu diesem Zeitpunkt keine Ahnung von Gottes Liebe. Für mich war klar, dass Gott mich zwang, das zu tun, was er für richtig hielt. Aber so ist Gott nicht. Er zwingt uns zu gar nichts. Wir haben die freie Wahl. Echte Liebe lässt immer die freie Wahl.

Gott zwingt uns zu nichts. Echte Liebe lässt immer die freie Wahl.

Ich ahnte, dass Jesus nicht so wie Tante Nina war, die meine Cousine und mich reich belohnte, weil wir nach Abschluss der »Mose«-Reihe alle ihre Fragen richtig beantwortet hatten. Mir kamen Zweifel, dass Gott alle anderen leer ausgehen lassen würde, die leider nicht gut genug aufgepasst hatten. Tief in mir wusste ich, dass er barmherziger ist, als ich bis dahin gedacht hatte, und dass der strenge

Richter in meinem Kopf weder dem entsprach, wie Gott wirklich ist, noch ein hilfreiches Gottesbild war.

Als ich mich endgültig entschied, meine Ehe für gescheitert zu erklären und meinen Mann zu verlassen, war das wie ein neues Glaubensbekenntnis an einen Gott, dem ich wichtig war und bin. Der mir Wahlfreiheit schenkt. Der mich nicht ewig auf meine Fehler festnagelt oder mich bei den Schweinetrögen sitzen lässt, sondern mit ausgebreiteten Armen darauf wartet, dass seine Tochter zurückkommt zur Quelle der Liebe. Zurück zu seiner Stimme, die in mir leise flüstert und mich sanft zurückführt zu der Erkenntnis, dass ich nach seinem Ebenbild geschaffen bin: schöpferisch, kraftvoll und liebenswert.

Wie ich Jesus in der Therapie begegnete

Das Beratungszimmer von Michael war ein gemütlicher Raum in einem Dachgeschoss mit deckenhohen Bücherregalen. Durch die Dachfenster hatte man einen weiten Blick in den Himmel. Ich fühlte mich dort so wohl und sicher wie selten irgendwo. Hier erlebte ich, dass Gott anders zu mir war, als ich es erwartet hatte. Kein strenger Richter. Er machte mir keine Vorwürfe. Verhängte keine Strafen.

Michael bat mich, Platz zu nehmen, und bot mir warmen Tee und Wasser an. Ich erzählte ihm, wie es mir seit unserer letzten Sitzung ergangen war, und erlebte Verständnis und Mitgefühl. Er hörte zu, nahm mich ernst. Wieder erinnerte er mich an die Kraft, die in mir steckt. Hier konnte ich aufatmen, und irgendwie spürte ich mich selbst wieder mehr. Nach einem Gespräch fragte er mich, ob ich bereit sei, eine Übung zu machen. Natürlich wollte ich das, denn seine Übungen hatten immer eine sehr positive Wirkung auf mich gehabt. Und auch diesmal tat mir die Übung gut.

Vielleicht möchtest du sie auch ausprobieren. Wenn du einen Moment Zeit hast, dann setz dich in Ruhe an einen Ort, an dem du nicht gestört wirst, und hör dir Folgendes an:

Scanne den Code mit deinem Smartphone, um zur Imaginationsübung auf meiner Website zu gelangen.

Setz dich aufrecht auf einen Stuhl, sodass deine beiden Füße fest auf dem Boden stehen.

Schließe deine Augen, und atme tief ein und aus. Spüre, wie dein Atem aus- und wieder einfließt. Nimm den Kontakt zum Stuhl wahr, auf dem du sitzt, und zum Boden, auf dem deine Füße stehen.

Stell dir vor, du möchtest eine Wanderung unternehmen und fährst dafür mit deinem Auto in Richtung eines nahe gelegenen Waldes.

Du fährst sicher und zügig, kommst schnell an dein Ziel. Auf dem Parkplatz sind viele freie Plätze, du wählst einen aus und parkst geschickt ein.

Du steigst aus deinem Auto aus, nimmst noch deinen Rucksack vom Rücksitz und legst ihn an. Du atmest die frische Luft und spürst die angenehm warme Sonne auf deiner Haut. Dann siehst du schon die grüne Wiese, die voller Wildblumen ist, und einen Weg, der durch die Wiese zum Wald führt. Du nimmst diesen Weg und genießt deine Wanderung in die Berge. Du gelangst in den Wald und nimmst die grünen, saftigen Bäume um dich herum wahr. An der Seite des Weges, auf dem du gehst, fließt ein kleiner Bach. Als du müde und durstig wirst, machst du eine kurze Pause, nimmst mit deinen Händen einen Schluck von dem frischen, kühlen Bergwasser, schaust dich um und nimmst das Grün des Waldes noch mal bewusst in dich auf. Etwas erholt machst du dich dann wieder auf den Weg.

Die Bäume um dich herum werden dichter, du siehst Vögel durch den Wald fliegen, Eichhörnchen huschen an dir vorbei. Du genießt den ruhigen Tag. Du spürst nach einer Weile, dass die Steigung doch auf die Beine geht. Du freust dich über ein Plateau, das jetzt flach vor dir liegt. Ein Stück weiter vorne steht eine Bank. Du entscheidest dich, dort Platz zu nehmen und dich ein wenig auszuruhen. Du setzt dich hin, schließt die Augen und lässt dir die Sonne warm ins Gesicht scheinen. Dann siehst du aus der Ferne eine Gestalt auf dich zukommen, freundlich und liebevoll. Du weißt genau, wer das ist. Er kommt näher und fragt, ob er sich zu dir setzen darf.

Darf er? Links oder rechts neben dir?

Okay, wenn du es erlaubt hast, dann setzt er sich neben dich. Er schaut dich lächelnd an, und dann schaut ihr gemeinsam in die Ferne.

Er legt seinen Arm um dich. Du lehnst deinen Kopf an seiner Schulter an. So sitzt ihr eine Weile da. Und du genießt die Wärme, die Nähe und die Ruhe, die von ihm aus- und auf dich übergeht.

Er fragt, was denn in deinem Rucksack ist. Er scheint so schwer und vollgefüllt zu sein. Ob du ihm etwas daraus geben möchtest? Darf er ihn haben? (Hier darfst du gern antworten, darf er?)

Du gibst ihm den ganzen geöffneten Rucksack und sagst, dass er ihn gerne haben kann.

Er nimmt ihn, schaut kurz rein und schüttet ihn dann wortlos aus.

Dir fällt eine Last vom Herzen. Du spürst, wie deine Brust viel leichter wird und ein Gewicht von dir abfällt.

Dann sitzt ihr noch eine Weile so da, du mit deinem Kopf an seiner Schulter, und er sagt: »Ich habe noch etwas für dich.« Er gibt dir eine kleine Schachtel, in ihr befindet sich etwas, wovon nur du weißt, was es ist. Dann sagt er, dass er jetzt wieder gehen wird und du jederzeit wiederkommen kannst. Er wird dann auch da sein.

Du siehst ihn weggehen. Sitzt noch ein wenig da, spürst der Begegnung nach und entscheidest dann, dass du auch zurückgehen möchtest.

Du nimmst den leeren Rucksack wieder mit. Machst dich auf den Weg und gehst leichten Schrittes und beschwingt den Weg zurück, den du gekommen bist: vorbei an den dicht gewachsenen, grünen

Bäumen, dem lustig plätschernden Bach und dann zur Wiese. Auf dem Parkplatz öffnest du dein Auto, schmeißt den Rucksack auf den Beifahrersitz und setzt dich ans Steuer. Du fährst sicher und gelassen zurück. Du kommst wieder dort an, wo du gestartet bist.

Du atmest tief ein und aus.

Und bist wieder ganz im Hier und Jetzt.

Du kannst die Augen öffnen.

Ich hoffe, dir hat das so gutgetan wie mir damals.

Als ich aus dieser Übung wieder auftauchte, hatte sich etwas Grundlegendes verändert. Eine zentnerschwere Last war mir von den Schultern genommen worden, das konnte ich körperlich spüren. In dem Moment, als der Rucksack geleert worden war, hatte ich sehr geweint. Schmerz, Schuldgefühle, Angst und vielleicht noch mehr, woran ich mich nicht mehr erinnere, hatten meinen Körper verlassen. Ich hatte vorher oft gehört, dass Gott mich liebt. So oft, dass es mir wie leere Worthülsen aus den Ohren raushing. Aber in diesem Moment hatte ich ihn erlebt. Seine Wirkung auf mich gespürt. Nicht nur meine Seele oder mein Herz waren leichter – mein Körper war verändert. Ich war so erholt, als wäre ich wirklich im Wald gewesen. Mein Gang war etwas aufrechter. Und ich fühlte mich so leicht, dass ich fast fürchtete, vom Boden abzuheben. Der strenge Richter in meinem Kopf hatte sehr viel Boden verloren. In Herz und Bewusstsein sank die Erkenntnis, dass ich geliebt bin. Ich begann zu ahnen, was das bedeutet. Wie sich das anfühlt. Und konnte immer mehr an eine von Gott gesegnete Zukunft glauben.

In der folgenden Zeit setzte ich mich manchmal zu Hause an das offene Fenster und ging in meiner Erinnerung wieder an diesen Ort, an dem Jesus mir immer wieder begegnete – so, wie er es versprochen hatte.

Kontemplation – Loslassen und Vertrauen

> Healing is not becoming the best version of yourself.
> Healing is about letting the worst version of yourself be loved.[34]

Es war im März 2020. Mein Mann Philipp und ich hielten es auf unseren 65 Quadratmetern in der Stadt nicht mehr aus. Wir waren beide im Homeoffice. Ausgehen war nicht möglich. Und wir hatten nicht mal einen Balkon. Zum Glück gab es im Haus meiner zukünftigen Schwiegereltern eine große Wohnung im Obergeschoss. Wir glaubten, dass die Coronapandemie in drei Monaten vorbei sein würde, und zogen – vermeintlich übergangsweise – aufs Land. Als ich auch noch krank wurde, hatte ich plötzlich ziemlich viel Zeit zum Nachdenken. Ich wünschte mir eigentlich schon sehr lange Kinder. Aber irgendwie war ich dem Schmerz, der mit diesem unerfüllten Wunsch einherging, bis dahin ganz gut aus dem Weg gegangen.

> Ich wich der Stille aus, weil ich ahnte, wie viel in mir hochkommen würde, wenn ich zur Ruhe käme.

Beim Stöbern in der Zeitschrift »Aufatmen« entdeckte ich einen Artikel über Kontemplation. Als ich ihn las, wurde mir recht schnell klar, dass das, was da beschrieben wurde, genau das Richtige für mich war, und ich wollte es sofort ausprobieren.

Mir war bewusst, dass unter der Oberfläche viel war, dem ich begegnen musste. Bisher war ich der Unruhe in mir immer ausgewichen. War immer sehr beschäftigt gewesen. Zuletzt mit Vollzeitjob und Abendstudium. Aber auch in Zeiten, in denen ich eigentlich hätte entspannt sein können, gelang es mir nicht zu entspannen. Wenn ich mit Freundinnen eine Serie schaute, stand ich in den fünfzig Minuten mindestens dreimal auf, um irgendetwas zu holen. Und wenn ich einen freien Tag hatte, machte ich vier oder fünf Dates aus, sodass ich von morgens bis abends mit irgendwem zusammen war.

Ich war der Stille ausgewichen, weil ich ahnte, was in ihr passieren würde. Dass viel unter der Oberfläche rumorte, was hochkommen würde, sobald ich zur Ruhe käme. Und ich wusste nicht, wie ich mit alldem umgehen sollte.

Aber nun war es Zeit, meinem Schmerz zu begegnen und allmählich zu akzeptieren, was ich nicht ändern konnte. Ich lernte darin, die Kontrolle loszulassen und zu erwarten, dass trotzdem alles zu meinem Besten zusammenwirken würde. Es hat mich richtig was gekostet und wehgetan. Aber es hat mir auch einen tiefen Frieden geschenkt und mir geholfen zu erkennen, wo ich hinmöchte.

Inzwischen habe ich meine ganz eigene Art entwickelt, wie ich mich in der Kontemplation übe:

Ich lege mich ganz gemütlich hin, am besten mit einer Decke, sodass ich mich richtig schön eingehüllt fühle. Dann schließe ich die Augen und beobachte meinen Atem, wie er in meine Nase ein- und ausströmt. Beim Einatmen ist er kalt und beim Ausatmen warm. Das beruhigt meinen Körper schon, und meine Gedanken kommen zur Ruhe, weil ich nicht gleichzeitig denken und meinen Atem beobachten kann.

Nach einer Weile bete ich in Gedanken: »Ich … (beim Einatmen) … überlasse mich dir (beim Ausatmen).« So erlebe ich Gottes Gegenwart. Ohne viel zu reden, zu bitten oder ihm zu erzählen. Es ist, als würde ich einfach eingehüllt sein in seine Gegenwart. Ich kann dann so viel besser loslassen, was mich sonst innerlich angespannt festhalten lässt – weil ich weiß, dass ich nicht ins Nichts loslasse, sondern in seine Liebe und Fürsorge.

Das mache ich so oft, bis ich spüre, dass sich alles in mir entspannt hat. Anfangs kommen ganz viele Gedanken hoch. Dann nehme ich sie wahr und auch ernst und lasse sie bei Gott los. Irgendwann werden die

Gedanken weniger. Und dann fühle ich das, was da kommt, ohne zu wissen, woher diese Gefühle kommen und womit sie zusammenhängen. Denn das ist nicht wichtig. Es ist nur wichtig, diese Gefühle zu prozessieren, sie durchzufühlen. Denn irgendwann sind sie in mir stecken geblieben und blockieren mich jetzt. Hier ist Zeit und Raum, sie zu Ende zu fühlen. Einmal lag ich in Kenia am Strand und habe mich in der Kontemplation geübt. Da überkam mich plötzlich eine ganz intensive Traurigkeit. Sie lag wie ein Druck auf meiner Brust und in meinem Kopf. Mit schossen die Tränen in die Augen und ich musste schluchzen, kurz, vielleicht weniger als eine Minute. Ich wusste gar nicht, warum. Aber etwas in mir hatte sich gelöst. Etwas, wozu meine Gedanken keinen Zugang hatten, war in Gottes Gegenwart zum Vorschein gekommen und dadurch einfach geheilt worden. Danach fühlte ich mich so frei und glücklich, dass ich wusste: Dieser Moment war etwas richtig Gutes gewesen. Und es »funktionierte« für mich viel besser als das Beten, das ich aus der Kirche kannte. Das war bei mir immer nur kopfgesteuert gewesen. »Danke, Gott, für … Bitte hilf, dass …« Aber in der Kontemplation war etwas passiert, bei dem mein Kopf nicht hinterherkam.

In der Kontemplation kann ich von Gott wunde Punkte berühren lassen, zu denen mein Verstand keinen Zugang hat.

Während der Lockdownzeit habe ich über diese Art des Betens erkannt, wie groß und wichtig für mich der Wunsch war, ein Kind zu bekommen. Einerseits konnte ich die Trauer darüber fühlen, dass ich noch nicht Mutter war, und gleichzeitig annehmen, was ich nicht ändern konnte. Andererseits half mir die Erkenntnis, wie groß mein Kinderwunsch war, Schritte einzuleiten, die eine Schwangerschaft möglich machten. Beispielsweise den Job, der so stressig war, nicht mehr so hoch zu priorisieren. Und viele Lebensstilfragen zu ändern. Diese Dinge ließen sich nicht mit einem Bibelvers oder einem Gebot begründen. Ich konnte sie nur in meinem eigenen Herzen finden. So lernte ich, wie wichtig es ist, meinen Gefühlen zu begegnen, die Botschaften, die sie für mich haben, zu erkennen und zu entscheiden, was ich damit machen möchte.

Die Kontemplation hat mir geholfen, meinen eigenen Zugang zu Gottes Gegenwart zu finden und mir selbst dabei zu begegnen. Gott ist ja die ganze Zeit da, auch wenn ich mir dessen nicht bewusst bin, weil ich zum Beispiel mit anderen Dingen beschäftigt bin. Dann ist er trotzdem da und trägt mich. Wie der Grund des Meeres, der das Wasser hält, während es sich bewegt. Ob das Wasser darüber nachdenkt oder nicht. Er ist da und hält alles zusammen.

Vielleicht liegt dir diese Art, Gott zu begegnen, nicht so wie mir. Dann möchte ich dich ermutigen, dich auf die Suche zu machen nach dem, was *dir* hilft, deinen Geist, dein Herz und deinen Körper mit Gott zu verbinden und so Heilung und tiefe Freude zu erfahren.

Auf die Stimme der Liebe Gottes hören – hier und jetzt

> Wenn uns jeden Tag dieses Hören und Lauschen (auf die Stimme der Liebe Gottes) wenigstens für ein paar Minuten … gelänge, würden wir entdecken, dass wir nicht allein sind, und dass der, der mit uns ist, nur das eine will: uns Liebe schenken.[35]
>
> *Henri Nouwen*

Das erste Mal las ich Henri Nouwen, als meine Tochter gerade mal ein Jahr alt war. Wir waren im Urlaub, und ich hatte Zeit, weil mein Mann Philipp jede Minute mit unserer Tochter auskostete.

Damals hatte ich mich schon eine ganze Weile mit der bindungsorientierten Erziehung auseinandergesetzt und dabei gelernt, Gott ganz neu zu sehen. Nicht als den strengen Vater, der Gehorsam einfordert. Sondern als den, der sich uns zuwendet und unser Vertrauen gewinnen möchte. Da fiel mir dieses Buch von Nouwen in die Hände, in dem er etwas über Gehorsam schreibt. Ein Wort, auf das ich allergisch reagierte. Denn bis zu diesem Zeitpunkt hatte ich Gehorsam aus meiner Sozialisation nur als etwas gekannt, das Menschen dazu bringt, Dinge zu tun, die sie nicht wollen oder die nicht ihrer Natur entsprechen. In meiner Kindheit war Gehorsam ein ganz normales Erziehungsziel gewesen: Kinder sollten dazu gebracht werden, gehorsam zu sein – in dem Sinne, dass sie tun sollten, was die Erwachsenen ihnen sagten. Ob sie wollten oder nicht. Einfach, weil die Erwachsenen angeblich besser wussten, was gut für sie war.

Nach meiner Beschäftigung mit der bindungsorientierten Erziehung empfand ich eine solche Forderung nach Gehorsam als Machtmissbrauch durch Menschen, die sowieso schon in einer überlegenen Position sind und diese Macht ausnutzen, um ihren Willen durchzusetzen. Der bindungsorientierte Erziehungsansatz geht hingegen davon aus, dass wir als Eltern unsere Kinder in ihrer individuellen Entwicklung begleiten sollten, anstatt ihnen etwas überzustülpen.

Gehorsam bedeutet, mit großer Aufmerksamkeit Gottes Stimme der Liebe zu lauschen.

Und dann las ich, wie Nouwen das griechische Wort *oboedientia* (dt.: Gehorsam) mit folgenden Worten übersetzte: »mit großer Aufmerksamkeit lauschen«. Gemeint ist, dass wir mit großer Aufmerksamkeit der Stimme von Gottes Liebe lauschen. Wenn wir nicht auf eine Weise beten, die uns Gottes Stimme der Liebe in uns hören lässt, dann sind wir taub, im Lateinischen *surdus*, wovon unser »absurd« abgeleitet ist. Unser Leben wird dann gewissermaßen absurd. Nouwen schreibt:

> Beten ist die Disziplin des Augenblicks. Wenn wir beten, dann treten wir ein in die Gegenwart Gottes, dessen Name Gott-

> mit-uns ist. Beten heißt, dem aufmerksam zu lauschen, der hier und jetzt zu uns spricht. Wenn wir den Mut haben, darauf zu vertrauen, dass wir niemals alleine sind, sondern Gott immer mit uns ist, immer für uns sorgt und immer zu uns spricht, werden wir uns mit der Zeit von den Stimmen befreien, die uns plagen und ängstigen. … Im Mittelpunkt der Verkündigung Jesu steht die Botschaft vom liebenden Gott, der sich danach sehnt, uns das zu geben, wonach unser Herz sehnlich verlangt. Beten heißt, auf diese Stimme zu hören. … Wenn uns jeden Tag dieses Hören und Lauschen wenigstens für ein paar Minuten gelänge, würden wir entdecken, dass wir nicht alleine sind und dass der, der mit uns ist, nur das eine will: uns Liebe schenken.[36]

Diese Übersetzungen und Interpretationen von Gehorsam und Gebet waren für mich so neu und augenöffnend. Sie entsprechen genau dem, was ich erlebe, wenn ich in mich hineinhöre. In mir spricht Gottes Stimme: »Du gehörst zu mir.« Und ich werde ruhig. Das ist, wonach mein Herz sich am meisten sehnt.

Unser Vater im Himmel möchte keinen blinden Gehorsam, bei dem ich tue, was er sagt, oder bei dem ich emotionslos oder willenlos Regeln befolge. Er möchte mich mit Liebe füllen, mein Vertrauen stärken. Er begegnet mir mit Achtung und Respekt. Achtet meine Grenzen. Zwingt mich zu nichts. Er hat Platz für meine Unreife und reagiert auf sie mit Reife, anstatt mir Vorwürfe zu machen. Er bietet mir Liebe, Fürsorge und vertrauensvolle Beziehung an. Und all das verändert meine Herzenshaltung auf natürliche Weise. Es geht Gott nicht darum, mir etwas überzustülpen, nur weil er es besser weiß. Er hat Zeit für meinen Reifungsprozess.

Gott möchte, dass ich seine Stimme jeden Tag höre, die mir sagt: »Ich liebe dich. Du bist wertvoll, du bist willkommen. Hier ist ein Platz, nur für dich, und ich wünsche mir, dass du ihn mit deinem ganzen

Sein einnimmst und so gestaltest, wie es schon immer in dir angelegt war. Du bist mehr als gut genug.«

Auf diese liebevolle Stimme möchte ich hören anstatt auf die Stimmen, die mich abwerten. Und die mich nur dazu bringen wollen, nach Liebe, Anerkennung und Sicherheit an Stellen zu suchen, wo sie nicht zu finden sind.

Immer dann, wenn ich mich auf diese Stimme besinne, werde ich ruhig, wie ein Kind, das gerade von seiner Mutter gestillt wurde. Das geht innerhalb von einer Minute. Ich brauche dafür nur die Augen zu schließen und in mich reinzuhören. Seit ich Mama bin, habe ich kaum noch Zeit für lange Zeiten der Kontemplation. Und so ist das mein nie endendes Dreißig-Sekunden-Gebet: Mehrmals täglich schließe ich für einige Sekunden meine Augen und besinne mich auf diese Stimme, die voller Liebe in mir spricht: »Du gehörst zu mir.« Diese Worte breiten sich warm aus in meinem Brustkorb, mein Atem wird tiefer, und ich entspanne mich. Ich komme an im Moment. Im Hier und Jetzt. In der Gegenwart Gottes. In der es nicht um die Freuden oder Verletzungen der Vergangenheit geht und nicht um die Hoffnungen oder Sorgen der Zukunft. Sondern einfach nur darum, auf die Stimme zu hören, die sagt, dass Gott mich liebt. Darum geht es ihm. Um Beziehung. Gott möchte nicht mein Verhalten kontrollieren. Sondern einfach mit mir zusammen sein.

> Gott hat Zeit für meinen Reifungsprozess.

Mit Gott sein

Ich habe mir eine Wohnung eingerichtet. Vom Flur geht es ins Wohnzimmer, und in der Küche gibt es immer etwas Nahrhaftes. Das gemütliche Schlafzimmer ist mit Kissen und Decken ausgestattet, in die ich mich einkuscheln kann. Mit Bildern und Worten an den Wänden, die mich daran erinnern, was Gott zu mir und über mich sagt. Über eine Terrassentür gelange ich in den Garten, zu dem keiner außer mir Zugang hat. Er ist voll mit grünen Pflanzen und wenigen ausgewählten Blumen. Eingezäunt durch eine hohe Hecke, die Schutz nach außen und Schatten nach innen bietet, wo ich mich ausruhen kann. Es gibt eine Hängematte und eine Bank, die zum Verweilen einladen.

Dieser Ort ist kein irdischer Ort. Er ist in meinem Innern. Es ist der Ort, an den ich bedingungslos gehöre. Der Ort, an dem Gott darauf wartet, mir zu begegnen. Ich habe jederzeit Zugang dazu, und wenn ich mal vergesse, dort vorbeizuschauen, ist er mir nicht böse. Er ist einfach da.

Mein Therapeut hat mir dabei geholfen, diesen Ort zu entwickeln. Vorher hatte ich mich nicht getraut, in mich hineinzuhören, weil ich Angst hatte, was ich darin entdecken würde. Ich glaubte, die Wahrheit würde mich überfordern. Und tatsächlich habe ich einige Erfahrungen gemacht, die mich überforderten, aber die konnte ich mithilfe des Therapeuten gut bearbeiten. Wegen dieser negativen Erfahrungen war diese Wohnung in meinem Inneren anfangs kahl und dunkel gewesen stickig und voller Lügen, die mich laut von den Wänden anschrien. Irgendwo stand dieser gefüllte Rucksack, den Jesus mir in der Therapie abgenommen hatte. Erst haben wir diesen Rucksack geleert, und nach und nach haben wir drei – Jesus, der Therapeut und ich – angefangen, kleine Samen der Wahrheit zu pflanzen, aus denen schöne große Pflanzen wurden, die bis heute in mir weiterwachsen. Diese Pflanzen reinigen die Luft und geben mir immer mehr Platz zum Atmen. Wir haben besondere Fenster eingesetzt, die das Licht einfallen lassen und allmählich immer größer werden.

An diesem Ort geht es weder darum, über Dogmen oder Regeln zu diskutieren, noch darum, etwas intellektuell zu verstehen. Sondern darum, nach Hause zu kommen – mich auszuruhen, neue Kraft zu schöpfen, um dann wieder in die Welt zu gehen und zu glauben, dass die Wahrheit, der ich begegnet bin, meine Realität verändert.

Die Wahrheit kann alles Mögliche sein, das sich mir an diesem Ort zeigt. Meistens sind es liebevolle Botschaften, wie die Zusage, dass ich bedingungslos zu Gott gehöre. Manchmal zeigt sich aber auch eine schmerzhafte Wahrheit, die mir deutlich macht, dass ich etwas verändern muss in meinem Leben, in meinen Beziehungen oder meiner Arbeit.

Wenn ich an diesem Ort verweile, lebe ich anschließend in der Erwartung, dass Gott mich führt, und ich bin bereit, seiner Führung zu vertrauen. Dabei geht es nicht darum, Gesetze zu befolgen oder immer nett, harmonisch oder unterstützend auf andere zu wirken. Wenn das möglich ist – super! Aber das ist nicht das Ziel. Es geht um die Bereitschaft, der Wahrheit zu folgen. Der Wahrheit, die für mein persönliches Leben relevant ist und der ich durch Gott in mir begegne. Damit kann ich manchmal auch sehr ungemütlich für andere sein.

Ich brauche die Bereitschaft, mir selbst, Gott und der Wahrheit zu begegnen. Die Kontemplation hilft mir, einen Schritt zurückzutreten und die Bereitschaft zu entwickeln, die Stimmen in meinem Kopf wahrzunehmen, ohne zu glauben, dass ich das bin, was die Stimmen über mich sagen. Mir selbst zu vergeben, dass ich diesen Stimmen geglaubt habe. Und mich der Stimme der Liebe zuzuwenden. Die Wahrheit der Liebe zu hören. Und den Mut zu entwickeln, die Wahrheit zu sagen, wo sie sich mir offenbart. Mir Zeit zu nehmen, um die Wahrheit wahrnehmen zu können. Und den Glauben zu entwickeln, dass wir groß, stark und leuchtend genug sind, um sie auszusprechen. Und dass wir in den Momenten, in denen wir das nicht fühlen, nicht allein sind.

Angst vor der Therapie

»Hast du einen Tipp für einen christlichen Therapeuten? Ich möchte nicht mit einem ungläubigen Therapeuten sprechen, am Ende redet er mir meinen Glauben aus.« Solche Fragen erreichen mich häufig. Und ich kann sie sehr gut verstehen. Mir ging es damals ja ähnlich. Camila, die mich während meiner ersten Ehe begleitet hatte, und Michael, der mich nach der Trennung bei der Verarbeitung unterstützte, glaubten auch beide an Gott.

Inzwischen weiß ich, dass die meisten Therapeuten die Ressourcen, die wir haben, nutzen. Und unser Glaube ist eine Ressource. Einer meiner Interviewpartner, Alexander, berichtete mir von seinen Erfahrungen mit einem nicht christlichen Therapeuten, der den Glauben aber mit einbezog. Er erzählte:

> Mein Therapeut hat mit mir über Glauben, Annahme und Liebe gesprochen und meinen Glauben sehr wertschätzend berücksichtigt. Und mir geholfen zu erkennen, wo meine Überzeugungen von Gott nicht der Wahrheit entsprachen. Er sagte sogar, dass dort, wo er bei seinen Klienten mit Psychologie nicht weiterkam, nur der Glaube hatte helfen können.

Du darfst dich also trauen, dich an Therapeuten zu wenden, die nicht genauso an Gott glauben, wie du. Wichtig ist, dass die Chemie zwischen euch stimmt. Dass du dich wohlfühlst und dieser Person vertrauen kannst. Hilfreich wäre es bestimmt, gleich zu Beginn zu fragen, ob sie deinen Glauben mitberücksichtigen kann. Und wenn sie das ablehnt oder komisch reagiert, kannst du dir immer noch jemand anderen suchen.

Meine Therapeuten haben auch erst mal eine Vertrauensgrundlage geschaffen. Sie haben mich aufgebaut, mich an meine Kraft erinnert und mir die Führung überlassen bei der Frage, welche Themen wir uns in der Therapie anschauen sollten. Ich musste über nichts sprechen, wofür ich mich nicht bereit fühlte. Manche Leute haben die Vorstellung, dass Therapeuten eine Art magischen Blick haben, mit dem sie auf den Grund unserer Seele blicken und gegen unseren Willen sehen können, welche Geheimnisse wir in uns tragen. Keine Sorge. Therapeuten sind ganz normale Menschen. Und sie sind für dich da. Warten darauf, was *du* offenbaren möchtest, und machen keinen Druck, dass du irgendwas tun sollst.

Ich hatte in der Therapie nie den Eindruck, dass Erwartungen an mich gestellt wurden, sondern dass meine Therapeuten mir helfen wollten, zu meinen eigenen Entscheidungen zu finden. Neue Handlungsweisen auszuprobieren, die zu mir passten und für mich stimmig waren. Sie konnten mir helfen, eine höhere Stresstoleranz aufzubauen und mein Nervensystem zu regulieren. Ich konnte lernen, anders auf mich zu blicken. Mit Wohlwollen auf das zu schauen, was ich selbst als schwierig an mir empfand. Und Selbstmitgefühl für die Dinge zu entwickeln, die schmerzhaft waren.

Für mich waren meine Therapeuten wie freundliche Nachhilfelehrer, denen ich mitteilen durfte, wie mein aktueller Lernstand aussah und wo ich gerne weiterkommen wollte. Sie erinnerten mich an das, was ich schon gelernt hatte, und zeigten mir, wie ich das nutzen konnte, um die neue Lernaufgabe zu meistern.

Der Experte für dein Leben bist du. Wenn du dich mit jemandem unwohl fühlen solltest oder ein Erlebnis machst, das dich an deiner Therapeutin zweifeln lässt, dann darfst du dir und deinem Gefühl mehr vertrauen als irgendjemandem sonst. Du darfst dir jemand anderen suchen. Auch so eine Erfahrung kann für dich sehr heilsam sein, weil du dabei erleben kannst, dass du dir selbst zuhörst und tust, was sich in dem Moment richtig anfühlt, anstatt deine eigene Wahrnehmung zu ignorieren.

Ich möchte dich ermutigen, den Schritt in die Therapie zu wagen, wenn du den Eindruck hast, dass es dir helfen könnte. Du kannst ganz klein anfangen. Einfach nur einen ersten Termin ausmachen und gucken, wie sich das für dich anfühlt. Weil du es wert bist zu heilen.

Wir können nur sein, wer wir sind

> Der Mensch ist ein fließender Prozess, kein festgelegtes und statisches Wesen; ein sprudelnder Strom der Veränderung, kein Block aus festem Stoff, eine sich ständig verändernde Konstellation von Möglichkeiten, keine unbestimmte Qualität von Eigenschaften.[37]
>
> *Carl R. Rogers*

Da hatte ich sie: die Antwort auf meine Frage, ob ein Mensch sich verändern kann.

Es gab so viele Festschreibungen, die ich selbst, meine Ursprungsfamilie, mein Ex-Mann, Freunde oder Bekannte über mich ausgesprochen hatten. Ich glaubte sie und das behinderte mich in meinem Lebensfortschritt. Heute noch habe ich manchmal das Gefühl, dass Menschen versuchen, mich in den Schubladen festzuhalten, in die sich mich gesteckt haben.

Aber ich habe mich verändert. Niemand kann mich in dem festhalten, wie er oder sie mich früher einmal wahrgenommen hat. Und ich darf denen einen Riegel vorschieben, die das noch immer versuchen.

Nachdem ich mit meinem jetzigen Mann Philipp zusammengekommen war, sagte eine »Freundin« zu mir, ich könne wirklich froh sein, dass er mich »noch genommen« habe. So als wäre ich im Schlussverkauf in einem Regal liegen geblieben, und endlich hätte sich jemand meiner erbarmt. Ich wusste, was sie meinte. Das Problem war nicht nur, dass ich schon einmal verheiratet gewesen und jetzt geschieden war. Sondern dass ich nicht in das Rollenbild passte, das ihr und mir in unserem konservativ-christlichen Umfeld als Nonplusultra-Ziel verkauft worden war. Als Frau war ich zu laut, zu selbstbewusst, zu rebellisch. In ihrer Welt wollte kein Mann so eine Frau. Und früher hatte ich genau das Gleiche geglaubt.

Inzwischen weiß ich, dass es auch ganz andere Männer gibt. Nämlich solche, die keine Frau wollen, die sich immer nur anpasst und keine eigene Meinung hat. Ich glaube auch nicht mehr, dass Frauen sich auf eine ganz bestimmte Weise zu verhalten haben, um liebenswert zu sein. Und von Menschen, die mir das Gefühl geben, dass ich so, wie ich bin oder früher einmal war, nicht liebenswert bin, distanziere ich mich. Das ist ein Standard, den ich setze. Einfach gesagt: Wenn du meine Freundin sein möchtest, dann ist die mindeste Voraussetzung, dass du mich magst – so wie ich bin. Leuchtet ein, oder?

Menschen können sich weiterentwickeln. Ich habe es getan. Und du kannst das auch. Veränderung im positiven Sinn heißt nicht, dass wir entgegen unserer Natur so werden müssen, wie andere uns haben wollen. Nein, es heißt, dass wir alles abfallen lassen, was uns daran hindert zu sein, wer wir wirklich sind. Dazu gehören aus meiner Sicht toxische Theologie, Frauenfeindlichkeit, falsche Freunde, schädliche Schutzstrategien und ungesunde Verhaltensmuster. Für mich bedeutete das zum Beispiel ganz konkret, keine Beleidigungen über mich ergehen zu lassen. Oder zu glauben, dass etwas an ihnen dran sein könnte.

> Veränderung im positiven Sinn bedeutet, dass wir die Menschen werden, die wir wirklich sind.

Daniela Mailänder schreibt in ihrem Buch *Wenn Gott zum Aufbruch ruft*, dass Gott Mose zwei Fragen stellte, die auch unsere Fragen des Lebens sind: »Wer bist du? Und warum bist du hier?«

Die Scham antwortet darauf: »Du bist nicht gut genug.«

Und die Disziplin sagt: »Du bist hier, um dich mehr anzustrengen.«

Diese beiden Komplizen gaukeln uns vor, dass wir uns nur verändern müssten, um dazuzugehören, und uns mehr anstrengen müssten, um keine Fehler zu machen, damit wir angenommen werden. Sie können nicht halten, was sie versprechen. Denn um echte Zugehörigkeit zu erleben, müssen wir werden, wer und wie wir wirklich sind. Wenn wir nur dazugehören, weil wir uns anpassen, dann wissen wir tief in unserm Innern, dass wir nicht wirklich dazugehören, sondern nur die Version von uns, die die anderen sehen wollen.

Gott sagt: »Du gehörst zu mir. Ich liebe dich. Ich bin bei dir. In meinen Augen bist du vollkommen. Jetzt und hier. Ohne dass du irgendetwas verändern musst. Bei mir ist auch Platz für dein Leuchten, deine Stärke, deinen Erfolg, deine Schönheit und deine Stimme, egal wie laut sie ist.«

Er gibt uns keine Liste mit Dingen, die wir zuerst einhalten, erfüllen und ändern müssen. Er bietet uns seine Gegenwart, in der wir sein dürfen, mit allem, was ist. Wir dürfen alles, was sich in uns regt, mit ihm verbinden und seine heilende Kraft in all unsere Lebensbereiche fließen lassen. Dieser Prozess hält ein Leben lang an.

In der Gegenwart Gottes wartet keine Verurteilung auf uns. Sondern Liebe, Annahme und Mitgefühl. In dieser Atmosphäre kann alte Trauer über erlittene Verletzungen zum Vorschein kommen. Trauer, wenn uns bewusst wird, was wir dem anderen angetan haben. Und genauso auch Trauer, wenn uns bewusst wird, wie wir uns selbst geschadet und uns selbst verletzt haben. Sie hilft uns, all das zu akzeptieren, anstatt dagegen zu kämpfen. Sodass wir all diesem Schmerz mit Selbstmitgefühl begegnen können. Wenn wir das (noch) nicht selbst können, kann Gottes Mitgefühl hier eine Brücke schlagen. Diesen Teil anzunehmen, anstatt ihn abzulehnen, zu verdrängen oder nicht wahrhaben zu wollen, hilft uns, ihn sanft und langsam zu integrieren – in die Person, die wir wirklich sind.

Nicht selten braucht es einen Therapeuten, der uns mit Einfühlungsvermögen und einem wohlwollenden Blick begleitet. Und von dem wir lernen, uns genauso zu begegnen.

Zu mir gehören – und zu Gott

> This is the season of becoming who I have always wanted to be, while also recognizing, she has been here all along.[38]
> *Jennae Cecelia*

Mich auf mich selbst verlassen zu können, heißt heute nicht mehr für mich, dass ich immer alles richtig mache oder alle Ziele erreiche, die ich mir vornehme. Es bedeutet, anders zu reagieren, wenn ich merke, dass ich etwas getan habe, worauf ich nicht stolz bin: Dann halte ich inne und überlege gut, wie ich mit mir umgehe. Anstatt mich zu verdammen, bemühe ich mich um eine wohlwollende Haltung mir selbst gegenüber, indem ich mir klarmache, dass wir Menschen nicht vollkommen sind. Gott hat uns geschaffen als Wesen, die verletzlich sind und Bedürfnisse haben. Und diesen Bedürfnissen versuche ich zu begegnen. Ohne, dass ich es mir erst verdienen muss. Ich bin auf meiner Seite. Auch wenn andere es nicht sind.

Früher war ich zuerst für die anderen da. Jetzt weiß ich, dass ich in erster Linie zu mir und zu Gott gehöre. Und erst dann zu meinem Mann, meiner Tochter und zu den Menschen, die mich wirklich voll und ganz so annehmen, wie ich bin, auch wenn das nicht immer einfach ist. Und ich höre auf zu versuchen, überall dazuzugehören. Von jedem gemocht zu werden. Und jedem Ideal entsprechen zu wollen.

Meinen ersten Impuls dazu bekam ich, als ich ein Interview mit Maya Angelou hörte. Sie wurde gefragt, ob sie irgendwo hingehöre, und antwortete: »Bisher nicht.«

Und als der Moderator fragte, ob sie zu *jemandem* gehöre, sagte sie: »Mehr und mehr. Ich meine, ich gehöre zu mir selbst. Darauf bin ich sehr stolz. Ich mache mir viele Gedanken darüber, wie ich auf Maya blicke. Ich mag Maya wirklich sehr. Ich liebe ihren Humor und ihren Mut. Und wenn ich sehe, dass ich in einer Weise handle, die … mir nicht gefällt – dann muss ich damit umgehen.«[39]

Ihre Worte resonierten so sehr mit dem, was ich mir für mich wünschte, dass ich mich hinsetzte, einen Stift und mein Notizbuch nahm und anfing zu schreiben. Ich wählte ihre Formulierungen und machte eine Liste der Dinge, die ich an mir mochte. Weiter überlegte ich mir, wie ich mit mir umgehen wollte, wenn ich entdeckte, dass ich etwas getan hatte, das mir selbst nicht gefällt, und schrieb auch das auf.

Vielleicht hast du ja auch Lust, dir darüber Gedanken zu machen, wie du auf dich selbst schaust und wie du mit dir sprichst? Was du an dir magst und wie du eine gute Beziehung zu dir selbst aufbauen kannst?

Ich glaube, dass Mayas Worte »Ich gehöre zu mir selbst« die wichtigsten in diesem Interview sind. Zumindest waren sie augenöffnend für mich. Denn durch sie erkannte ich, dass ich eben nicht zu mir selbst gehörte, sondern immer nur zu allen anderen. Ich hatte schon immer einen sehr starken Sinn für Verbundenheit. Weil sie mir fehlte. Und ich versuchte diese Sehnsucht zu stillen, indem ich mit sehr vielen Menschen »befreundet« war. Ich bemühte mich, so unkompliziert zu sein, dass alle mich mochten. Bis ich erkannte, dass dieses Bedürfnis so nicht erfüllt werden kann. Es braucht nicht viele Freunde, sondern die richtigen. Aber in erster Linie geht es darum, dass ich mich zuerst selbst mag und dann erst die Bindung zu Menschen suche, die zu so einer tiefen Verbindung, wie ich sie mir wünsche, in der Lage sind.

Für mich war es wichtig zu lernen, wie ich mir selbst Bindung schenken kann. Zu mir selbst mehr zu gehören als zu irgendeinem Menschen sonst. Denn kein Gesetz, kein Richtig oder Falsch, hat mir jemals geholfen herauszufinden, wer ich wirklich bin. Keine Rolle, und wenn ich sie noch so gut zu erfüllen versuchte, hat mich jemals an den Kern meines Selbst geführt oder mich lebendig oder wertvoll fühlen lassen. Kein Anpassen an eine Gruppe und ihre Normen hat es mir jemals ermöglicht, wahre, tiefe Verbundenheit zu mir, anderen Menschen oder Gott herzustellen.

Ja, Regeln, Gesetze, Normen, Erwartungen und Wünsche an uns haben ihre Gründe und Berechtigung. Und sie haben Grenzen. Was wir wirklich brauchen, ist ein Gefühl für uns selbst und für andere. Achtsam im Moment zu sein und wahrzunehmen, was in uns und anderen passiert, und darauf einzugehen. In dem Maße, wie es für uns stimmig ist. Wir können nur sein, wer wir sind. Und nur über den authentischen inneren Kern, der – unter Rollenbeschreibungen, Erwartungen oder Regeln versteckt – in uns lebendig ist, können wir uns mit denen verbinden, die bereit sind, diesen Kern lebendiger werden zu lassen. Du darfst tun, was nötig ist, damit dieser Kern größer wird, und alles von dir abfallen lassen, was ihn einzudämmen versucht.

Körper und Gesundheit

»Ich bin irgendwie dick und unförmig«, bemerkte eine Stimme ganz sachlich in meinem Kopf, während ich einige Tage nach der Geburt meiner Tochter nach dem Duschen vor dem Spiegel stand. Doch eine andere Stimme fügte hinzu: »Aber das ist nicht wichtig. Ich habe ein Kind geboren. Mein Körper hat sie getragen, und ich habe mich ausgedehnt, damit sie Platz in mir hat. Ich habe sie zehn Monate lang in mir genährt. Und jetzt werde ich sie noch eine ganze Weile außerhalb von mir tragen und nähren. Mein Körper ist richtig krass, Mann. Ich bin richtig krass. Was ist das für ein Wunder?«

Ich war selbst erstaunt über meine Gedanken und Gefühle. Vor der Schwangerschaft hatte ich gedacht, dass ich überhaupt nicht mit der Veränderung meines Körpers würde umgehen können. Dass ich mich ablehnen, vielleicht sogar depressiv werden würde. Denn lange Zeit in meinem Leben hatte ich meinen Körper und meine Fitness für selbstverständlich genommen. Mit sechzehn Jahren hatte ich mal zehn Kilo abgenommen und eine ungesunde Beziehung zum Essen entwickelt. Ich war damals stolz gewesen, dass ich dieses Gewicht sehr lange halten konnte. Denn ich hatte verinnerlicht: Mein Körper muss schlank sein und gut aussehen. Er ist dafür da, mir und anderen optisch zu gefallen.

Vor der Schwangerschaft hielt ich mich für eitel. Und vielleicht bin ich das auch. Es ist mir immer noch wichtig, gut auszusehen. Und tatsächlich gab es Momente, wie diesen vor dem Spiegel, in denen ich wahrnahm, dass mein Körper nicht so aussah, wie ich es für schön hielt. Aber zu meiner Überraschung lehnte ich ihn deswegen nicht ab. Ich war ein wenig traurig über den Verlust meines alten Körpers, aber gleichzeitig auch sehr stolz auf diesen neuen, der so viel geleistet hatte. Er gefiel mir gerade optisch nicht so richtig gut, aber ich liebte ihn erst recht. Durch die Schwangerschaft hatte ich eine unendliche Wertschätzung für mich und sogar Ehrfurcht vor meinem eigenen Körper gelernt. Was ist das für ein krasses Wunderwerk, das Gott mir da geschenkt hat. Heute bin ich dankbar für meinen Körper und für alles, was er kann und macht. Und ich behandle meinen Körper liebevoll. Ich möchte ihn ehren dafür, dass er mir ein Zuhause in dieser Welt schenkt, und ihm das geben, was er braucht, um gut leben zu können. Manchmal ist das ein grüner Sellerie-Smoothie und manchmal eine Schale Schokoeis mit extravielen Streuseln.

Wenn ich heute Sport mache, dann nicht nur, damit ich schlanker werde und mein Bauch endlich so flach ist, wie ich ihn mir immer gewünscht habe. Nein, ich tue das auch, um meinem Körper das zu geben, was er braucht: Bewegung, frische Luft und Entspannung. Früher bin ich viel gejoggt und habe sehr intensive Trainings gemacht, sogenannte HIIT, heute merke ich, dass langsamere bewusste Bewegungen, wie bei Yoga oder Pilates, mir viel besser tun. Und ich weiß auch, wieso.

Fast mein ganzes Leben war mein Nervensystem in einem übererregten Zustand. Anstatt zwischen Anspannung und Entspannung angemessen hin- und her zu wechseln, war mein Körper durchgehend in Anspannung. Alle Physiotherapeuten und Osteopathen, bei denen ich war, sprachen mich darauf an, dass meine Rücken-, Nacken- und Kieferschmerzen damit zusammenhingen, dass mein Vagus-Nerv unterstimuliert und geschwächt sei, und ich etwas zur Entspannung machen solle. Als ich mit Yoga zum Stressabbau anfing, stellte ich fest, dass die Übungen genau die gleichen Körperregionen entlasteten, wie meine Physiotherapeuten oder Osteopathen es in der Behandlung taten. Dagegen sorgten die HIITs und das Joggen eher dafür, dass ich in den übererregten Zustand rutschte.

Während meiner ersten Ehe und nach der Trennung litt ich, wie schon erwähnt, andauernd unter unterschiedlichsten Erkrankungen. Ärzte konnten nicht helfen. Im Studium lernte ich, dass ein dauerhaft erhöhter Stresspegel dazu führt, dass wir krank werden. Der Körper produziert laufend Cortisol, und wenn es nicht abgebaut wird, kann es mitunter Jahre dauern, um diesen Pegel zu senken. Dabei helfen Entspannungsübungen, leichte Spaziergänge und sanfte Bewegung. Camila empfahl mir damals Progressive Muskelentspannung nach Jacobsen. Ich übte es ein paar Mal, aber leider nicht sehr lange. Denn mir war nicht klar, wie es meine Ehe retten sollte, wenn ich mich entspannte. Nach der Trennung fing ich, unter Anleitung von YouTube-Videos, wieder mit Entspannungsübungen an.

In meiner Ausbildung zur Traumasensiblen Coachin lernte ich, dass eine sichere Bindung für Sicherheit im Körpersystem sorgt und wir uns bei Menschen entspannen können, die uns eine sichere Bindung vermitteln können. Und wenn das noch nicht gegeben ist, kann ein Therapeut oder eine ausgebildete Coachin dieses Sicherheitserleben schaffen. Wir können lernen, mithilfe bestimmter Übungen selbst unser Nervensystem zu regulieren. Auch Tätigkeiten, die uns auf sanfte Weise entspannen, beruhigen das Nervensystem. Die entsprechenden Muskelregionen entspannen und unser Geist beruhigt sich. Wir bewerten Situationen anders, wenn wir im entspannten Zustand sind. Das wiederum hat Auswirkungen darauf, welche Gefühle in uns entstehen. Es ist, wie die Bibel schon immer sagte: Körper, Geist, Seele und Herz sind eins. Sie sind nicht nur untrennbar verbunden, sie beeinflussen sich wechselseitig.

Die Psychologie hat diesen Aspekt lange vernachlässigt, die wissenschaftliche Forschung entdeckt diese Zusammenhänge jetzt wieder. In vielen christlichen Kreisen hat der Körper leider entweder einen schlechten Ruf oder gar keine Relevanz – was eben so gar nicht biblisch ist. Dabei ist unser Körper das, womit wir leben. Womit wir beten, singen, uns bewegen, Gutes tun … Unser Körper ist das, was unseren Glauben umsetzt. Durch Körperempfindungen spüren wir, wie es uns geht und was wir brauchen.

Viele meiner Interviewpartner erzählten mir, dass Sport und Yoga ihnen dabei geholfen hatten, mit dem Stress umzugehen, der sie in der Trennungssituation belastet hatte. Ich glaube, wenn wir ganzheitlich heil werden wollen, dann dürfen wir unseren Körper in der Gleichung nicht vergessen. Wir dürfen uns ihm wieder fürsorglich zuwenden.

5. Grenzen, Gefühle und Verantwortung

Grenzen – Fühlen, wo ich anfange und wo ich aufhöre

Wie ich schon erzählt habe, endete unsere erste gemeinsame Therapiesitzung bei Camila damit, dass ich meinen damaligen Mann anschrie. Nicht zum ersten Mal. In den letzten zwei Jahren unserer Ehe war mir das häufig passiert. Aber das war nicht immer so gewesen. Dieses Schreien war ein letzter verzweifelter Versuch gewesen, mich selbst zu schützen. Damit möchte ich mein Verhalten nicht entschuldigen. Ganz im Gegenteil. Ich verstehe heute, dass ich viel früher hätte Grenzen setzen und konsequent sein müssen. Vielleicht sogar mich viel früher hätte trennen müssen.

Eine Sache habe ich lange falsch verstanden. Und das war diese Aussage, die ich oft zu hören bekam: »Der andere wird sich ändern, wenn du dich änderst.« Ich glaubte, es gäbe eine Definition davon, wie er und ich zu sein hatten. Und ich dachte, er würde so werden, wie er sein sollte, sobald ich meinen Teil erfüllte, indem ich so wurde, wie ich sein sollte. Aber selbst wenn wir es geschafft hätten, diesen Rollenbildern zu entsprechen, wäre das nur eine Scheinlösung gewesen. Denn diese Ideale schaffen keine echte, tiefe Verbindung zwischen zwei Menschen.

Die zweite Sache, die mir gesagt wurde, war, dass ich keine Erwartungen haben dürfe. Was ich zuerst als Frechheit empfand. Sorry, mein Fehler: Ich hatte Erwartungen mit Standards verwechselt.

Wenn ich eine Erwartung habe, versuche ich, jemanden dazu zu bringen, sich so zu verhalten, wie ich es mir wünsche. Und ich reagiere verletzt, enttäuscht oder verärgert, wenn das nicht passiert. Je definierter meine Erwartung ist, umso enttäuschter werde ich sein. Ich versuche dann aus dem anderen etwas zu machen, was er nicht ist. Dabei sorgen Erwartungen für Stress und führen zu nicht gewünschten Ergebnissen.

Standards zu haben, heißt für mich hingegen, dass ich mich nicht auf jemanden einlasse, der diesen Standards nicht entspricht. Oder dass ich eine Beziehung beende, wenn diese Standards dauerhaft nicht eingehalten werden. Ich akzeptiere, was der andere mir von sich zeigt, und entscheide, wie ich damit umgehen möchte. Standards sorgen für Frieden in unserem Innern und richten sich an unseren authentischen, inneren Werten aus. Wenn unsere Standards nicht erfüllt werden, führt das zu Grenzüberschreitungen, die unsere Liebe und unser Wohl gefährden.

> Erwartungen führen zu Stress. Standards sorgen für inneren Frieden, weil sie helfen, unsere Grenzen zu wahren.

Ein Standard kann zum Beispiel Respekt sein. Oder Loyalität. Oder Treue. Vielleicht auch Gleichberechtigung in der Partnerschaft. Das, was wir als absoluten Standard setzen, kann sehr individuell sein. Deswegen ist es so wichtig, dass wir lernen, uns selbst wahrzunehmen, um herauszufinden, womit wir leben können und womit nicht. Ich habe gemerkt, wie wichtig es ist, meine Grenzen zu kennen – zu spüren, wo ich anfange und wo ich aufhöre.

Vienna Pharaon unterscheidet in ihrem Buch *The Origins of You* zwischen verschiedenen Arten von Grenzen (engl.: *boundaries*):

- **Poor Boundaries (Schwache Grenzen)**: Damit ist gemeint, dass Menschen gar keine oder kaum Grenzen haben, dass sie versuchen, es allen recht zu machen, und sich viel häufiger anpassen, als gesund für sie ist. Das kann der Fall sein, wenn wir erlebt haben, dass unsere Grenzen immer wieder überschritten und nicht ernst genommen worden sind. Dann versuchen wir, ein »unkomplizierter« oder »einfacher« Mensch zu sein. Wir biedern uns an, indem wir immer weniger wollen, immer mehr geben und uns anstrengen. Weil wir Angst haben, die Verbindung zu verlieren, wenn wir anfangen unsere Grenzen mitzuteilen. Aber wer sich nicht abgrenzt, ist in der eigenen Individualität nicht sichtbar. Menschen, denen es verwehrt wird, Grenzen zu setzen, werden deshalb darin eingeschränkt, ihr wahres Selbst auszubilden.

- **Rigid Boundaries (Starre Grenzen)**: Wer solche Grenzen hat, baut mannshohe Mauern um sich herum auf und ist nicht in der Lage, diese Grenzen flexibel anzupassen, wenn sich Menschen oder Situationen ändern. Solche harten Grenzen hindern uns daran, mit anderen in Kontakt zu kommen. Auch hier geht häufig die Erfahrung voraus, dass die eigenen Grenzen überschritten wurden, nur dass in diesem Fall eine andere Konsequenz daraus gezogen wurde: Die Menschen arbeiten mit extremen Grenzen, um ja nie wieder eine solche Grenzüberschreitung erleben zu müssen.
- **Healthy Boundaries (Gesunde Grenzen)**: Eine gesunde Abgrenzung bedeutet, dass wir dazu in der Lage sind, unseren eigenen inneren Raum zu wahren. Unseren intimen und heiligen Raum zu schützen. Dieser Raum wird nicht hinfällig, wenn wir in Beziehungen leben, und auch nicht, wenn wir heiraten und Kinder bekommen. Diese Art der Abgrenzung hilft uns, in der Klarheit zu bleiben, was zu uns und was zum anderen gehört. Wir fühlen uns selbst als Individuum und fühlen uns verbunden mit unserer Mitte und mit anderen, auch wenn wir über unsere Bedürfnisse und Begrenzungen sprechen. Wir spü-

ren, was für uns okay ist und was nicht, und kommunizieren das auch.

Vienna Pharaon spricht im Zusammenhang mit Grenzen auch von der sogenannten »Red Flag«, also einer »Roten Fahne« – einer Art Warnzeichen, das uns sagt: »Achtung! Hier läuft etwas schief!«

Dazu gehört,

- wenn du deine Bedürfnisse äußerst und du in der Folge abgewertet wirst.
- wenn die Bedürfnisse anderer immer oder überwiegend über deinen stehen.
- wenn alles einfach schöngeredet wird und dein Gegenüber dir in der Tiefe deines Wesens nicht begegnen will.

Wenn du solchen »Roten Fahnen« begegnest, ist es wichtig, sofort gesunde Grenzen zu setzen. Das ist allerdings leichter gesagt als getan. Viele von uns haben nicht gelernt, sich auf gesunde Art und Weise abzugrenzen. Hier sind einige Schritte, die mir dabei geholfen haben, die »Red Flags« in meinem Beziehungsumfeld leichter zu erkennen:

- Zuallererst ist es wichtig wahrzunehmen, was deine Grenzen sind. Das kannst du auch über deinen Körper spüren. Wenn jemand etwas tut oder im Begriff ist etwas zu tun, was du nicht willst, dann kannst du, wenn du eine gute Verbindung zu dir selbst hast, körperlich ein Gefühl der Abwehr wahrnehmen.
- Kommuniziere dein Gefühl, und teile deinen Standard, deine Grenze, mit.
- Gib acht darauf, wenn deine Grenzen nicht eingehalten und deine Standards ignoriert werden. Und spüre nach, was das mit

dir macht. Geh nicht darüber hinweg, sondern überlege dir, wie du darauf reagieren möchtest.

- Gebiete Einhalt – wenn notwendig mit Unterstützung von außen.
- Distanziere dich von der Person, die deine Grenze überschritten hat oder überschreiten wollte. Wenn keine Einsicht und nachhaltige Veränderung sichtbar sind, überlege, ob du die Beziehung beenden möchtest.

Uns von Menschen zu distanzieren, die unsere Grenzen nicht akzeptieren, ist nicht lieblos. Ganz im Gegenteil. Es beschützt die Liebe in uns. Weil wir aufstehen gegen die Dinge, die irgendwann die Liebe zerstören werden, wenn wir sie durchgehen lassen.

In einer Partnerschaft oder in anderen Beziehungen zum ersten Mal Grenzen zu setzen, kann zu Irritationen führen, vielleicht sogar Widerstand auslösen. Damit sollten wir rechnen. Wenn ich das erlebe, bleibe ich freundlich und bestimmt. Ich ziehe es durch. Halte die Angst aus, abgelehnt zu werden, und widerstehe dem Drang, deswegen einzuknicken. Ich sage mir dann, dass es okay ist, dass Menschen mich nicht mögen, mich als unangenehm empfinden oder als falsch bewerten, was ich mache. Wichtig ist, dass ich mir selbst treu bleibe.

> In einer sicheren Bindung brauchen wir keine Angst zu haben, die Beziehung zu verlieren, wenn wir unsere Grenzen aufzeigen.

Wenn du zu denen gehörst, die sehr rigide Grenzen aufgebaut haben, um sich zu schützen, dann kann es dir helfen, in Verbindung zu Menschen, denen du vertraust, auszuprobieren, deine Grenzen ein wenig zu öffnen und flexibler zu werden. Eine kleine gute Erfahrung nach der anderen wird dich mehr Sicherheit in der Bindung erfahren lassen und dein Vertrauen stärken. So kannst du in deinem Tempo deine Grenzen nach und nach gesund ausweiten und so flexibel werden, dass du dir selbst treu bleibst und gleichzeitig mit anderen Verbundenheit erlebst.

Wenn wir in der Bindung zu anderen ruhen, dann können wir unsere Grenzen flexibler gestalten, weil wir vertrauen. Und wir können sie auch durchsetzen, wenn das nötig ist. Weil wir in einer sicheren Bindung keine Angst haben müssen, die Beziehung zu verlieren, wenn wir unsere Grenzen kommunizieren.

Keiner ist für deinen Frieden zuständig, außer du selbst. Dementsprechend bist du auch nicht für den Frieden anderer zuständig. Und niemand kann die Verantwortung für dich übernehmen. Das kannst nur du.

Fürsorge für mein inneres Kind

In meinem Badezimmer habe ich ein Bild von mir stehen, auf dem ich als kleines Kind zu sehen bin. Dieses Bild erinnert mich daran, dass ich nicht nur eine erwachsene Person bin, die über allem steht, was passiert, und cool mit allem ist. Es erinnert mich daran, dass in mir eine Version von mir lebt, die klein und verletzlich ist. Kein Mensch auf der Welt kann sich um dieses Kind kümmern außer ich selbst. Wenn ich morgens aufstehe, dann schaue ich erst das Bild an, erinnere mich daran, wie es war, dieses Kind zu sein, und dann schaue ich mir selbst im Spiegel in die Augen und sage genau das, was auf dem Zettel steht, der daneben klebt: »Ich liebe dich. Ich bin hier, um mich um dich zu kümmern. Ich sorge für dich.«

Vielleicht denkst du jetzt: *Das ist doch affig*«, oder: *Lächerlich!* Ich erinnere mich jedenfalls noch daran, wie unangenehm es sich anfühlte, als ich das zum ersten Mal machen wollte. Und dass die Stimmen in meinem Kopf genau solche Sätze riefen. Doch ich sagte ihnen, dass sie ruhig weiterquengeln könnten. Abhalten lassen würde ich mich davon nicht. Es hat mir geholfen, mir bewusst zu machen, dass ich diese liebevollen Sätze nicht zu der erwachsenen Frau sage, die ich heute bin, sondern zu der kleinen achtjährigen Tina, die das damals so gebraucht hätte.

Anfangs schämte ich mich irgendwie dafür, dass ich das brauche. Aber dann habe ich es gewagt. Mir selbst in die Augen zu sehen, war schon eine Herausforderung. Irgendwie hatte ich das Gefühl, ich sollte mich nicht so wichtig nehmen und nicht so ein großes Ding draus machen. Aber auch diesen Gefühlen und Gedanken habe ich widerstanden.

Ich habe mir fest in die Augen gesehen und es gesagt: »Ich liebe dich. Ich bin hier, um mich um dich zu kümmern. Ich sorge für dich.« Etwas in mir wurde ganz tief angerührt. Ich musste weinen.

Wie geht es dir, wenn du das liest? Findest du es peinlich oder lächerlich? Ist dieses ganze Selbstliebegetue vielleicht nicht dein Ding? Bist du sogar ein bisschen ärgerlich, wenn du das liest? Fühlst du dich überfordert?

Vielleicht magst du ja einfach mal ganz klein anfangen. Dir erst mal nur in die Augen schauen und einfach nur »Hallo« oder »Ich sehe dich« sagen (oder es denken). Und dann gucken, was passiert.

Wie ich unter meiner Wut meinen unversehrten inneren Kern entdeckte

»Was hat dir geholfen, das alles durchzustehen und nicht daran kaputtzugehen?«

Daniela Mailänder stellte mir diese Frage einige Jahre nach der Trennung im Februar 2023 auf Langeoog, nachdem ich ihr und Veronika Smoor einen Teil meiner Geschichte, die weit über eine gescheiterte Ehe hinausgeht, erzählt hatte. Ich hatte diese zwei Naturgewalten von Frauen gebeten, nicht aufzuhören, über Gleichberechtigung in der Kirche zu schreiben. Sie glaubten, ihre Bücher würden eh keinen Unterschied machen. Aber das tun sie. Frauen wie ich, die in diesen alten Rollenbildern und den Ressentiments gegen Frauen festhängen oder -hingen, brauchen solche Bücher. (Danke, dass ihr sie schreibt! Und danke für diese kluge Frage, Jele.)

Ich musste selbst nachdenken, bevor ich antworten konnte: »Meine Wut hat mich gerettet. Sie zeigte mir, dass das, was ich erlebte, falsch war. Sie war mein Kompass. Und ich wusste, dass es falsch war, weil ich vorher Liebe erlebt habe. Mein authentisches Inneres wusste immer schon, dass ich liebenswert und wertvoll bin. Und deswegen wusste ich, dass das, was mir passierte, falsch war, auch wenn ich zeitweise den Lügen geglaubt habe.«

Ich war selbst etwas erstaunt über diese Antwort. Denn diese Wut hatte mir viel Ärger eingehandelt. Aber ohne sie wäre ich zerbrochen.

In der Therapie erkannte ich, dass es in mir unterschiedliche Seiten gibt, die völlig widersprüchlich sind, die sich aber in meiner erlebten Realität gegenseitig bedingen. So trage ich einen Teil in mir, der verletzt ist. Zart und sensibel. Und wenn dieser Anteil verletzt wird, tritt ein anderer Anteil auf, den ich »die Kriegerin« nenne. Sie möchte diese verletzliche kleine Tina beschützen.

Das Problem war lange Zeit, dass ich in mir einen Schmerz bewahrt und versteckt hatte, anstatt über ihn zu sprechen. Ich hatte gewählt, diejenigen zu beschützen, mit denen ich verbunden sein musste, um zu überleben. Anstatt mich selbst zu schützen. Deshalb hatte ich verdrängt, dass ich verletzt worden war. Weil ich ahnte, dass mein Umfeld mit dem Wissen über diese Verletzung nicht würde umgehen können. Ich glaubte, wenn ich darüber spräche, würde meine Welt implodieren.

Und daraus entwickelten sich diese zwei Anteile. Wenn ich entschied, nicht für mich einzutreten, weil mein Verstand sagte, dass es so am Ende sicherer sei, dann wurde ich über kurz oder lang verletzt. Und wenn das zu weit ging, trat die Kriegerin in Aktion. Sobald sie da war, konnte ich nicht mehr verhindern, dass sie ihren Job machte. Und zwar richtig gut. So wie ein Actionheld, der alles in die Luft fliegen lässt. Und danach schämte ich mich dafür, entschuldigte mich sogar dafür. Ist halt nicht so nice, wenn wir etwas in die Luft sprengen. Dann scheint es auch egal zu sein, womit der andere uns vielleicht vorher provoziert hat. Weil die Explosion so unangemessen scheint.

Am Ende war ich immer die Böse. Aber das war mir ganz recht. Besser die Böse als die Verletzte. Lieber die Aggressive als das Opfer. Hauptsache, keiner konnte sehen, wie verletzlich ich war. Hauptsache, keiner ahnte, was mir passiert war. Ich versuchte es sogar, vor mir selbst zu verstecken. Tat cool und versuchte so zu tun, als wäre ich superstark.

Das hat mehr schlecht als recht funktioniert. Und funktionierte überhaupt nicht mehr, als ich Mama wurde und mein kleines Baby, das so abhängig von mir war, in den Armen hielt. In diesem Moment und in vielen Momenten danach wurde ich so heftig mit meiner eigenen Verletzlichkeit konfrontiert, dass ich glaubte, es nicht aushalten zu können. Ich konnte sie nun endgültig nicht mehr leugnen. Das hatte ich eigentlich schon nicht mehr gekonnt, als meine Ehe zerbrochen war.

Damals hatte ich angefangen, mich ausgewählten Menschen, die ihre Vertrauenswürdigkeit bewiesen hatten, wirklich zu zeigen. Meine Freundin Christina rief mich damals fast täglich an, um zu checken, wie es mir ging. Ganz cool, ohne viel »Deep Talk« war sie einfach da. Und später lernte ich meinen Mann Philipp und meine Freundin Caro kennen, zu denen ich langsam eine immer tiefere und tragfähigere Verbindung aufbaute. Der Schmerz, dem ich in der Trennung begegnet war, war nichts im Vergleich zu dem Schmerz, mit dem ich wieder konfrontiert wurde, als ich Mama wurde. Das hatte weniger mit meiner Tochter zu tun. Und mehr damit, worüber ich fast mein ganzes Leben geschwiegen hatte.

Ich wurde sehr wütend – das war die Kriegerin in mir, die meinen verletzten Anteil beschützen wollte, so wie sie es immer getan hatte, wenn ich selbst und die Erwachsenen in meinem Leben mich nicht geschützt hatten. Ich wusste, die Wut hatte mir etwas zu sagen. Und ich war sehr dankbar für diesen Anteil. Aber in der Beziehung zu meiner Tochter konnte ich nicht zulassen, dass es so weiterging.

Als ich 2022 anfing, wieder zur Beratung zu Michael zu gehen, war ich überzeugt, dass es nichts in mir gab, was heil war. Ich nahm mich selbst nur noch als eine einzige klaffende Wunde wahr. Mit Strategien, diese Wunde zu schützen, die nicht mehr funktionierten. Es war furchtbar. Ich erzählte Michael in unserer ersten Sitzung davon und spürte, dass er genau verstand, was los war. Er gab mir einiges zum Nachdenken mit nach Hause. Nach unserer zweiten Sitzung schrieb ich ihm folgende Mail:

> Ich hab das Gefühl, wir hatten gestern einen richtig guten Durchbruch!
> Ich habe diesen unversehrten inneren Kern, wie Verena König sagt. Ich habe diesen Begriff in ihren Podcasts gehört und immer gedacht: Wo und was ist dieser Kern? Ich glaube, ich habe den nicht. Ich bin eine einzige klaffende Wunde.
> Aber das bin ich nicht! Was für eine Erleichterung und Hoffnung. Ich fühle mich so ermächtigt. Ich fühle mich überhaupt.
> Danke!

Was ich in dieser Therapie erleben durfte, war, dass ich weder die verletzte Tina bin noch die wütende. Es sind nur Anteile in mir. Ich kann sie wahrnehmen und beobachten, und ich kann mich von ihnen distanzieren. Ich kann sie wertschätzen und die Botschaften, die sie mir bringen, ehren, indem ich sie bei meinen Handlungen berücksichtige. Und ich kann ihnen vermitteln, dass sie sich bei mir entspannen können, weil ich mich als erwachsene Person um das kümmere, was diese zwei Anteile jeweils zu schützen versuchen.

Das in mir, was in der Lage ist, diese Anteile zu beobachten, das ist mein Selbst. Es war natürlich immer da. Und in dem Moment, als mir das ins Bewusstsein kam, spürte ich, dass dieser innere Kern immer beschützt worden war. Das Heiligste in mir ist ganz geblieben. Und ich wusste auch, wem ich dafür danken konnte: diesen inneren Anteilen, die mir so destruktiv vorkamen. Aber das, was mein Leben lang äußerlich so destruktiv ausgesehen hatte, war in Wahrheit eine Schutzstrategie. Und solange ich keine Ahnung hatte, wie ich mich sonst schützen konnte, war das die beste Strategie, die ich nur haben konnte.

In dem Moment, als mir das klar wurde, lernte ich, mich mit Wohlwollen zu betrachten, anstatt mich zu verurteilen. Wenn wir mit Wohlwollen auf uns sehen können, fällt es uns leichter, uns zu verstehen. Und wenn wir uns selbst besser verstehen, können wir lernen, uns das zu geben, was wir brauchen. Oder auf eine Art und Weise dafür einzustehen, die unserem authentischen Selbst, dem unverletzten Kern in uns, entspricht. Denn dieser Kern birgt unser wahres Wesen.

Der Zuspruch Gottes, dass ich zu ihm gehörte, selbst wenn ich die Zugehörigkeit zu anderen verlieren sollte, gab mir Mut.

Um meine Schutzstrategien nach und nach verlernen zu können, musste ich für eine Weile den Kontakt zu Menschen abbrechen, die es nötig machten, dass ich diese Strategien immer wieder anwandte. Nur so konnten die Autobahnen, die sich in meinem neuronalen Netzwerk ausgebaut hatten, zu ungenutzten Straßen werden, die wieder verwilderten. Denn die Kriegerin in mir sollte erleben, dass ich als erwachsene Person selbst für meinen Schutz einstand. Sie lernte so, dass sie mir vertrauen und mir das Ruder überlassen konnte.

Ab sofort wollte ich die Verbindung zu meinem Selbst stärken, um mit diesen Anteilen in einen heilsamen Kontakt zu kommen, anstatt zu versuchen, diese Anteile zu unterdrücken. Ich hatte den Zugang zu mir selbst verloren, weil ich mich selbst immer wieder bei riesengroßen und kleinen Dingen unterdrückt oder sogar verurteilt hatte. Aber mein wütender Anteil machte mir unmissverständlich klar, dass etwas nicht stimmte. Und ich wusste auch, was. Ich hatte in meiner Kindheit Dinge erlebt, die mein Selbstverständnis völlig erschüttert und mir jegliches Empfinden von echter Sicherheit genommen hatten. Lange hatte ich mir eingeredet, dass sie mich nicht beeinflusst hatten und ich sehr gut leben konnte, ohne sie aufzuarbeiten. Doch nun konnte ich sie nicht länger verdrängen.

Diese Dinge sind so persönlich, dass ich in diesem Buch nicht im Detail darauf eingehen möchte. Aber mir ist es wichtig zu zeigen, dass solche wütenden Anteile in uns nicht einfach nur destruktiv sind, sondern immer eine wichtige Botschaft für uns haben, die wir nicht einfach ignorieren sollten. Ich musste die Wahrheit, von der ich wusste, aussprechen. Und die Konsequenzen, die sie mit sich brachte, akzeptieren. Der Schmerz, aber auch die Freude, die damit zusammenhingen, waren Früchte, mit denen ich zu leben hatte. Ich wusste nicht, welche Folgen es haben würde, wenn ich anfing, meine wahre Geschichte zu erzählen. Der Zuspruch Gottes, dass er bei mir war und ich zu ihm gehörte, selbst wenn ich die Zugehörigkeit zu anderen verlieren sollte, gab mir in dieser Zeit Kraft und Mut, mich alldem zu stellen. Und je mehr ich diese Dinge den richtigen Menschen erzählte, umso mehr wurde ich geheilt. Und das war es wert. Das bin ich wert.

»Bilde ich es mir ein oder kann es sein, dass mich dieser Mensch abwertet?«

Als ich in diese therapeutische Arbeit mit den inneren Anteilen einstieg, wurde mir bewusst, wie sehr meine Wahrnehmung oft von meinen ungeheilten Wunden gefärbt war. Dementsprechend hinterfragte ich mich und meine eigene Wahrnehmung nun sehr. Ich habe das als enorm verunsichernd erlebt. Denn ständig fragte ich mich: Bin ich das einfach nur? Ist das »nur« meine alte Wunde? Bin ich vielleicht zu sensibel?

Aus heutiger Sicht denke ich, dass ich mir damals hätte gratulieren sollen. Denn wer so reflektiert ist, sich solche Fragen zu stellen, ist auf seinem Heilungsweg schon ein ganzes Stück weitergekommen. In solchen Momenten dürfen wir uns fragen, warum wir an der anderen Person zweifeln. Was ist – ganz sachlich gesehen – passiert? Was hat er oder sie konkret gesagt oder gemacht? Welcher innere Anteil in mir ist aktiv? Bin ich das als erwachsene Person? Oder ist es der innere Anteil eines verletzten Kindes?

> Wenn wir heil werden, hören wir auf, dahin zu gehen, wo wir verletzt werden.

Und: Was sehe ich in dieser anderen Person? Was wünsche ich mir von ihr?

Wünsche ich mir von dieser Person etwas, das ich ursprünglich von jemand anderem haben wollte, zum Beispiel Sicherheit oder Anerkennung von meinen ersten Bezugspersonen, als ich ein Kind war? Dann darf ich mir bewusst machen, dass ich diese Bedürfnisse niemals von einer anderen Person erfüllt bekommen werde. Das sind diese schwarzen Löcher, von denen ich im ersten Teil gesprochen habe. Viele Menschen erwarten von ihrem Partner, dass er sie füllt, aber das ist nicht möglich.

In der Therapie lernte ich, wie wichtig es ist, dass wir uns selbst »nachbeeltern«, wenn sich verletzte kindliche Anteile in uns melden. Dass wir also unserem inneren Kind begegnen, es fragen, was es braucht, und schauen, wie wir es jetzt emotional nachversorgen können. Dazu habe ich mir vorgestellt, dass in mir ein kleines Kind ist, um das nur ich allein mich kümmern kann. Ich habe mich diesem kleinen Mädchen zugewandt, mit ihr gesprochen, ihr gesagt, dass ich für sie da bin, und sie gefragt, was sie von mir braucht. Für mich war auch der Gedanke hilfreich, dass Gott mein Vater, meine Mutter und alles andere ist, was ich brauche. Ich konnte ihm meine Bedürftigkeit bringen. Wie in den Jesus-Begegnungen, die ich durch Michael in der Therapie und in meinen Zeiten der Kontemplation und Meditation hatte.

Das zu lernen, war für mich ein Prozess. Dabei ging es letztlich darum zu erkennen, wer mich tatsächlich abwertete und verletzte und wer es eben nicht tat, obwohl ich mich im ersten Moment vielleicht verletzt fühlte, weil ein innerer Anteil sich meldete. Wenn wir erkennen, dass eine Person uns tatsächlich abwertet, ist es wichtig, dass wir uns distanzieren. Denn der Sinn von Heilung ist nicht, dass wir anschließend alles über uns ergehen lassen können, ohne dass es uns verletzt. Ganz im Gegenteil. Wenn wir heil werden, hören wir auf, dahin zu gehen, wo wir verletzt werden.

Je mehr ich in die Reflexion ging und in Austausch mit meinen inneren Anteilen kam, umso besser konnte ich sie versorgen und umso mehr konnte ich nach und nach meinem Gefühl vertrauen. Und umso mehr konnte ich lernen, was im Hier und Jetzt wirklich stattfand, und das von meiner Vergangenheit trennen.

Es gibt auf jeden Fall immer einen sehr guten Grund für jedes Gefühl, das wir haben. Wir dürfen dem nachgehen, anstatt es wegzudrücken.

Die eigene Intuition stärken

> Es geht nicht darum, alle Verletzungen des Herzens zu vermeiden, sondern ein Herz zu kultivieren, das mit allem zurechtkommt, was das Leben für uns bereithält.
> *Christine Poppe*

Erinnerst du dich noch an meine Interviewpartnerin Anna? Sie hatte einen Mann geheiratet, den sie nicht liebte, weil man ihr gesagt hatte, dass Gott es so wolle. Als ich sie fragte, was sie durch diese schwere Zeit getragen und ihr Kraft gegeben hatte, antwortete sie mir:

> Gott. Ich habe zu ihm geschrien: »Ich brauche deine Hilfe. Ich weiß nicht, welchen Weg ich nehmen soll.« Alle erwarteten etwas von mir, und ich wollte alles erfüllen. Und ich wollte einfach nur, dass Gott mir half Entscheidungen zu treffen.

Als Anna sich das zweite Mal für eine Heirat entschied, erlebte sie, dass sie lieben konnte, dass sie fühlen konnte, für einen Mann. Sie hatte sich bis zu diesem Zeitpunkt für einen Menschen gehalten, der nicht lieben kann. Aber sie konnte. Nachdem sie gelernt hatte auf ihr Herz zu hören und eigene Entscheidungen zu treffen. Sie berichtete mir, dass ihre zweite Ehe davon geprägt ist, aneinander und miteinander zu wachsen, Verständnis füreinander zu entwickeln und Vertrauen zueinander aufzubauen.

Nein, auch solche Ehen sind nicht rosarot. Sie können sogar sehr schwer sein. Wenn wir anfangen, alte Wunden zu verarbeiten und zu erkennen, wie wir uns selbst schaden, um dann neue Verhaltensmuster einzuüben, dann ist das nicht leicht. Aber es gibt einen Unterschied zwischen gut schwer und schlecht schwer. Die Frage ist immer, was die Ausrichtung ist. Sind wir grundsätzlich füreinander oder gegeneinander? Ist es schmerzhaft, weil ich mir die Wunde anschaue, sie desinfiziere und verarzte? Oder weil jeden Tag jemand rücksichtslos noch einmal draufhaut? Die Frage ist dabei: Wie unterscheiden wir das eine vom anderen?

In der Therapie lernte ich in Übungen, überhaupt wieder eine Wahrnehmung für mein Bauchgefühl und mein Herz zu bekommen und diese mit meinem Verstand zu verbinden, sodass ich heute Entscheidungen treffen kann, die aus meiner Mitte kommen – beziehungsweise aus meiner Verbindung mit Gott. Also Entscheidungen, die meinen Verstand und meine Gefühle berücksichtigen und in Einklang bringen. Das war anfangs sehr schwer für mich. Denn es meldete sich ständig mein schlechtes Gewissen. Das war aber kein Gewissen im Sinne einer Verbindung zu Gott. Keine Stimme, die mir half zu erkennen, was aus Gottes Sicht richtig und gut für mein Leben war. Sondern ein ungesund geprägtes Gewissen, das mir Schuldgefühle machte, sobald ich gegen bestimmte menschliche Regeln oder Moralvorstellungen verstieß. Ich erinnere mich, wie Michael dieses Ringen mit meinem schlechten Gewissen gemeinsam mit mir aushielt und wie schwer es für mich war, mich aus der Umklammerung meiner Schuldgefühle zu befreien. Denn zu lange hatte ich mich nur gefragt: Was ist richtig? Im Sinne von moralisch richtig gemäß meiner Prägung und den Erwartungen anderer. Anstatt zu fragen: Was möchte Gott für mich und mein Leben?

In meiner Kirche hatte ich gelernt, dass unser Gefühl trügerisch ist und unser Verstand und unser Gewissen bessere Berater sind. Als Wegweiser galten auch die Vorgaben und Regeln in der Gemeinde. Aber solche Vorgaben können in die Irre führen, weil sie pauschal sind. Unser Gewissen kann völlig abgestumpft oder überempfindlich sein, vor allem, wenn wir in einer Umgebung aufgewachsen sind, in der Fehler hart bestraft wurden. Weder ein überempfindliches noch ein abgestumpftes Gewissen noch solche Regeln berücksichtigen, dass das Leben aus dem Herzen kommt. Dabei steht das sogar in der Bibel: »Vor allem aber behüte dein Herz, denn dein Herz beeinflusst dein ganzes Leben« (Sprüche 4,23).

Ich sage nicht, dass jede Entscheidung, die wir aus unserer Mitte heraus treffen, sich als die richtige herausstellen wird. Darum geht es auch nicht. Wir dürfen Fehler machen! Manchmal müssen wir sie sogar machen, damit wir etwas lernen können.

Ich habe mal gehört, dass Menschen, die erfolgreich sind, einfach sehr viele Entscheidungen in kürzerer Zeit treffen. Sie machen dabei viel mehr Fehler als Menschen, die in der gleichen Zeit nicht so viele Entscheidungen treffen. Aber sie können aus den schlechten Entscheidungen lernen und damit auch einige sehr gute treffen, die am Ende mehr wiegen als all die schlechten. Und dadurch lernen sie, immer bessere Entscheidungen zu treffen.

Das bedeutet, wenn ich mich auf die Vorgaben von anderen verlasse und eigene Entscheidungen vermeide, dann werde ich nie lernen, wie ich gute Entscheidungen treffen kann.

Ich habe ein stark ausgeprägtes inneres Leitsystem, das sich an dem ausrichtet, was ich für richtig oder falsch halte. Früher bin ich diesem Leitsystem immer gefolgt. Wenn ich etwas entscheiden musste, dann sehr schnell und aufgrund dieses Systems. Ich wählte, was es als richtig einstufte, anstatt mich für das zu entscheiden, was einfach oder schön für mich gewesen wäre. Andere beschrieben mich deswegen als charakterstark. Und darauf war ich lange sehr stolz. Nur irgendwie bin ich damit ganz schön auf die Nase gefallen. Und jetzt weiß ich auch, warum. Weil »richtig« nicht so eindeutig ist, wie ich früher dachte.

In der Frage, ob ich mich scheiden lassen durfte, gab mein Leitsystem eine einfache Antwort. Ich hielt sie für absolut, teils weil ich sie aus der Bibel so herauslas, teils weil ich sie von anderen so übernommen hatte. Aber die Welt und die Probleme in ihr sind wesentlich komplexer. Und so wurde diese simple und absolute Antwort meiner Lebenslage überhaupt nicht gerecht. Sie verhinderte, dass ich mir wichtige Fragen stellte: Wie viel kann ich tragen? Wann ist es zu viel? Was ist missbräuchlich? Und die allerwichtigste Frage: Was will ich? Auf solche persönlichen Fragen kann uns weder die Bibel noch das Regelwerk einer Gemeinde eine endgültige Antwort geben.

Was die Bibel uns zeigen kann, ist, dass Gott niemanden von uns zu irgendetwas zwingt. Wir dürfen mutige Schritte gehen, in dem Glauben, dass Gott uns führt. Und gleichzeitig Demut und Weisheit haben zuzugeben, wenn wir Fehler gemacht haben, und diese dann auch korrigieren. Anstatt zu versuchen, alles immer richtig zu machen und Fehler zu vermeiden. Das ist furchtbar anstrengend, lebensfeindlich und raubt uns jede Freude auf dem Weg. Denn letztlich macht es uns Angst.

Das erlebte ich, als mir klar wurde, dass Philipp mich bald fragen würde, ob wir heiraten. Ich hatte furchtbare Angst davor. Dabei war ich sehr glücklich in der Beziehung zu ihm. Viel glücklicher, als ich mir hätte vorstellen können. Und ich wollte den Rest meines Lebens mit ihm verbringen. Kinder kriegen und das ganze Paket. Aber ich hatte furchtbare Angst. Was, wenn ich das alles falsch einschätzte? Was, wenn er sich nach der Heirat total veränderte? Was, wenn ich einfach keine guten Entscheidungen treffen konnte und es auch dieses Mal wieder voll verhauen würde? Was, wenn ich aus den falschen Gründen in diese Ehe einwilligte oder etwas übersah? Konnte ich so etwas überhaupt für mich entscheiden?

Eine halbe Nacht lang schrie ich zu Gott, damit er mir ein Zeichen geben würde, was ich tun sollte. Ich bettelte und flehte, schrie und weinte: »Ich kann diese Entscheidung nicht allein treffen! Ich hab's beim letzten Mal schon voll verhauen. Du musst mir jetzt ein Zeichen geben, anders schaffe ich es nicht.« Ich fühlte mich wie bei dem Kampf, als Jakob zu Gott sagte: »Ich lasse dich nicht los, bevor du mich gesegnet hast!« (1. Mose 32,27). Und mit diesem Segen meinte ich, dass er mir die Entscheidung abnehmen sollte.

Am nächsten Morgen wachte ich völlig zerstört auf. Ich schlurfte in die Küche, in der mein Handy am Ladekabel hing, und öffnete eine WhatsApp-Nachricht meines Bruders:

> Hey Tina, ich hoffe, dir geht's gut? Ich habe gerade das Lied *Lege deine Sorgen nieder* gehört und irgendwie an dich gedacht. Mir kam da irgendwie der Gedanke, Vergangenes ist Vergangenheit. Und dann kam noch, dass du deine Entscheidungen im Jetzt und für die Zukunft nicht von negativen Erfahrungen in der Vergangenheit abhängig machen sollst… Keine Ahnung, ob das für dich in irgendeiner Form passend/wichtig ist… Ich wollte es dir auf jeden Fall schreiben.

Ich sank auf dem Küchenboden zusammen und weinte erlösende Tränen. Mein ganzer Körper weinte. Mir wurde eins bewusst: Ich hatte zwar Hunderte Male Vergebung an meinen Ex-Mann ausgesprochen, habe selbst um Vergebung gebeten und mir auch selbst öfter gesagt, dass ich mir vergebe, aber etwas in mir glaubte immer noch, schuldig zu sein. Und folgerte daraus, dass ich unfähig und unzuverlässig war und kein Glück verdiente. Dass ich keine Liebe und keine Familie haben sollte, weil Gott mich bestrafte. Aber damit bestrafte ich mich nur selbst.

Als ich die Nachricht meines Bruders las, fiel mir ein Stein vom Herzen, von dessen Last ich gar nicht gewusst hatte. Gott hielt mir meine Vergangenheit nicht vor. Und er war auch nicht der Ansicht, dass ich ihn oder ein Zeichen von ihm brauchte, um zu wissen, was ich tun sollte. Alles, was er mir zu verstehen gab, war, dass ich meine

Entscheidungen für meine Zukunft selbst treffen konnte und durfte – unabhängig von der Vergangenheit. Er würde mir nicht vorschreiben, was ich zu tun hatte. Und mich erst recht nicht bestrafen.

Unter der Dusche spülte ich mit den Tränen ganz viel von dem ab, was mich offensichtlich immer noch belastet hatte. Und dann kam ich wie ein neuer Mensch aus der Dusche. Ich wusste in dem Moment noch nicht, ob ich Philipp heiraten würde. Aber ich durfte es mir überlegen und selbst entscheiden. Gott traute mir das zu. Und ich auch.

6. Sich neu auf Beziehungen einlassen

Du weißt ja schon, dass ich damals nach dieser schrecklichen Silvesternacht einen ganz konkreten Plan hatte. Aber warum ich diesen dann doch nicht ganz konsequent verfolgt habe, erfährst du jetzt.

Eine meiner ersten Erkenntnisse nach dieser Nacht war, dass es absolut keinen Sinn machte, mich gleich in eine neue Beziehung zu stürzen. Und das hatte ich auch gar nicht vor. Meine erste Priorität war die Uni. Ich datete damals nur so zum Spaß und für die Bestätigung. Ehrlich gesagt, tat mir das einfach nur sehr, sehr gut. Auch wenn ich nach einer Weile merkte, dass mich das nicht wirklich erfüllte.

Einen besonderen Mann datete ich dann über einen sehr langen Zeitraum. Mit dem klaren Hinweis an ihn, dass ich auf keine Beziehung aus war. Heute sind wir verheiratet. Dieser Mann hat auf außergewöhnliche Art mein Herz gewonnen und mir geholfen, mein verlorenes Vertrauen wiederzufinden. Und dann verletzte er mich ebenfalls. Und ich verletzte ihn. Wir verletzen uns heute noch manchmal, aber wir haben Wege gefunden, wie wir damit gesund umgehen können. Vor allem, wie wir über das reden, was passiert ist, und wie wir wieder aufeinander zugehen. Wie gesagt: Heute sind wir verheiratet. Und wir lieben uns. Sehr. Aber das ist eine andere Geschichte.

Warum ich das erzähle: Ich wusste ganz genau, was alle möglichen Ratgeber darüber sagen, was »richtig« ist. Und das ist im Fall einer Trennung, erst einmal die vergangene Beziehung aufzuarbeiten und sich nicht gleich auf eine neue einzulassen. Sonst wird die neue Beziehung nur belastet. Und ja, wahrscheinlich haben sie sogar in den meisten Fällen recht. Aber so ist das Leben. Es läuft nicht immer nach Plan. Und so bin ich. Einzigartig. Komplex. Mit individuellen Bedürfnissen und Wunden, die versorgt werden müssen.

Wenn du also auch nicht alles so machst, wie es in den Ratgebern steht oder wie »alle« es für richtig halten: Dein Leben kann trotzdem einen ganz wunderbaren Verlauf nehmen. Auch die nicht idealen Situationen sind für Gott nutzbar. Er kann sogar da Wunder vollbringen, wo du denkst, dass du richtig Mist gebaut hast.

In meinem Fall war es so, dass ich jemanden brauchte, auf den ich mich verlassen konnte. Jemanden, der mich nicht allein ließ mit den großen Schwierigkeiten des Lebens und den kleinen Dingen des Alltags. Ich brauchte jemanden, der die harte Kruste um mein Herz ein wenig aufweichte. Damit ich überhaupt rankam an all die Gefühle, die darin warteten, endlich gefühlt zu werden. Sehr lange war ich sehr traurig gewesen – ganz tief in mir drin. Aber ich konnte an diese Gefühle nicht drangehen. Denn es war unfassbar schmerzhaft und fühlte sich an, als ob eine harte Hand mein Herz festhielt und nicht losließ. Und auch wenn ich noch so lange auf meinem Küchenboden saß und versuchte zu weinen, damit dieses Gefühl nachließ, ich konnte nicht. Egal, wie lange ich betete und schrie, ich war nicht in der Lage zu fühlen, was da war. In manchen Momenten hatte ich das Gefühl, mir würde die Luft wegbleiben und ich könnte nicht atmen. Es war wie ein Eisklotz in meiner Brust, den nichts zum Schmelzen bringen konnte. Manchmal kam es vor, dass ich vor körperlichem Schmerz einige Tränen verdrückte. Aber es dauerte zwei Jahre, bis ich endlich richtig weinen konnte. Erlösende Tränen der Vergeblichkeit. Tränen der Trauer. Tränen des Selbstmitgefühls.

Bis dahin war mein Herz nur halb lebendig gewesen.

Wenn wir an so einem Punkt sind, machen wir vielleicht manches, nur um überhaupt irgendwas zu fühlen. Das können Dinge sein, die überhaupt nicht zu uns selbst und zu den eignen Werten passen. Weil wir einfach zu weit weg sind von uns selbst. Ich hatte damals ein Bild, das ich schon während meiner ersten Ehe irgendwo gefunden hatte. Damals hängte ich es auf, weil es so sehr mit mir resonierte. Darauf stand in Englisch etwas, das so viel bedeutete wie: »Erstaunlich, wie einfach es ist, sich selbst zu verlieren, und wie schwierig, wieder zu sich zurückzufinden.« An diesem Punkt stand ich, als meine erste Ehe zerbrach – und damit so vieles, woran ich bis dahin geglaubt hatte – und ich verzweifelt versuchte, einen Weg zurück zu mir zu finden.

Jemanden gefunden zu haben, der mir von außen Sicherheit vermittelte, war erst mal nur eine Krücke, um zu lernen, dass ich in mir selbst und bei Gott Sicherheit und Zugehörigkeit finden konnte – aber das sollte noch eine ganze Zeit lang dauern. Manche Menschen haben mir auf dem Weg geholfen, Erfahrungen zu machen, die mein bisheriges Erleben korrigierten. Und das war meine Rettung. Ich weiß, Christen mögen so was nicht lesen. Gott ist doch der Einzige, der uns rettet. Und ja, sicher, es gab Grenzen für das, was Philipp für mich tun konnte. Aber ich kann aus vollem Herzen sagen, dass er mich zurück ins Leben geliebt hat. Dass er der Erste war, der mir tiefe Sicherheit gab in einer Beziehung zu einem anderen Menschen – eine Sicherheit, die ich bis dahin nie gekannt hatte. Damals wurde mir geraten, mich nur an Gott festzuhalten, er werde schon alles in mir richten. Aber das, was Philipp für mich tat, konnte nur ein Mensch für mich tun. Ich glaube, dass es wichtig ist, wie wir uns Menschen gegenüber verhalten, weil Gott auch durch Menschen wirkt. Gleichzeitig gibt es Dinge, die nur durch Gott passieren können – ohne menschliches Zutun. An diesen Stellen müssen wir Menschen loslassen, ihnen Freiraum geben und Gott handeln lassen.

> Ich brauchte damals jemanden, der mir Sicherheit vermittelte, um mich in mir selbst und bei Gott wieder sicher zu fühlen.

Natürlich ist Philipp nicht perfekt. Er hat seine Fehler wie jeder andere Mensch auch. Aber er war damals perfekt für mich. Denn er blickte hinter meine Fassade. Er war da. Er kümmerte sich. Immer. Und ich begann, ihm zu vertrauen. Denn er war selbst dann noch da, wenn ich aufgrund meiner Verletztheit, meiner völligen Bindungsunfähigkeit und meines Mangels an Vertrauen immer wieder versuchte, unsere Beziehung für unmöglich zu erklären, und sagte, dass ich mich nicht noch einmal auf jemanden einlassen könne. Er ging nicht. Und ich staune heute noch, wie er das mitmachen konnte. Irgendwie schaffte er es, hinter mein Verhalten zu blicken und mir genau das zu geben, was ich brauchte – anstatt sich abschrecken zu lassen von dem, was ich sagte und tat, wenn ich in meiner Angst war. Es machte mir eine wahnsinnige Angst, als ich merkte, dass ich anfing, mich auf ihn zu verlassen und ihm zu vertrauen. Was, wenn ich ihm mein Herz öffnete und er mich dann so hängen ließ, wie ich es schon zu oft erlebt hatte? Was, wenn ich anfing zu glauben, dass er wirklich so war, wie er vorgab zu sein, und mich emotional auf ihn einließ, nur um dann wieder enttäuscht zu werden? Ich hatte mir gerade so schön ein Leben aufgebaut, in dem ich eigentlich niemanden brauchte. Job, Wohnung, Freunde. Das genügte mir. Ich war unabhängig. Und dann kam er und tat genau das, was ich mir im tiefsten Inneren so sehr wünschte, was mich aber auch an meine Wunden erinnerte und daran, was mir ein Leben lang gefehlt hatte.

Die Angst richtete ein großes Chaos in mir an. Ich dachte: *Wenn ich anfange zu glauben, dass das, was er mir zeigt, echt ist, und mich daran gewöhne, dann wird der Fall nur umso tiefer sein, wenn sich nach der Phase der Verliebtheit, die ja im Schnitt nach zwei Jahren endet, herausstellt, dass er keine Motivation mehr hat, so zu sein, wie er sich jetzt gibt.* Das wollte ich auf keinen Fall erleben. Und gleichzeitig war die Sehnsucht in mir so stark. Er brachte mich dazu, wieder an die Liebe zu glauben. Das inspirierte mich dazu, meine Vergangenheit aufzuarbeiten. Was unter anderem bedeutete, dass ich eine Sicherheit in mir selbst und in Gott fand. So war und bin ich nicht mehr so abhängig von dem, wie andere – inklusive Philipp – sich verhalten.

Ich möchte Philipp oder unsere Ehe nicht glorifizieren. Wir haben genauso Probleme wie andere Paare auch. Wir streiten uns. Und manchmal regt er mich so sehr auf – und ich ihn sicher nicht weniger. Unsere Beziehung hatte auch alles andere als einen perfekten Start. Aber das ist nicht relevant. Wir haben uns etwas Wunderschönes, Lebendiges und Echtes erschaffen, in dem Raum für Wachstum ist. Und ich weiß: Es gibt keine Garantie dafür, dass es so bleibt. Auch wenn das gerade unser Zustand ist, können im Laufe des Lebens immer noch Dinge passieren, die wir nicht vorhersehen können. Aber das macht mir keine Angst mehr. Ich habe eine Zuversicht entwickelt, die unabhängig von anderen Menschen oder Umständen ist. Die Vergangenheit ist vorbei, die Zukunft liegt in unerreichbarer Ferne. Alles, was wir haben, ist die Gegenwart.

> Heute ruhe ich in der Verbindung zu mir selbst und im Vertrauen, dass Gott in mir lebt.

Meine Sicherheit ruht nicht in der Beziehung zu anderen Menschen, auch nicht in der zu meinem Mann. Denn Garantien gibt es in Beziehungen und im Leben nicht. Auch wenn wir uns noch so sehr danach sehnen. Ich ruhe in erster Linie in der Verbindung zu mir selbst und im Vertrauen, dass Gott in mir lebt. Und erst dann in der Verbindung zu einem Netzwerk von Menschen, das mich umgibt und so annimmt, wie ich wirklich bin. Mein Herz ist bereit, mit allem zurechtzukommen, was das Leben für mich bereithält.

Freundschaften – Einen Ort finden, an den du passt

Als Ergebnis von Erfahrungen, die wir in der Vergangenheit gemacht haben, fällt es uns schwer zu vertrauen, dass wir uns ganz zeigen dürfen. Aus Angst davor, nicht gemocht zu werden, sobald wir den Mut aufbringen, wir selbst zu sein, verstellen wir uns. Und erleben so nie wahre Zugehörigkeit. Dabei hängt es nicht von dir ab, ob dich jemand mag. Warmherzige Menschen werden deine Macken ansehen und gleichzeitig das Liebenswerte darin wahrnehmen. Erlaube es ihnen, indem du mutig bist und dich ganz zeigst.[40]

»Hallo Caro. Wir kennen uns von der Frauenarbeit in der Gemeinde und du hast etwas, das ich ganz besonders finde und gern von dir lernen würde. Könntest du dir vorstellen, mich ein Jahr lang als Mentorin zu begleiten?« So, nur mit noch viel mehr Worten, begann per Sprachnachricht meine Freundschaft zu Caro.

Sie sagte Ja. Mit der Bedingung, dass es kein Mentoring, sondern eher ein »Ding auf Augenhöhe« sein sollte. Sie sah sich einfach nicht in der Position, meine Mentorin zu sein. Aber zusammen ein Buch zu lesen und uns gemeinsam zu entwickeln – ja, das wollte sie.

Auf den ersten Blick war sie völlig anders als ich. Aber ich hatte etwas gespürt bei ihr, das sich schwer in Worte fassen lässt. Wenn sie in einer Gruppe war, sagte sie selbstbewusst und zugleich behutsam und mit unfassbar gut gewählten Worten, was sie dachte. Und sie dachte die mit, die außen vor waren, und die, die nicht zu der Gruppierung gehörten. Sie war so bedacht und klug und liebevoll zugleich, während sie zu dem stand, was sie glaubte.

Ich hatte einiges an Enttäuschungen hinter mir und Schwierigkeiten, neu zu vertrauen. Aber trotzdem wagte ich es schließlich, sie zu fragen und mich zu öffnen. Und daraus entwickelte sich eine unendlich wertvolle Freundschaft, in der ich lernte – und ich glaube, auch sie –, was es bedeutet, bedingungslos angenommen zu sein. Echtes, tiefes Vertrauen zu haben und Dinge sagen zu können, von denen wir dachten, dass ein Blitz in die Erde einschlagen würde, wenn wir diesen

Gedanken oder dieses Gefühl zum Ausdruck bringen würden. Aber statt der Naturkatastrophe, die wir erwarteten, kam auf der anderen Seite Verständnis: »Ja, ich kann sehr gut verstehen, warum du genau so fühlst.« Oder: »Ich habe das auch schon gefühlt.«

An unserem ersten Abend, an dem wir uns trafen, saßen wir mitten in der Woche bis um zwei Uhr morgens zusammen und waren erstaunt festzustellen, wie viel uns verband. Wir teilten unsere Geschichten. Erst kleine Dinge. Dabei konnten wir beobachten, wie die andere reagierte, und durften erleben, dass wir ernst genommen wurden, Verständnis und Mitgefühl bekamen und einander so unsere Vertrauenswürdigkeit bewiesen. Nach und nach teilten wir größere Dinge und machten weitere gute Erfahrungen. So entstand nach und nach eine ganz besondere Freundschaft.

Es ist eine Frauenfreundschaft, wie viele sie nicht für möglich halten: Wir gönnen uns gegenseitig alles Glück, das uns widerfährt. Und freuen uns am Erfolg der anderen. Wir können mitfühlen und mittragen, wenn der Erfolg sich nicht einstellt. Ich bin der Meinung, gute Freunde erkennt man an drei Dingen: ob sie sich mit dir freuen können. Ob sie Platz haben für deinen Schmerz. Und ob sie dich genauso wählen, wie du sie wählst.

Gute Freunde können sich mit dir freuen. Sie haben Platz für deinen Schmerz.

Inzwischen habe ich gelernt, Menschen zu erkennen, für die ich weit mehr als nur gut genug bin. Bei ihnen kann ich sein, mich fallen lassen und meine Ängste überwinden. Kann mutig sein, mich ganz zu zeigen und das, was ich zu geben habe, zu teilen. Und für manche kann ich selbst jemand werden, bei dem sie sich genau so fühlen.

Heute kann ich glauben, dass ich das verdiene. Wahre, bedingungslose Zugehörigkeit. Ich darf diese Worte von demjenigen in mein Herz schreiben lassen, der sich diese Verbindung am meisten zu mir wünscht. Mitten in meinen Herausforderungen und nicht erst, wenn ich sie überwunden habe. Mitten im Chaos. Mitten im Prozess. Jetzt und hier. Das macht es für mich einfacher, meine eigenen Schattenseiten zu sehen und an ihnen zu arbeiten.

Diese Erfahrung hat meine Toleranz für Beziehungen sinken lassen, in denen die Zugehörigkeit an Bedingungen geknüpft ist. Und es hat meine Bereitschaft, diese Beziehungen aufrechtzuerhalten, immer mehr schrumpfen lassen. Das war schmerzhaft und heilsam zugleich.

Wenn wir lange Bindungen hatten, die ungesund waren, dann sind wir an sehr ungesunde Beziehungsmuster gewöhnt. Ich war erst fähig, das zu erkennen, als ich zum ersten Mal gesunde Beziehungsmuster erlebte. Danach konnte und wollte ich einfach nicht mehr zurück. Deshalb lernte ich, mich auf gesunde Weise abzugrenzen und nicht zuzulassen, dass jemand mich für seine Zwecke benutzt. Dabei halfen mir meine neuen Freundschaften, in denen ich diese gesunde Art von Bindung erlebte.

Dieses Kapitel zu schreiben, erfüllt mich mit Dankbarkeit und macht mein Herz ganz weich und weit. Denn diese Freundschaften haben mir gezeigt, dass ich Zugehörigkeit verdiene – unabhängig von mir selbst, von Gott, meiner Tochter oder meinem Mann. Dass ich liebenswert bin. Mit allem, was zu mir gehört. Nicht, weil ich so perfekt wäre, alle Erwartungen erfüllen oder in eine Rolle passen würde. Nein, so wie ich wirklich bin. Eine zarte, verletzliche Seele. Ich muss keine Angst mehr vor meiner Verletzlichkeit haben. Muss nicht so tun, als sei ich unverwundbar. Vor denen, die mich annehmen, wie ich bin, kann ich meine Verletzlichkeit zeigen, ohne Angst zu haben.

Bindungsfähigkeit ist etwas, das wir von einer guten Beziehung auf andere Beziehungen ausweiten können. Als ich erlebte, dass es sicher ist, meine Grenzen in einer Beziehung zu setzen, wagte ich es nach und nach auch in anderen Beziehungen, diese Grenzen anzusprechen. Manchmal erlebte ich, dass diese andere Person ebenfalls positiv darauf reagierte. Und selbst wenn sie negativ reagierte, hatte ich in mir die Überzeugung entwickelt, dass ich Grenzen setzen durfte. Ich lernte, für mich einzustehen. Auch wenn es emotional herausfordernd war, weil es für mich an die Angst gekoppelt war, diese Beziehung zu verlieren. Aber mir wurde klar: Nur so können Beziehungen wachsen. Indem wir uns dem anderen zumuten. Mit unseren Grenzen, unseren Bedürfnissen und Wünschen. Das heißt nicht, dass der andere dafür verantwortlich ist. Es heißt nur, dass unsere Grenzen berechtigt sind. Und dass wir lernen, in der Beziehung über diese Dinge zu verhandeln. Manchmal bedeutet das auch, dass wir oder andere entscheiden, dass eine Beziehung unter den geänderten Voraussetzungen nicht mehr möglich ist. Ich weiß, wovon ich rede, wenn ich das schreibe. Für mich war es sehr schmerzhaft zu erkennen, dass einige der Menschen, von denen ich glaubte, sie würden mich lieben, einfach nur davon profitierten, dass ich keine Grenzen aufzeigte. Und dass sie mich nicht mehr akzeptierten, als ich begann, meine Grenzen deutlich zu machen. Auch das kann passieren. Und es ist okay, wenn uns das traurig macht. Aber ich wünsche dir, dass du dich nicht mit weniger zufriedengibst als mit dem, was du wert bist.

Ich schreibe das, weil ich dich ermutigen möchte, daran zu glauben, dass du es wert bist, bedingungslos angenommen zu sein. Und dir neue Freundschaften zu suchen, wenn du das bisher nicht erlebt hast. Auch oder gerade, wenn du schon über dreißig bist und damit über das Alter hinaus, in dem man durch Schule, Uni oder Jugendgruppe ganz nebenbei Freunde findet.

Wage es ganz neu, dich zu öffnen und verletzlich zu machen und wahre Zugehörigkeit zu erleben.

Vielleicht erlebst du auch erst mal Ablehnung. Und das tut weh. Es ist ein Risiko. Der Preis kann hoch sein. Aber die Belohnung ist viel höher – würde Maya Angelou sagen.[41]

Und ich sage:

Es gibt einen Ort, an den du passt.
An dem du dich nicht anpassen musst, um dazuzugehören.
Deshalb höre auf, dich zu fragen: Was muss ich tun, damit es mit uns passt?
Und beginne dich zu fragen: Passt es zwischen uns?

Du wirst Orte und Menschen finden, bei denen du passt. Vielleicht gehst du vorher durch die Wüste, weil du erst einmal selbst für dich klarkriegen musst: Wer bin ich jetzt eigentlich noch? Und wie bin ich nicht mehr? Was mache ich noch mit und was nicht? Es braucht Zeit, um eine Verbindung zu sich selbst aufzubauen. Sattelfest zu werden. Die eigene Integrität wiederzufinden. Es ist möglich und den Prozess absolut wert!

Abkehr von alten Mustern – Neue Muster einüben

Identifying the pattern is awareness, choosing not to repeat the cycle is growth.[42]
Billy Chapata

Als ich Philipp nach der Trennung von meinem Ex-Mann im Büro kennenlernte, glaubte ich nicht mehr daran, dass jemand verlässlich für mich da sein könnte. Ich glaubte nicht mehr an die Liebe. Es fällt mir schwer, in Worte zu fassen, was für ein unsagbar hoffnungsloses Gefühl das in mir auslöste. Ich wollte keine Beziehung. Wir trafen uns trotzdem. Ein Jahr lang wusste keiner im Büro etwas davon.

Damals war ich sehr häufig krank. Einige Male musste ich akut ins Krankenhaus. Ohne Philipp Bescheid zu geben, fuhr ich einfach aus dem Büro los. Ein verletzter Anteil in mir glaubte nicht daran, dass jemand sich um mich kümmern würde. Um mich selbst zu schützen und nicht schon wieder enttäuscht und verletzt zurückzubleiben, versuchte ich einfach, selbst klarzukommen. Ich wollte niemandem zur Last fallen und konnte nicht um Hilfe bitten. Die Angst vor Zurückweisung war zu groß. Denn ich wusste, dann würde ich mich wertlos fühlen. Und das wollte ich um jeden Preis vermeiden. So versuchte ich, erst gar nicht zu zeigen, dass ich jemanden brauchte. Mit wahnsinnigen Krämpfen und kreidebleichem Gesicht fuhr ich mich selbst ins Krankenhaus, wo die Ärzte feststellten, dass ich schon wieder Nierensteine hatte.

Wie Philipp herausgefunden hatte, wo ich war, wusste ich nicht. Aber auf einmal war er da. Er blieb. Er kümmerte sich.

Solche Situationen wiederholten sich im Laufe der nächsten zwei Jahre immer wieder, bis ich endlich lernte zu sagen, wie es mir wirklich ging, und um das zu bitten, was ich brauchte. Anfangs machte es mir richtig Angst, weil ich das so nicht kannte. Noch nie hatte sich ein Mensch so um mich gekümmert. Und irgendwie konnte ich noch nicht daran glauben, dass es so bleiben würde. Mehrmals beendete ich unsere Beziehung mit den Worten:

»Das geht so nicht. Ich gewöhne mich daran, dass du dich immer kümmerst. Und in zwei Jahren ist die Verliebtheit vorbei. Dann hast du keine Motivation mehr, dich zu kümmern, und dann falle ich tiefer als je zuvor. Das geht einfach nicht. Ich kann das nicht.«

Wir müssen das Risiko eingehen, verletzt zu werden, wenn wir echte Liebe erleben wollen.

Ich musste furchtbar weinen, weil ich mir doch eigentlich so sehr wünschte, was er mir anbot. Nur konnte ich einfach nicht glauben, dass so ein Verhalten wirklich von Dauer sein könnte. Zugleich weinte ich auch, weil dieses Verhalten eine tiefe Selbstwertwunde in mir berührte und ich diesen alten Schmerz nicht spüren wollte.

Und irgendwann – danke Brené Brown – verstand ich, dass ich das Risiko eingehen musste, verletzt zu werden, wenn ich echte Liebe erleben wollte. Und so ließ ich mich irgendwann drauf ein und fing an zu glauben, dass dieser Mann wirklich so gut war, wie er vorgab zu sein.

Bis heute gibt es diese Stimme in meinem Kopf, die mich davon abhalten will, um etwas zu bitten, aber ich folge ihr immer seltener, sondern versuche, um das zu bitten, was ich brauche.

In Situationen, in denen Philipp sich nicht so verhielt, wie ich es mir wünschte, lernte ich, mir selbst Empathie entgegenzubringen. Wenn er beispielsweise länger arbeiten musste, dann sagte ich zu mir: »Ich bin frustriert und traurig, dass wir weniger Zeit zusammen haben als gedacht. Was würde mir jetzt guttun?« Es bringt nichts, so zu tun, als wäre ich nicht frustriert. Das macht die Unzufriedenheit nur immer größer. Ich muss mich um sie kümmern.

Das mache ich bis heute so. Und meistens gelingt es mir ganz gut, Philipp aus seinem Verhalten keinen Vorwurf zu machen. Meistens.

Ich lerne, für mich selbst Verantwortung zu übernehmen, und lasse seine Verantwortung bei ihm. Wenn er etwas tut, was mich ärgert, dann sage ich mir: Sein Handeln – seine Verantwortung. Meine Gefühle – meine Verantwortung. Ich muss mich also deswegen nicht ungeliebt oder nicht ernst genommen fühlen. Wenn ich doch so empfinde, kann ich mich selbst fragen: Welches Gefühl oder Bedürfnis steckt dahinter? Mit welchem Ereignis hängt es zusammen? Brauche ich Empathie mit mir selbst? Was wünsche ich mir von ihm? Und was kann ich selbst tun? Zum Beispiel kann ich mit ihm reden und ihm einen Vorschlag machen. Aber wenn er darauf nicht eingeht, brauche ich ihn nicht komplett dafür verantwortlich zu machen, dass ich mich dadurch nicht respektiert fühle.

Außerdem kann ich mich fragen, ob mein Gefühl zur Situation passt. Wenn ich merke, dass ich emotional, innerlich oder auch in meinem Verhalten überreagiere, dann ist das meistens ein Hinweis darauf, dass in mir wunde Punkte berührt wurden, die nichts mit der aktuellen Situation zu tun haben. Hier darf ich wieder in die Selbstfürsorge gehen, indem ich kurz die Augen schließe und höre, wie Gotte sagt: »Du gehörst zu mir.« Ich fühle mich dann wieder verbunden und erinnere mich daran, wer ich bin und woher ich meinen Wert beziehe – anstatt meinen Mann dafür verantwortlich zu machen, wie ich mich fühle. Dadurch schaffe ich es immer besser, in kleine Alltagsdinge nicht so viel hineinzuinterpretieren. Früher habe ich das ständig getan und mich dann unglücklich, vielleicht missachtet, wertlos oder ungeliebt gefühlt. Heute kann ich das besser trennen.

Inzwischen kann ich auch leichter unterscheiden, was berechtigte Ansprüche oder Kritikpunkte sind und was nur mein eigenes inneres Thema ist. Dadurch lerne ich auch, klar zu sagen, wenn ich der Meinung bin, dass sich etwas ändern muss. Denn Veränderung ist möglich. Sie ist jedoch mit Arbeit verbunden. Innere Anteile und tief verankerte Verhaltensmuster sind an diesem Prozess beteiligt. Und unsere neuronalen Netzwerke, in denen diese Muster gespeichert sind. Neue Erfahrungen machen es möglich, dass wir dazulernen.

Camila sagte mir einmal, dass ich mich frei entscheiden dürfe, ob ich mich trennen wolle oder nicht. Aber sie machte dabei auch deutlich, dass ich so oder so an meinen alten Mustern arbeiten müsse. Denn sonst hätte ich auch mit zukünftigen Partnerschaften ein Problem: Entweder ich würde wieder auf jemanden treffen, der genau diese Muster bedient, oder ich würde meinen neuen Partner durch meine Muster unbewusst dazu bringen, sich an manchen Stellen genauso zu verhalten wie mein Ex-Mann.

Irgendwann verstand ich, was sie meinte, und war sehr motiviert, mich mit den Hintergründen meiner Verhaltensmuster auseinanderzusetzen und herauszufinden, wie ich diese verändern konnte. Besonders wichtig war mir das im Hinblick auf Konfliktsituationen, vor allem auf die Art und Weise, wie wir in solchen Situationen miteinander umgehen und reden.

Wie unser Bindungsstil unsere Beziehungen beeinflusst

Anna sitzt mir gegenüber. Per Zoom führen wir ein Interview für dieses Buch. Wir sind fast am Ende angekommen. Im Wesentlichen beantwortet sie die Fragen so wie die meisten meiner Interviewpartner, die nach der Scheidung eine neue Partnerschaft eingegangen sind. Ich frage Anna: »Welche Herausforderungen hast du in deiner neuen Beziehung?«

Sie antwortet: »Mich hundertprozentig auf jemanden einzulassen, fällt mir total schwer. Ich habe meinen Schutzpanzer mit in die zweite Ehe genommen. Das hat weniger mit meinem Mann zu tun als mit meinen persönlichen Problemen. Ich kann meine Gefühle nicht so gut zeigen. Dadurch weiß er nicht so gut, woran er bei mir ist. Ich habe Angst zu sagen, was ich wirklich denke, weil ich eh nicht gehört werde, ich habe da eine ganz krasse Hemmung. Er kann seine Gefühle auch nicht so gut zeigen.«

Ich frage weiter: »Wie gehst du jetzt damit um?«

»Ich arbeite daran. Ich habe mir Hilfe geholt. Ich versuche herauszufinden, was bei mir ist, warum es so ist. Und wie ich es verändern kann. Ich versuche mich zu stabilisieren und dann ihn mit ins Boot zu nehmen. Ich erlebe in dieser Beziehung trotz – oder gerade in – unseren Problemen die Bereitschaft von uns beiden, daran zu arbeiten. Wir kommen beide aus sehr … aus Kontexten, in denen man Kinder nicht … Also, wir wurden nicht ernst genommen, unsere Gefühle wurden übergangen, es war egal, was wir brauchten oder wollten. Ich wurde viel angelogen und habe nie gelernt zu vertrauen. Bei ihm waren andere Sachen, die dazu geführt haben. Wir wissen das, und wir wollen für uns und unsere Kinder etwas anderes.«

Wenn Jesus sagt, dass Ehebruch im Herzen beginnt und nicht erst bei einer Tat. Und wenn es Gott um eine echte Verbindung geht, die er mit uns haben will, die er uns aber auch mit unseren Mitmenschen wünscht, dann ist die entscheidende Frage, wie wir zu einer Herzenseinstellung kommen, die diese Art der Bindung möglich macht.

Bindungsunfähigkeit ist kein Fehler, den wir machen. Und wir haben auch keine Schuld an unserem Bindungsstil. Denn ähnlich wie Liebe ist auch Verbundenheit eine Fähigkeit, die wir als Kinder unbewusst im Zusammenleben mit unseren wichtigsten Bezugspersonen lernen und verinnerlichen. Wenn wir überwiegend gute Bindungserfahrungen machen, können wir einen sicheren Bindungsstil entwickeln. Und zu autonomen Erwachsenen werden, die fähig sind, sicher gebunden Beziehungen einzugehen. Wenn wir in der Kindheit keine positiven Bindungserfahrungen machen und deshalb einen problematischen Bindungsstil entwickeln, ist das nicht unsere Schuld. Es ist nur unsere Verantwortung, wie wir heute, im Hier und Jetzt, mit unserem erlernten Bindungsstil umgehen.

Ich kann nichts für meinen als Kind erlernten Bindungsstil. Aber ich bin verantwortlich dafür, wie ich heute damit umgehe.

Zentral für eine gesunde Bindung ist die Frage, ob das Kind erlebt, dass es den Personen in seinem nächsten Umfeld vertrauen kann. Ausgebildet wird die Bindungsfähigkeit vor allem in Situationen, in denen wir psychischen Belastungen ausgesetzt sind und erleben, von anderen reguliert zu werden. Eine gute Bindungserfahrung ist beispielsweise, wenn ein Kind von seiner ersten Bindungsperson getröstet wird, wenn es weint. Das Kind erlebt, dass die eigene psychische Belastung von außen reguliert wird. Dadurch lernt es, der Bezugsperson zu vertrauen. Es äußert weiterhin seine Emotionen, erlebt wieder, wie diese reguliert werden, und lernt dadurch immer mehr, sich selbst und die eigenen Emotionen zu regulieren.

Ich habe erlebt, wie Jungen jegliche Emotionen abgesprochen und sie beschämt wurden, wenn sie Gefühle zeigten. Und wie von kleinen Mädchen erwartet wurde, dass sie die emotionalen Lasten ihrer Eltern tragen sollten. Ich glaube, auch an dieser Stelle sind die alten Männer- und Frauenbilder keine Hilfe. Sie hindern uns vielmehr daran, unseren Kindern zu zeigen, was es bedeutet, ein Mensch zu sein und in vertrauensvollen sicheren Bindungen zu anderen zu ruhen. Wenn wir als Erwachsene uns von diesen Bildern lösen können und Verletzlichkeit zulassen, indem wir uns zeigen, wie wir sind, können authentische Beziehungen gelebt werden.

Natürlich macht jeder Mensch in seiner Kindheit auch mal weniger gute Bindungserfahrungen. Aus meinem eigenen Erleben weiß ich, wie überfordert, gestresst oder von eigenen Erfahrungen beeinträchtigt wir Eltern manchmal sind. Das muss nicht gleich zu einem ungesunden Bindungsstil führen. Es kommt darauf an, welche Erfahrungen aus Sicht des Kindes überwiegen. Fehler, die von uns Eltern zugegeben werden, schenken Kindern die wertvolle Erfahrung, dass auch wir nicht perfekt sind und dass es nach Bindungsabbrüchen die Möglichkeit der Bindungsreparatur gibt.

Je nachdem, wie dieser Bindungsaufbau erfolgt, ergeben sich unterschiedliche Bindungstypen. Die Psychologie unterscheidet bei Kindern vier Bindungstypen:

- **sicherer Bindungstyp (B-Typ)**: emotional offen, drückt alle seine Gefühle aus
- **unsicher-vermeidender Bindungstyp (A-Typ)**: Pseudounabhängigkeit von Bezugsperson; zeigt vermeidendes Verhalten im Sozialkontakt, Stress-Kompensation durch Spielen mit Spielzeug

- **unsicher-ambivalenter Bindungstyp (C-Typ)**: widersprüchlich-anhänglich
- **desorganisierter Bindungstyp (D-Typ)**: desorganisierte Verhaltensweisen (keine Emotionen, Erstarrung, Schaukelbewegungen, Drehbewegungen und andere stereotype Bewegungen)

Kinder, die sicher gebunden sind, entwickeln eine emotionale Reife, die sich etwa ab dem siebten Lebensjahr zeigt. Sie entwickeln die Fähigkeit der Perspektivübernahme und lernen zu akzeptieren, was sie nicht ändern können. Grenzen anderer können sie respektieren und auch selbst gesunde Grenzen entwickeln und diese nach außen kommunizieren. Als Teenager lösen sie sich von ihren Eltern, und als Erwachsene haben sie Verständnis für sich selbst und andere.

Die Psychologie unterscheidet bei Erwachsenen fünf Bindungsstile:[43]

- **autonomer Bindungsstil (free-autonomous oder F-Typ)**: charakterisiert durch Selbstvertrauen, Frustrationstoleranz, Respekt und Empathie; haben häufiger sicher gebundene Kinder (sicherer Bindungstyp – B-Bindung)
- **distanziert-beziehungsabweisender Bindungsstil (dismissing oder D-Typ)**: Verdrängung oder Idealisierung der eigenen Kindheit bzw. Eltern, obwohl wenig bis keine Erinnerungen da sind; zeigen Unabhängigkeitsbestreben; eigene Stärke, drücken eher weniger Emotionen aus; haben eher vermeidend-gebundene Kinder (A-Bindung)
- **präokkupiert-verstrickter Bindungsstil (entangled-enmeshed oder E-Typ)**: durch Erinnerungen an die eigene Kindheit belastet; pendeln zwischen Gefühlen wie Wut und Idealisierung bezüglich Kindheit; Abhängigkeit von Bindungspersonen; seh-

nen sich nach Zuwendung und Wiedergutmachung; haben eher unsicher-ambivalent gebundene Kinder (C-Bindung)

- **bindungsstil mit unverarbeitetem Objektverlust (unresolved oder U-Typ)**: leidet unter unverarbeiteten Erfahrungen (z. B. Misshandlung, Missbrauch); haben eher desorganisiert gebundene Kinder (D-Bindung)
- **nicht klassifizierbarer Bindungsstil (cannot classify oder CC-Typ)**: zeigt Kennzeichen von distanziertem und präokkupiertem Bindungstyp (Wechsel); oft schwerwiegende Traumata; negative Bindungseinstellung; unvereinbare Strategien des Denkens und Verarbeitens

Ich weiß nicht, in welchem Bindungsstil du dich selbst wiedergefunden hast. Vielleicht machst du dir jetzt auch Sorgen, welches Erbe du deinen Kindern mit auf ihren Beziehungsweg gibst? Da kann ich dich beruhigen. Egal, wo du dich selbst wiederfindest, du kannst dir einen neuen Bindungsstil aneignen. Egal, wie alt du bist. Durch neue Bindungserfahrungen kannst du lernen, einen autonomen Bindungsstil zu entwickeln und eine Bindung zu anderen – und damit auch zu deinen Kindern – aufzubauen, die es ihnen ermöglicht, emotional nachzureifen, sodass sie sicher gebunden sind. Selbst wenn deine Kinder erwachsen sind, ist es noch möglich, die Beziehung zu reparieren und neue Erfahrungen zu machen. Natürlich hängt das auch von der Bereitschaft deiner Kinder ab – und von dem Prozess, den ihr gemeinsam durchlauft.

Aber ganz unabhängig davon, ob wir Kinder haben oder nicht, lohnt sich ein Blick auf den eigenen Bindungsstil. Und darauf, wie wir ihn in der Beziehung zu anderen Erwachsenen, insbesondere unserem Partner, verändern können, um auf diese Weise mehr Verbundenheit, Liebe und Glück zu erfahren. Weil wir es auch einfach für uns selbst wert sind.

Ich habe die Erfahrung gemacht, dass es helfen kann, über Gefühle zu sprechen und sich verletzlich zu zeigen, um Vertrauen wachsen zu lassen – allerdings nur, wenn wir dabei positive Erfahrungen machen. Wenn wir also erleben, dass wir nicht verurteilt werden für das, was wir fühlen. Und Unterstützung erfahren. Das gilt für Frauen und Männer gleichermaßen. Deswegen ist es essenziell, dass wir die Menschen, mit denen wir auf diese Reise gehen, sehr gut auswählen. Und erst nur kleine Schritte machen. Kleine Dinge teilen und die Reaktion des anderen abwarten: Ist er vertrauenswürdig? Bevor wir wichtigere Dinge teilen. Oder eben nicht, wenn wir Erfahrungen mit einer Person machen, die uns immer wieder enttäuscht, hängen lässt oder verletzt. Dann kann es sinnvoll sein, Beziehungen zu beenden oder sie auf eine Weise einzuschränken, die unsere Verletzlichkeit schützt. Damit wir nicht immer wieder solche Erfahrungen machen, die unsere alten Schutzmechanismen erneut in Kraft setzen.

Wenn ein Partner beispielsweise bindungsängstlich ist, also große Angst hat, den Partner zu verlieren, und der andere Partner bindungsvermeidend ist, also sich eher distanziert verhält, dann verstärken sie gegenseitig das negative Verhalten des anderen. Der Bindungsängstliche klammert, was den Bindungsvermeidenden abstößt. Was wiederum den Bindungsängstlichen dazu veranlasst, noch mehr zu klammern. Und so weiter. Es entsteht eine ewig negative Spirale, die nur durchbrochen werden kann, wenn jeder seinen Anteil erkennt, annimmt und zu verändern bereit ist. Der bindungsängstliche Typ darf lernen loszulassen und zu vertrauen. Bindung und Sicherheit in sich selbst oder anderen Menschen, außer dem Partner, zu finden, sich selbst zu lieben und das zu geben, was er sich wünscht. Und der Bindungsvermeidende darf sich anschauen, was ihn dazu bringt, Nähe zu vermeiden, kann es aufarbeiten und lernen, von sich aus auf den anderen zuzugehen. Wenn jedoch einer von beiden nicht bereit ist, seine Muster zu durchbrechen, erschwert er es dem anderen ungemein, seinen Teil zu bearbeiten. Es kann dann sehr herausfordernd sein, einen autonomen Bindungsstil zu entwickeln, weil der andere dauerhaft triggert, was tief schmerzt.

Nur du kannst beurteilen, ob du dazu bereit bist, diesen Weg allein oder gemeinsam mit deinem Partner zu gehen. Und nur dein Partner kann entscheiden, ob er den Weg auch mitgehen möchte. Und ihr dürft beide erspüren, wo euer jeweiliges Genug ist. Denn gesunde Grenzen zu setzen, ist auch etwas, was ein autonomer Erwachsener tut.

Wir können auch als Erwachsene noch emotional nachreifen und unsere Bindungsfähigkeit ausbauen.

So können wir auch als Erwachsene noch emotional nachreifen und unsere Bindungsfähigkeit ausbauen. Wir agieren dann von der Position eines autonomen Erwachsenen, der sich um das eigene innere Kind kümmert und nicht vom Partner oder anderen Menschen erwartet, dass sie das tun. Wir können uns als Erwachsene auf eine Bindung zu einem anderen Erwachsenen einlassen und über unsere Wunden und Bedürfnisse sprechen, um uns wirklich zu zeigen, wirklich kennenzulernen und das gegenseitige Verständnis zu fördern, ohne zu erwarten, dass der andere alle unsere Probleme löst. Wir dürfen auch unsere Bedürftigkeit teilen. Sie sollte nur nicht die Basis der Beziehung sein. Eine Basis für eine gesunde Beziehung bilden zwei Erwachsene, die für sich selbst sorgen können und sich mit Respekt, Wertschätzung und Liebe begegnen. Wenn wir nur mit jemandem zusammen sind, weil wir ihn »brauchen«, geraten wir schnell in eine ungesunde Abhängigkeit mit ungesunden Verhaltensmustern auf beiden Seiten.

Es ist förderlich für die Bindung, wenn wir nicht ständig Bindungen eingehen und dann Bindungsabbrüche erleben. Denn das schädigt unsere Bindungsfähigkeit. Das heißt aber nicht, dass es unmöglich ist, das Ende einer Beziehung zu überstehen und trotzdem bindungsfähig zu bleiben oder in der nächsten Beziehung hinsichtlich der eigenen Bindungsfähigkeit zu reifen. Ein Bindungsabbruch findet nicht erst statt, wenn eine Beziehung offiziell beendet ist – sie findet statt bei jedem Streit, bei jeder Beleidigung oder Beschämung, Verletzung oder Enttäuschung. Laut Esther Perel ist die entscheidende Frage, ob und wie gut wir es schaffen, nach solchen Ereignissen wieder aufeinander zuzugehen und die Beziehung wieder zu reparieren. Meiner Erfahrung nach lassen sich kleinere Vorfälle recht gut reparieren – je schneller, desto besser, weil sie sonst zu einem Riesenknäuel heranwachsen. Wenn es allerdings um tiefe Beschämung und schwere Verletzungen, scharfe oder übermäßige Kritik oder das Zurückhalten von Liebe geht, kann ich mit Bréné Brown mitgehen, die sagt, dass die Liebe solche Dinge nur überlebt, wenn sie sehr, sehr selten stattfinden und Wiedergutmachung geleistet wird. Nicht weil die Liebe schwach wäre, sondern weil wir Menschen Grenzen haben.

Ich durfte es selbst erleben: Wenn wir bereit sind, an den eigenen Themen zu arbeiten, uns wieder auf Menschen einzulassen und neue Erfahrungen zu machen, die vertrauens- und bindungsstärkend sind, haben wir alle Hoffnung auf eine erfüllende Partnerschaft und sichere Bindung mit einem Menschen, der bereit ist, den Weg mitzugehen.

Bindung und Sex

In meiner Jugend wurde mir vermittelt, dass ein Junge nur dann vertrauenswürdig sei, wenn er sich vor der Hochzeit enthaltsam zeige. Aus heutiger Sicht finde ich das einen furchtbaren Maßstab für Vertrauenswürdigkeit – geschweige denn für Bindungsfähigkeit. Denn die Vermeidung körperlicher Nähe in einer Beziehung kann auch ein Zeichen von Angst oder Bindungsvermeidung sein. Viele meiner

Interviewpartner berichteten davon, dass sie vor der Heirat bemerkt hatten, dass ihr Partner körperlich sehr distanziert war. Das interpretierten sie fälschlicherweise als Zeichen besonderer geistlicher Reife und glaubten, das würde sich nach der Hochzeit ändern. Doch diese Annahme wurde enttäuscht. Die Dynamik steigerte sich nach der Heirat nur. Und wurde durch religiös bedingte, negative Einstellungen zur Sexualität auch noch verstärkt.

Ein autonomer Bindungsstil bedeutet nicht, dass wir Körperlichkeit komplett meiden. Sondern dass wir dazu in der Lage sind zu erkennen, ob und wie viel Körperlichkeit zur Verbindlichkeit und emotionalen Nähe für uns selbst stimmig ist. Und dass wir das mit unserem Gegenüber abgleichen können. In dem Maße, wie die emotionale Verbundenheit und das Vertrauen wachsen, kann auch die Bereitschaft wachsen, sich verbindlich aufeinander einzulassen. Und das meint so viel mehr als körperliche Intimität.

Meiner Erfahrung nach kann echte, tiefe Bindung entstehen, wenn zwei Menschen sich in einem natürlichen Tempo kennenlernen können. Wobei der Fokus darauf liegt, sich wirklich zu begegnen, und nicht darauf, um jeden Preis Sex zu haben oder zu vermeiden.

Mir wurde in meiner Jugendzeit gesagt, dass Sex vor der Ehe Sünde sei. Lisa, Theologin und Bloggerin, schreibt auf dem Account *faithpwr* auf Instagram:

> Tatsächlich stehen in der Bibel einige Regeln, bei denen es darum geht, dass Sex keine negativen Konsequenzen hat. Sehr lange war es auch sinnvoll, keinen Sex außerhalb der Ehe zu haben, da die Frau sonst in der Notlage einer Schwangerschaft keine Absicherung hatte und es keine Möglichkeit gab sich gegen Geschlechtskrankheiten zu schützen. Die Lage hat sich geändert. Jesu höchste Gebote haben sich jedoch nicht geändert: Nächstenliebe, Gottesliebe und Selbstfürsorge. All

das gilt auch beim Thema Sex. Diese obersten Gebote können auch innerhalb der Ehe verletzt werden.
Wenn wir die Gebote Jesu in der Ehe und außerhalb der Ehe berücksichtigen wollen, dann braucht es in erster Linie Konsens, Gleichberechtigung, Kommunikation auf Augenhöhe, Verantwortungsübernahme und liebevolle Zugewandtheit.
Paulus schreibt so schön: »Alles ist euch erlaubt, aber nicht alles nützt euch.« Es kann sein, dass wir mit dem Ausleben unserer Sexualität das Gebot der Liebe verletzen. Wenn wir andere benutzen oder uns nur damit betäuben. Das kann in der Ehe genauso passieren wie außerhalb der Ehe.
Die Ehe ist als sicherer Rahmen gedacht. Sie kann aber auch unsicher und missbräuchlich sein.
Niemand außer dir und Gott kennt dein Herz. Du bist frei und kannst für dich entscheiden, wie du deine Sexualität lebst.

Wenn du weißt, dass du auf diesem Gebiet nicht nach dem Gebot der Liebe gehandelt hast, dann gibt es dafür Vergebung. Du musst dich deswegen nicht selbst verdammen oder von anderen verurteilen lassen. Du kannst um Vergebung bitten, Wiedergutmachung leisten, wo es möglich ist, dir selbst vergeben und dich auf eine verheißungsvolle Zukunft ausrichten.

7. Konflikte und ihr Potenzial

Unser Umgang mit Verletzungen und Problemen – Einander immer besser verstehen

»Ich werde nie wieder einen Partner beleidigen oder anschreien.« Grundsätzlich ein guter Vorsatz, den ich mir fasste. Denn ich habe die Erfahrung gemacht, dass es extrem schwierig ist, wieder auf eine respektvolle Ebene zu kommen, wenn es erst einmal zu Beleidigungen gekommen ist. Es ist mir peinlich, das zuzugeben, aber ich habe meinen Ex-Mann nicht nur angeschrien, ich habe ihn auch beleidigt und sogar nach unserer Trennung noch sehr verletzende Dinge gesagt. Absichtlich und niveaulos.

Zu Beginn habe ich mich dafür verurteilt: »Siehst du, sie haben doch alle recht, du bist einfach ätzend. Du bist so lieblos und gemein. Natürlich kann dich keiner lieben! Wärst du so wie die anderen Frauen, die immer lieb sind, egal, was man macht, dann …«

Inzwischen schaue ich anders auf mich. Ich finde es falsch, wie ich mich verhalten habe. Aber ich habe auch Mitgefühl mit dieser jüngeren Version meiner selbst. Ich war so verzweifelt und wusste keinen Ausweg. Fühlte mich ohnmächtig. Zudem reagierte ich aus einer sehr tiefen eigenen Verletzung heraus. Das sollen keine Ausreden sein, denn falsch war mein Verhalten trotzdem. Nur verurteile ich mich nicht mehr dafür. Weil ich mich verstehe, weiß ich, wo ich ansetzen kann, um ein konstruktiveres Verhalten an den Tag zu legen. Was ich immer noch lerne, ist, auf Signale meines Körpers zu hören – zu spüren, was ich will und was nicht. Dafür einzustehen und Konsequenzen in Beziehungen walten zu lassen, wenn keine Rücksicht auf meine Bedürfnisse genommen oder meine Wahrnehmung negiert wird. Ich muss nicht bleiben, muss mich nicht immer wieder verletzen lassen. Wenn ich rechtzeitig gehe, muss ich auch niemanden anschreien oder beleidigen, um mich zu schützen.

Heute habe ich Abstand zu meinem damaligen Zustand und kann erkennen, wie ich mich jedes Mal selbst verletzte, wenn ich ihn verletzte. Ich glaube, dass wir mit allen Menschen auf eine besondere Weise verbunden sind, weil wir alle Gottes Geschöpfe und seine Ebenbilder sind. Immer dann, wenn wir jemand anderen verletzen, verletzen wir uns auch selbst, weil wir die Gemeinschaft der Menschen verletzen, in der wir leben. Zu wissen, was wir getan haben, tut weh. Manchmal habe ich das Gefühl, es ist sogar schmerzhafter zu wissen, wie sehr ich andere verletzt habe, als die Verletzungen auszuhalten, die ich selbst davongetragen habe.

Mit diesen Erfahrungen aus meiner ersten Ehe, wie destruktiv ich mich verhalten konnte, ging ich in meine neue Beziehung. Und wollte unbedingt vermeiden, dass ich dieses Verhalten wiederholte – was gut gemeint, aber gar kein hilfreicher Ansatz war. Denn zu wissen, was wir *nicht* wollen, weist uns leider noch lange nicht den Weg dorthin, wo wir hinwollen.

Gespeist aus diesem Wunsch neigte ich anfangs dazu, in der neuen Beziehung zu Philipp Konflikte zu vermeiden. Erst mit der Zeit lernte ich, Dinge anzusprechen und mir selbst so weit zu vertrauen, dass ich nicht ausrasten und trotzdem für mich einstehen würde – und so die Beziehung an den Konflikten wachsen zu lassen.

In meiner neuen Beziehung begann ich allmählich zu begreifen, dass Konflikte dazu da sind, uns gegenseitig kennenzulernen und tiefer zu verstehen. Um auszuhandeln, wie wir miteinander umgehen wollen und wie nicht. Um zu zeigen, wer wir sind und was wir brauchen. Und um den anderen genauso zu erkennen, wie und wer er ist. Wir können dabei lernen, was es heißt, einander immer mehr zu lieben.

In dem Buch *8 Gespräche, die jedes Paar führen sollte* unterscheiden die renommierten Psychologenpaare (Schwartz-)Gottmann und Abram zwei Arten von Problemen: lösbare und ewige Probleme.

Lösbare Probleme sind situationsbezogen: Wir streiten beispielsweise darüber, wohin wir dieses Jahr in den Urlaub fliegen, und vereinbaren als Lösung, dass wir uns mit der Auswahl des Urlaubsortes abwechseln. Dieses Jahr bestimmt Philipp, nächstes Jahr bestimme ich. Der Streit hat keine tiefere Bedeutung, es geht einfach nur um die Sache. Wir finden Regelungen für unsren Haushalt oder dafür, wer wann unsere Tochter abholt. Und für andere Dinge, für die Vereinbarungen getroffen werden können. Es erfordert Anstrengung und Kraft, bei diesen Abmachungen zu bleiben, aber die Probleme sind eben lösbar. Sofern wir uns beide an die getroffenen Vereinbarungen halten.

Und dann gibt es die ewigen Probleme, auf die wir immer wieder zurückfallen, die nie aufhören, weil sie im Kern an der Unterschiedlichkeit unserer Persönlichkeiten oder an unseren Präferenzen im Lebensstil liegen. Dabei kann es sich um Abweichungen hinsichtlich unserer Grundbedürfnisse handeln, wie Pünktlichkeit und Organisation, oder um die Frage, wie viel Zeit wir zusammen oder getrennt verbringen. Philipp hat sich damit abgefunden, dass meine Definition von Aufräumen unter Umständen beinhalten kann, einfach alles, was ich sehe, in die nächstgelegene Schublade zu schieben. Was bedeutet, dass er Sachen suchen muss und nicht dort findet, wo sie eigentlich hingehören. Ich gelobe an dieser Stelle auch keine Besserung, weil ich weiß, dass ich es einfach nicht umsetzen kann. Das ist ein ewiges Problem, das wir nicht lösen werden. Bei dieser Art von Problem muss einer von uns akzeptieren, dass etwas nicht so läuft, wie es seinem Bedürfnis entspricht.

Ewige Probleme hängen mit unsren Persönlichkeitsmerkmalen zusammen. Zum Beispiel, wie extrovertiert jemand ist oder auch nicht. Wie dominant oder zurückhaltend. Wie neugierig, unsicher, aufgeschlossen, gewissenhaft, rücksichtsvoll, empathisch oder verletzlich. Solche Dinge können wir nur sehr schwer ändern. Unsere Erfahrungen können diese Merkmale ein wenig beeinflussen, sie sind jedoch recht stabil im Laufe unseres Lebens. Wenn wir erkennen, welche unserer Konflikte mit diesen eher unveränderlichen Merkmalen zusammenhängen, wissen wir, dass es sich um ewige Probleme handelt, die sich nicht ändern werden. Dann können wir entscheiden: Ist dieser Punkt so schwerwiegend, dass ich es nicht akzeptieren kann? In diesem Fall muss ich die Beziehung beenden – oder besser erst gar nicht eingehen. Denn jemandem permanent zu vermitteln, er oder sie sei falsch, ist nicht liebevoll. An dieser Stelle ist Liebe eine Entscheidung. Wir entscheiden uns zu akzeptieren, was wir nicht ändern können. Dann nehmen wir den anderen als den Menschen an, der er ist. Unsere Fähigkeit zu trauern kommt hier zum Einsatz: trauern über das, was nicht werden wird. Über unsere Erwartungen oder Idealvorstellungen, die wir selbst oder unser Gegenüber nicht erfüllen können und werden.[44] Vielleicht lernen wir durch diesen Prozess etwas Neues über uns und den anderen und können die Verschiedenheit zelebrieren. So erfüllen wir das, wie Brené Brown Liebe definiert: dass wir einander erlauben, uns gegenseitig zu sehen, wie wir wirklich sind.

> Ein Teil der Liebe ist, wenn wir akzeptieren, was wir nicht ändern können.

Verzwickt wird es, wenn wir die lösbaren Probleme nicht gleichberechtigt lösen und die ewigen Probleme nicht akzeptieren. Eine Beziehung, in der sich einer von beiden grundsätzlich unterordnen soll, lässt beides nicht zu und verhindert, dass ein Paar in ein entspanntes Miteinander kommt, bei dem beide gesehen werden.

Esther Perel, eine anerkannte Paar-Coachin, sagt, dass wir im Grunde nicht über offen gelassene Klodeckel streiten, sondern um das, was an Bedürfnissen – nach Aufmerksamkeit, Verbundenheit oder Macht –

dahintersteckt. Wenn wir es schaffen, diese tiefer liegenden Dinge von den sachlichen Themen zu lösen, dann können wir unsere Probleme auf der Ebene lösen, auf der sie entstanden sind. Und die tiefer liegenden Probleme außerhalb des akuten Konflikts besprechen, also zu einem Zeitpunkt, wenn die Emotionen gerade nicht hochgekocht sind.

Hilfreiche Regeln

Nur wie schaffen wir es, offen zu sprechen und Vertrauen aufzubauen?

Es ist schwer, wenn wir davon ausgehen, dass wir nicht gehört werden. Wenn wir glauben oder erleben, dass der andere uns und unsere Bedürfnisse nicht ernst nimmt oder sich darüber lustig macht. Häufig verhalten Menschen sich dann aggressiv-reaktiv. In meinem Fall hieß das zu schreien und zu beleidigen – was ich ja in Zukunft sein lassen wollte.

Wir sind verletzliche Wesen, und wenn wir tiefe Verbundenheit erleben wollen, dann müssen wir unsere Verletzlichkeit selbst wahrnehmen und zeigen. Wir brauchen die Erfahrung, dass wir in kleinen Dingen gehört werden und unseren Bitten nachgekommen wird, um auch größere Themen ansprechen zu können. Wir müssen erleben, dass wir nicht verurteilt werden. Dass wir gehalten sind. Und dass es okay ist, wenn es nicht für jedes Problem immer direkt eine Lösung gibt, sondern es auch einfach erst einmal sein darf.

Deswegen ist es wichtig, dass wir uns mit den Menschen verbinden, die uns hören, sehen und verstehen. Und erkennen, welche Menschen das nicht tun. Genauso zentral ist, dass wir selbst den anderen wahrnehmen, wie er ist, und seinen Bedürfnissen nachkommen. Während wir zugleich unsere eigenen Grenzen wahren.

Als ich mich auf eine neue Beziehung einließ, achtete ich ständig darauf, wie mein Gegenüber auf mich reagierte. Und ich riss mich sehr zusammen, nicht so explosiv zu sein wie in meiner ersten Beziehung. Ich teilte klar mit, was für mich okay war und was nicht. Gleichzeitig musste ich lernen, über alles zu sprechen, was mir auf dem Herzen lag. Ich fing an mit Kleinigkeiten und wartete Philipps Reaktion ab. Nahm er mich ernst? Ging er auf mich ein? Erst nachdem ich erlebte, dass mein Vertrauen nicht missbraucht wurde, teilte ich nach und nach Dinge, die das Potenzial hatten, mich tief zu verletzen, wenn falsch mit ihnen umgegangen wurde.

Um voller Vertrauen in Streitgespräche gehen zu können, sprachen Philipp und ich darüber, was wir beide brauchen, um über schwierige Dinge sprechen zu können. Und wir einigten uns gemeinsam auf einige Regeln:

- Wenn uns etwas verletzt, was der andere sagt, fragen wir erst mal nach, wie er es gemeint hat, bevor wir reagieren.
- Es ist auch in Ordnung, wenn wir uns erst mal zurückziehen. Zeit für sich zu haben, kann wichtig sein. Wenn einer von uns das braucht, sagt er das dem anderen, anstatt einfach nur zu gehen.
- Bei uns darf auch gealbert werde. Aber wir achten darauf, einander dabei nicht zu verletzen. Und wir lernen, über uns selbst zu lachen.
- Ein wichtiger Vorsatz ist, dass wir uns bei einem Streit vor dem Schlafengehen wieder vertragen. Dieser Punkt klappt leider nicht immer.
- Die Souveränität jeder Person bleibt erhalten, keiner muss etwas, nur weil der andere es will. Keiner ordnet sich einfach unter.
- Wir werfen »Trennung« nicht einfach als Option in den Raum, schon gar nicht, um Druck auszuüben oder den anderen zu verletzen, nur weil wir uns gerade selbst verletzt fühlen.

Natürlich gelingt es uns nicht immer, uns an alle diese Regeln zu halten. Aber zu wissen, dass wir sie beide anstreben, gibt uns die Sicherheit, über alles sprechen zu können.

Es sind *unsere* Regeln, die für uns passen, weil sie *unsere* wunden Punkte schützen. Die von dir und deinem Partner können auch ganz anders aussehen. Ich fand es hilfreich, einfach mal darüber zu sprechen, was wir brauchen, was uns jeweils wichtig ist und uns einen sicheren Raum gibt.

Wertschätzung und Dankbarkeit

Samstagmorgen in Deutschland. Familie Poppe sitzt am Frühstückstisch. Das Ehepaar beantwortet sich gegenseitig zwei Fragen, die der Ehemann vorgeschlagen hat: »Wofür bist du dem anderen dankbar? Und was schätzt du an ihm wert?« Zwei Fragen, die sich so ähnlich anhören, aber auf zwei unterschiedliche Aspekte abzielen.

Dankbar sind wir für etwas, das der andere tut. Ich bin meinem Mann zum Beispiel dankbar dafür, dass er sich morgens um unsere Tochter kümmert, damit ich in Ruhe mit Yoga und stiller Zeit in meinen Tag starten kann. Denn wenn ich meinen Tag so beginne, hat er für mich eine völlig andere Qualität. Und das sage ich Philipp auch genau so. Ich formuliere, wofür ich konkret dankbar bin, und sage auch, welchen Unterschied das, was er tut, für mich macht.

Bei Wertschätzung geht es um etwas anderes. Wir schätzen am anderen wert, wer er ist und was ihn ausmacht – nicht, was er tut. Ich schätze an meinem Mann beispielsweise die Stabilität, die er in unser Leben bringt. Er ist für mich ein Fels in der Brandung. Mein sicherer Hafen. Und ich schätze, wie er gleichzeitig immer flexibler wird. Das sind Eigenschaften in seiner Person. Und die liebe ich.

Wenn ich höre, dass mir mein Mann für etwas dankt, dann erlebe ich, dass wahrgenommen wird, was ich tue, was ich leiste. Und meinem Mann geht es umgekehrt genauso. Wir fühlen uns gesehen und wissen, dass das, was wir tun, eine Bedeutung hat. Das ist ein erhebendes Gefühl, das uns motiviert, uns weiter zu investieren.

Wertschätzung wünschen wir uns hingegen für uns als Person, nicht für unsere Leistung. Denn wenn wir für etwas wertgeschätzt werden, das wir sind, und nicht für etwas, das wir tun, dann erleben wir, dass unser Wert ganz unabhängig von dieser Leistung besteht. Sollten wir nicht mehr in der Lage sein, diese Leistung zu erbringen, sind wir immer noch wertvoll für den anderen.

Echte Wertschätzung tut uns gut, weil wir darin erleben, dass unser Wert unabhängig von unserer Leistung ist.

Wir sind jetzt, im Jahr 2023, sieben Jahre zusammen, und ich würde mal schätzen, wir haben diese Tradition mit den Fragen am Frühstückstisch ungefähr seit vier oder fünf Jahren. Wir sind ihr mal mehr und mal weniger nachgekommen. Diese Tradition hat nicht nur unser Frühstück am Samstagmorgen mit sinnvollen und verbindenden Gesprächen gefüllt, sie hat auch uns als Einzelpersonen und unserer Beziehung gutgetan. Wir wollten natürlich immer wieder neue Dinge finden, die wir dem anderen sagen können. Also halten wir unbewusst auch im Alltag nach Dingen Ausschau, für die wir dankbar sind und die wir wertschätzen. Und das fördert unsere Achtsamkeit. Bei jeder Kleinigkeit, die der andere für unseren gemeinsamen Haushalt oder unser gemeinsames Leben tut, sagen wir auch im Alltag: »Danke.« Auch wenn es eine Aufgabe ist, die der andere selbstverständlich immer macht. Unsere Haltung ist dadurch wertschätzender und dankbarer geworden, auch wenn wir uns mal nerven, streiten oder uns über den anderen aufregen. In Summe leben wir durch diesen Fokus in einer positiv ausgerichteten Verbundenheit miteinander.

Natürlich zeigt sich Wertschätzung in viel mehr als nur in Worten – vor allem darin, wie wir miteinander umgehen. Ob wir den anderen stehen lassen können. Ob seine Meinung Gewicht für uns hat. Ob wir die Bedürfnisse des anderen sehen und wahrnehmen. Das können wir nicht mit ein paar Worten am Samstagmorgen abfrühstücken. Das will jeden Tag gelebt werden.

Sich gehalten fühlen

In diesem Moment, in dem ich dieses Kapitel hier schreibe, lebe ich in einer erfüllenden und tragfähigen Beziehung. Ich habe eine fünf Monate alte Tochter, und ich lerne, was es heißt, jemanden zu halten. Jemanden, der nicht dazu in der Lage ist, seine Bedürfnisse selbst zu erfüllen oder etwas an seiner Lage zu ändern.

> Gott gab mir auf die Frage nach dem Warum keine Antwort. Aber er hielt mich.

Wenn meine Tochter Schmerzen hat und weint, dann halte ich sie. Ich wiege sie in den Schlaf. Spreche beruhigende Worte. Und da sie den Inhalt meiner Worte noch nicht so richtig verstehen kann, versuche ich, ihr auf jedwede Art zu zeigen, dass ich da bin. Dass sie nicht allein ist. Dass ich sie halte. In ihrem Schmerz. Und dass ich ihr Nahrung gebe, wenn sie Hunger hat. Ich lerne, zwischen dem einen und dem anderen Bedürfnis zu unterscheiden.

Bevor ich die Mutter meiner Tochter werden durfte, hatte ich Gelegenheit zu lernen, mich selbst zu halten. In einer Zeit, in der ich dachte, dass ich nicht noch mehr Schmerz aushalten könnte, als ich schon ertragen hatte. Deshalb verdrängte ich den Schmerz und überdeckte ihn mit Aktivität, bis das Leben mich zwang, mich diesem Schmerz zu stellen. Ich lernte, ihn anzusehen und über ihn zu weinen. Dabei hielt ich ihn auch Gott hin und fragte, warum er all das zugelassen hatte.

Gott gab mir keine Antworten auf diese Frage. Aber er hielt mich. All meine Fragen, mein verzweifeltes Schreien und mein ergebenes Weinen hielt er und ließ mich dabei fühlen, dass er mich liebt. Auch wenn Gott den Schmerz nicht komplett wegnahm, wusste ich, dass er mich immer hält, trägt und liebt.

Mitten in diesem Schmerz war ich so verletzlich wie noch nie. Entsprechend hasste ich den Schmerz aus tiefstem Herzen und mit aller Kraft. Lehnte ihn ab. Versuchte, ihn wegzudrücken. Aber er drückte mit ganzer Kraft zurück. Irgendwann gab ich nach und ließ ihn zu. Und dann lernte ich genau darin, mein Leben auf neue Art zu schätzen und zu gestalten.

Heute bin ich dankbar für diesen Schmerz, denn er hat mich gerettet – vor einem Leben, in dem es nur darum geht, ein gutes Bild nach außen abzugeben. Denn das genügt meinem Herzen nicht. Mein Herz sehnt sich nach pulsierendem Leben. Nach übersprudelnder Freude und tiefer Liebe. Es sehnt sich danach, dass ich mutig bin und mich zeige mit dem, was ich zu geben habe. Und zu erleben, dass ich darin mit anderen verbunden bin.

Ich glaube, dass wir uns unsere Geschichten erzählen müssen, weil wir in ihnen erkennen, wie menschlich das ist, was wir erleben. Ich glaube, dass es wichtig ist, dass wir uns über unsere Geschichten verbinden und nicht nur über die, in denen wir siegen und glücklich sind. Doch dafür ist es notwendig, dass wir uns selbst ansehen können, auch mit der Einsamkeit. Dass wir wahrnehmen können, was wir fühlen. Dass wir mindestens vor uns selbst ehrlich sind mit dem, was uns widerfahren ist, und dabei lernen, uns selbst zu halten. Besonders in den Momenten, in denen das kein anderer kann.

Ich schreibe dieses Buch nicht, damit du entscheiden kannst, wer von uns an der Trennung schuld war, wessen »Vergehen« schwerer wiegen oder ob es gerechtfertigt war, dass ich diesen Weg der Trennung für mich gewählt habe. Auch möchte ich dir keineswegs raten, deine Ehe zu beenden, wenn sie gerade schwierig ist. Ganz im Gegenteil. Ich glaube heute mehr denn je, dass es sich lohnt, in Beziehungen zu investieren, und bin überzeugt davon, dass wir fast alles schaffen und erreichen können, wenn wir bereit sind, uns unseren persönlichen Themen zu stellen und sie zu lösen – sofern diese Bereitschaft auf Gegenseitigkeit beruht. Gleichzeitig weiß ich, dass Menschen begrenzt sind. Wir sind nicht Gott. Wir sind weder unendlich noch allmächtig. Und somit ist auch unser Einsatz nicht unendlich möglich. Das zu lernen, hat mir sehr wehgetan und lange gedauert. Nicht zu lange, denn mein Herz hat das überstanden, aber vielleicht viel länger, als es hätte sein müssen.

Vielleicht hast du keine Scheidung durchgemacht, so wie ich, sondern eine andere Art von Krise hinter dir. Oder du steckst sogar noch mittendrin. Ich möchte dir sagen, dass du damit nicht allein bist, auch wenn es sich gerade so anfühlt. Da draußen gibt es acht Milliarden Menschen. Und einige von ihnen haben etwas Ähnliches erlebt wie du. Also bist du nicht allein mit dem, was du erlebst. Das ist so wichtig zu wissen. Denn das Schlimmste, was uns passieren kann, ist nicht so schlimm, wie das Schlimmste zu erleben und dabei zu glauben, wir seien damit allein. Du kannst dich gedanklich mit allen Menschen verbinden, denen es ähnlich ergeht wie dir. Und erleben, wie du darin gehalten bist.

Manchmal ist es das Schwierigste, mit sich selbst zu weinen

Früher dachte ich, Empathie bedeute nur, mit einem anderen Menschen mitfühlen zu können. Erst mit der Zeit verstand ich, dass Empathie auch beinhaltet, sich abgrenzen zu können und nicht überwältigt zu werden von dem, was dem anderen passiert. Ein Teil unserer Wahrnehmung bleibt bei uns, während wir mit dem anderen mitfühlen. So entsteht Raum für das Erleben des anderen in uns. Ich erlebte, dass etwas Ähnliches passiert, wenn wir lernen, empathisch auf uns selbst zu reagieren: Indem wir den Schmerz ansehen, distanzieren wir uns ein Stück weit von ihm. Wir erleben, dass wir mehr sind als der Schmerz, und das bedeutet, dass wir über ihn hinauswachsen und etwas mit ihm tun können, anstatt umgekehrt nur von unserem Schmerz bestimmt zu werden. Wir können lernen, mit uns selbst über unseren Schmerz zu weinen, ohne von ihm überwältigt zu werden.

> Selbstempathie bedeutet, mit sich selbst über den Schmerz zu weinen, ohne von ihm überwältigt zu werden.

Ähnlich ist es mit unserer Schuld. Wenn wir uns schuldig fühlen, können wir uns ehrlich ansehen, was wir getan haben, und uns von der Schuld lösen. Weil das, was wir sind, nicht davon abhängt, was wir getan haben. Wir können unsere Schuld in Besitz nehmen, indem wir Gottes Vergebung annehmen, uns entschuldigen, Wiedergutmachung leisten und mit dem, was wir gelernt haben, weiser und milder weitergehen.

Das schreibt sich so leicht und lebt sich – vor allem zu Beginn des Prozesses – so schwer.

Du weißt ja: Ich habe gelernt, »zu mir selbst« zu gehören – wie Maya Angelou es formulierte. Ich gehöre zu mir selbst. Und zu Gott. Das hat er mir zugesagt. Auch wenn ich etwas tue, was mir selbst nicht gut gefällt. Seine Güte und Gnade sind immer da. Jeden Tag. Ich gehöre zu Gott. Und ich lerne das immer mehr anzunehmen, zu glauben. Er lebt in mir und sagt mir: Du gehörst zu mir.

Und ich gehöre zu mir. Was das bedeutet und wie das geht, lerne ich immer mehr, vor allem in den Situationen, in denen ich das Gefühl habe, nirgendwo sonst hinzugehören. Das sind Situationen, in denen alte Glaubenssätze, Ängste, Wut auf mich selbst und Einsamkeit in mir aufsteigen wie schwarze Tinte, die alles in Beschlag nehmen möchte. Ich kann sie einfach gewähren und mich von ihr verschlingen lassen. Und manchmal passiert mir das – in Momenten, in denen ich mich selbst nicht gut halten kann. Dann ist es nötig, dass ich eine Hand ausstrecke und um Hilfe bitte. Meistens schreibe ich meiner Freundin Caro dann eine Nachricht oder rufe sie an. Oder ich weine in den Armen meines Mannes. Im schlechtesten Fall ziehe ich mir ein paar Folgen einer Serie rein und esse Süßes. Keine gute Idee. Aber manchmal hilft es trotzdem. Zumindest für einen kurzen Moment. Danach schaffe ich es auch wieder, meine Hand auszustrecken und um Hilfe zu bitten.

> Ich gehöre zu Gott – egal, was ich tue. Seine Güte und Gnade sind immer da. Jeden Tag.

In guten Momenten habe ich Dinge für mich aufgeschrieben, die ich glauben will. Hier möchte ich einen Text zu deiner Inspiration teilen:

> Ich wähle zu glauben, dass ich geliebt bin.
> Von Kopf bis Fuß spüre ich, wie die Liebe Gottes mich durchflutet, seine Herrlichkeit und Schönheit mich erfüllen. Wie seine Wunden mich heilen und seine Worte mich freisetzen.
> Ich wähle, für mich einzustehen.
> Für meinen Glauben.
> Und das in Liebe.
> Ich wähle die Liebe, die uns alle frei macht und frei machen möchte.
> Ich lasse die Vergangenheit hinter mir und wähle eine Zukunft, die so schön, so erfüllt, so voller Gnade, Freude, Schönheit, Lachen, Weisheit und Frieden ist.
> Ich vergebe. Alles, was mir jemals irgendjemand irgendwann angetan hat.[45]

Meine Wut ist berechtigt und ich höre auf sie, bevor sie mich überwältigt. Ich stehe für mich ein. Aber nicht in einer rachsüchtigen Weise. Mit Vertrauen auf Gott habe ich die Liebe gewählt. Die Rache ist sein. Er ist ein guter Verwalter und ein gerechter Richter. Und mir tut leid, wer dieser Rache anheimfällt. Ich muss Menschen, die mich verletzt haben, nicht vor ihr schützen, indem ich schweige. Jesus hat die Rache für uns alle auf sich genommen. Keiner von uns muss sie tragen.
Ich bin für mich eingestanden, habe das Unaussprechliche gesagt und habe erfahren, dass Gott für mich gekämpft hat. Ich glaubte, das allein nicht schaffen zu können, aber er sagte mir: »Ich decke dir einen Tisch im Angesicht deiner Feinde.« Ich habe erlebt, dass er für mich sorgt, mich versorgt. Und für mich kämpft. Ich habe erlebt, dass Gott mich liebt. Ich bin erwählt. Und würdig der Verbindung zu ihm und zu anderen Menschen.

Kinder begleiten unter Unsicherheit

Im ersten Teil dieses Buches konntest du in Kapitel 3 lesen, was mir einige meiner Interviewpartner über ihre Gedanken vor der Trennung berichteten. Die Worte einer Mutter möchte ich hier nochmals aufgreifen:

Lange Zeit fragte ich mich, was besser ist: dass die Kinder mit so einem Vater aufwachsen oder lieber mit keinem; ob ich die Verantwortung tragen könnte, meine Kinder von ihrem Vater zu trennen; was ich finanziell machen würde; ich hatte enorme Angst vor dem Rosenkrieg, der bei diesem Mann in all seiner Heftigkeit und Intensität zu erwarten war. Vor allem hatte ich Angst um meine Kinder – was schadet mehr: so weitermachen oder Trennung? Als ich dann aber im Burn-out war und mal wieder von ihm alleingelassen und ignoriert wurde, war mir klar, dass es so nicht mehr weitergehen konnte. Entweder ich würde in der Klinik landen und meine Kinder wären auf sich allein gestellt, oder ich musste die Notbremse ziehen.

Ich verstehe das Dilemma dieser Mutter. Zwar habe ich bei meiner Trennung nicht das Gleiche durchgemacht wie sie, aber ich kenne von mir diesen Anspruch, als Mutter nichts tun zu wollen, was meinem Kind schaden könnte. Ich teile diesen Wunsch, möglichst alles richtig zu machen, eine gute Mutter zu sein und meine Tochter vor allem zu beschützen. Ich würde am liebsten jeden einzelnen Moment ihres Lebens über sie wachen und dafür sorgen, dass niemals ein Mensch ihr auch nur ein Haar krümmt.

Und gleichzeitig weiß ich: Darum geht es nicht, wenn wir Kinder ins Leben begleiten. Wir können sie nicht vor allem beschützen. Nicht vor Herzschmerz, nicht vor dem Leben, nicht einmal vor uns selbst.

Denn es geht nicht darum, Verletzungen des Herzens zu vermeiden, sondern darum, ein Herz zu entwickeln, das mit allem umgehen kann, was das Leben für uns bereithält.

Diesen Satz schrieb ich im Oktober 2020 auf Instagram. Da war ich gerade schwanger geworden.

Das habe ich damals nicht für meine Tochter geschrieben, sondern für mich selbst. Und doch ist dieser Satz für mich in der Erziehung meiner Tochter so wichtig geworden. In der Caption ging es noch weiter:

Ich erinnere mich noch daran, wie meine Eltern versucht haben, allen Schaden von mir fernzuhalten. Wie meine Mutter mir Tipps

gab, damit ich bloß ja nie von irgendwem verletzt werde. Vor allem nicht von den Jungs oder heute Männern. Ich weiß, sie meinte es gut. Und ich bin dankbar für ihr Bemühen. Heute weiß ich, dass sie mich nicht hätte beschützen können vor den Verletzungen, die mein Herz erlebt hat. Deshalb bin ich ihr dankbarer für die Momente, in denen sie mich gestärkt hat. Mir etwas zugetraut hat. Mich immer dazu ermutigt hat zu lesen.
Die Welt der Bücher hat mich über mich hinauswachsen lassen. Ich habe gelernt, dass es wichtiger ist, ein weiches und verletzliches Herz zu behalten, ganz gleich, was mir passiert. Den Schmerz wahrzunehmen, ihn sein zu lassen. Zu vergeben, auch wenn eine Beziehung endet. Zu erkennen, wer mein Vertrauen verdient. Und mich von denen zu trennen, die es nicht tun. Und immer wieder zu lieben. Zu hoffen und zu glauben. Aus vollem Herzen.

Ich weiß gerade noch nicht genau, wie die Erziehung meiner Tochter weiterlaufen wird. Was aus ihr werden und wie sie unsere Beziehung oder unsere Entscheidungen später bewerten wird. Egal, wie ich in all den Situationen mit meiner Tochter entscheide – ich entscheide unter Unsicherheit. Denn ich kann nicht in die Zukunft sehen.

Es war ein Glück, dass ich noch keine Kinder hatte, als ich mich aus meiner ersten Ehe löste. Ich nenne es Glück, weil ich weiß, welche Vorwürfe sich Eltern machen, die sich trennen, und wie schwer diese Entscheidung für sie ist. Wenn du selbst in dieser schwierigen Lage bist, dann möchte ich nur mein Mitgefühl ausdrücken und dir sagen, dass du nicht zu hundert Prozent wissen kannst, was gut für euch alle ist. Du entscheidest unter Unsicherheit. Und das ist mutig.

Eine Freundin von mir trennte sich vom Vater ihres Kindes, als ihre Tochter noch recht klein war – ich glaube, drei oder vier Jahre alt. Die

Kleine ist inzwischen ein Teenager. Auf meine Frage, wie sie mit der Trennungssituation umgeht, antwortete meine Freundin:

»Ich gebe mein Bestes. Ich stärke, wo ich kann, die Beziehung zu ihrem leiblichen Vater. Aber ich glaube, sie hat eine vertrauensvollere Beziehung zu meinem Mann, mit dem sie aufwächst. Einfach, weil er zuverlässiger ist und sich kümmert. Ich kann nur offen sein für alles, worüber sie sprechen möchte, ihre Emotionen auffangen und irgendwann ihre Therapie bezahlen, wenn sie eine braucht. Ich kann ihren Vater auch heute nicht ändern. Er ist, wie er ist, und ich versuche, ihr zu helfen, einen Umgang damit zu finden, der ihr möglichst wenig schadet, und gleichzeitig eine Umgebung zu schaffen, in der sie emotionale Sicherheit erfährt – egal, wie ihr leiblicher Vater ist. Bis jetzt sieht es so aus, als würde sie sich gut machen. Mal sehen, was die Zukunft bringt.«

Unsere Entscheidungen haben Auswirkungen auf unsere Kinder. Und wir werden so oder so Fehler machen. Ich übe mich also früh darin, demütig zu sein und mich zu entschuldigen. Und meiner Tochter zu vermitteln, dass es okay ist, Fehler zu machen. Weil wir durch Fehler lernen. Ich möchte mein Herz weich und offenhalten, auch für Gespräche, die ich vielleicht später mal mit ihr führe, nachdem sie bei einem Therapeuten war und unsere Beziehung aufgearbeitet hat. Mir sind meine Defizite schmerzlich bewusst. Ich arbeite an ihnen. Gleichzeitig weiß ich, dass ich nicht alles sofort anders machen kann. Ich möchte den Anspruch loslassen, immer alles richtig zu machen und von außen die Bestätigung dafür zu bekommen. Und mich entscheiden für eine authentische Verbindung, bei der mir meine Tochter spiegeln darf, wie mein Verhalten auf sie wirkt.

Seit ich ein Kind habe, bin ich nicht nur eine Erwachsene, die einmal ein Kind war und ihre Kindheitsthemen aufarbeitet. Ich bin auch Mutter. Die meisten Menschen, die einmal Kinder waren, werden einmal selbst Eltern, wenn auch nicht alle. Und selbst wenn du keine feste Beziehung oder eigene Kinder hast, hinterlässt du Spuren im Leben anderer. Es ist also sinnvoll, dir deine unbewussten Muster bewusst zu machen und dir darüber klar zu werden, mit welchen du weiterleben möchtest und mit welchen nicht. Nicht nur für die anderen. Sondern vor allem für dich selbst. Weil es in deinem Leben um dich geht. Weil du es wert bist, erfüllende Beziehungen zu leben. Und einen inneren Halt zu kultivieren, auf den du dich verlassen kannst, wenn du den Unsicherheiten, die das Leben uns zumutet, gegenüberstehst und entscheiden musst, wie du mit ihnen umgehen möchtest. Indem du das tust, vermittelst du deinem Kind, dass es das auch kann.

Stärke entwickelt sich, wenn wir erleben, dass wir in unserer Verletzlichkeit gehalten werden.

Stärke entwickelt sich weder darin, dass wir nichts erleben, was wehtut, noch darin, dass wir allem haltlos ausgeliefert sind. Sie entwickelt sich, wenn wir erleben, in unserer Verletzlichkeit gehalten und durch Unsicherheiten geführt zu werden. Auch wenn die Menschen, die uns führen, zugeben, selbst nicht immer sicher zu sein. Hauptsache, wir werden nicht allein gelassen.

8. Herzenswünsche und unsere Vorstellungskraft

Wie unsere Angst uns die Vorfreude raubt

»Kannst du dir eigentlich bildlich vorstellen, ein Kind zu haben? Wie würde es aussehen, was würdet ihr zusammen machen? Wie würdest du dich fühlen?«

Das fragte Caro mich in meiner Kinderwunschzeit. Behaglich saßen wir in der Abendsonne auf unserem Balkon mit Blick auf die Tannen in unserm Garten und einem Glas Wein in der Hand. Ich hatte die Augen geschlossen und genoss die Wärme der Sonnenstrahlen auf meinem Gesicht.

»Nein.« Das konnte ich mir nicht vorstellen. Und ich wollte es auch nicht. Was, wenn ich es mir vorstellen würde, und es wäre unerträglich schön und schmerzhaft zugleich? Mir wurde bewusst, dass ich es nicht imaginieren konnte, weil ich nicht glaubte, dass es passieren würde. Ich hatte so große Angst vor dem Schmerz der Enttäuschung, dass ich die Vorfreude nicht fühlen wollte.

Ich wusste, das war ein Problem. Denn ich versuchte, mich zu schützen, und beraubte mich dabei der Freude. Und der Möglichkeit, mein Leben kreativ zu gestalten, wie es mein Herz sich wünschte.

Gleichzeitig wurde mir bewusst, dass Gott in allem mit mir ist. In dem Schmerz wie in der Freude. Und dass das bedeutet, dass ich träumen darf. Er empfindet das nicht als anmaßend. Und ich brauche keine Angst davor zu haben, was mit mir passiert, wenn die Träume nicht eintreffen sollten. Denn er wird immer da sein und mich in allem halten. Dafür mache ich mir keine Liste mit Dingen. Ich schreibe keinen Wunschzettel und ich trage kein auswendig gelerntes Gedicht vor, damit Gott mir gibt, worum ich bitte. Nein, ich bin einfach in seiner Gegenwart und vertraue darauf, dass er mich führt. Dass seine Schöpferkraft in mir wirkt, wenn ich es zulasse. Und manchmal steigen dann Bilder in mir auf, die ich ihm wiederum hinlege. Ich rede mit ihm in der Erwartung, dass er antwortet.

Für mich ist es inzwischen eine Form der geistlichen Übung geworden, mir die Gegenwart Gottes bewusst zu machen. Früher hatte ich das Gefühl, dass Gott um mich wäre. Inzwischen nehme ich ihn in mir wahr. Ich finde ihn auf dem Grund meines Atems. Er ist ein Teil von mir, und ich bin ein Teil von ihm. Konkret von einer Sache zu träumen, fällt mir eigentlich schwer. Aber wenn ich mich darauf besinne, dass er, der Schöpfer, in mir wirkt und dass er mich einlädt, den Grund meines Herzens nach den Träumen zu erforschen, die er dort vorbereitet hat, dann werde ich etwas mutiger. Ich habe mich eine Weile darin geübt, in der Kontemplation das in mir aufsteigen zu lassen, was mich quält und schmerzt, und bin an diesen Ort in mir gelangt, wo mich Ruhe und Frieden umhüllen. Ich habe dabei gelernt zu akzeptieren, was nicht in meiner Macht liegt, und mit dem Schmerz unerfüllter Wünsche zu sein und trotzdem einen Frieden zu erleben, der alles übersteigt.

Über meine Kinderwunschzeit und die Dialoge, die ich mit Gott dazu hatte, habe ich auf meinem Blog geschrieben.[46] Über den QR-Code kommst du zu dem Artikel auf meinem Blog und kannst ihn nachlesen.

Idealvorstellungen und Herzenswünsche

Ich glaube nicht, dass wir alles bekommen, was wir uns wünschen oder vorstellen. Aber ich glaube, dass es viel darüber aussagt, was wir von unserer Zukunft erwarten, wenn wir uns das, was wir uns wünschen, nicht vorstellen möchten. Vermutlich ist es auch nur schwer möglich, etwas anzustreben, wovon wir keine richtige Vorstellung haben.

Vielleicht findest du dich in einem Leben wieder, das sich so anfühlt, als wäre es nicht deins. Weil du einfach so mitgeschwommen bist mit den Dingen, die halt so passiert sind oder die jemand anderes für dich entschieden hat. Und plötzlich wird dir klar: Hey, das wollte ich so nie! Ich wollte ein rotes Boot auf offenem Meer. Abenteuer. Karriere. Kinder. Oder keine Kinder. Mich lebendig fühlen. Kunst kreieren. Und kein Reihenhaus am Stadtrand. Und irgendwie tingle ich immer noch ziellos durch die Welt.

Manchmal erlauben wir uns nicht, offenen Auges zu träumen, weil wir glauben, diese Träume nicht zu verdienen oder nicht kreieren zu können. Keiner kann uns eine Garantie geben, dass wir das, was wir uns erträumen, bekommen werden. Aber wenn wir eine konkrete Vorstellung davon entwickeln, ist die Wahrscheinlichkeit größer, dass unser inneres Navi weiß, wohin es uns leiten soll. Denn unsere Herzenswünsche sind wie ein Kompass, der uns die Richtung weist.

Unsere Herzenswünsche zeigen, wer wir im tiefsten Inneren sind.

Der Unterschied zwischen Idealvorstellungen, die uns von außen beigebracht werden, und unseren innersten Herzenswünschen ist groß:

Idealvorstellungen sind fix und pressen uns und unsere Mitmenschen in einen vorgefertigten unpassenden Rahmen. Sie geben uns ein Gefühl von Mangel und Unzulänglichkeit. Sie fragen nicht, wer wir sind und was die Sehnsucht unseres Herzens ist. Dagegen zeigen unsere Herzenswünsche, wer wir im tiefsten Inneren sind. Sie helfen uns zu erkunden, welche Bilder der Zukunft in unserem Herzen schlummern. Wenn wir ihnen erlauben, sich in unser Bewusstsein zu bewegen, beeinflusst das auch unser Handeln. Unsere Vorstellungskraft schöpft aus dem, was wir sind und was wir können. Und das ist ein Schöpfen aus der Fülle, auch wenn wir gerade noch nicht da sind, wo wir gerne hinwollen.

Das gibt uns den Mut, eine bestimmte Vorstellung auch wieder loszulassen, wenn es nicht so kommt, wie wir es uns erträumt haben. Was höchstwahrscheinlich mit Schmerz verbunden sein wird. Aber unser Herz kann viel aushalten. Viel mehr, als wir manchmal denken. Vor allem, wenn wir gelernt haben, mitfühlend mit uns selbst umzugehen. So kann unser Herz weich und offenbleiben. Es kann einerseits zeigen, was es sich wünscht, und andererseits akzeptieren, wenn das Gewünschte nicht eintritt – oder nicht so eintritt, wie wir es uns vorgestellt haben. Dann können wir nach vorne schauen und uns fragen: Da es nun mal nicht (so) geklappt hat, was wünsche ich mir jetzt?

Auch im Zusammenleben mit unseren Mitmenschen kann unsere Vorstellungskraft Veränderung bewirken. Sie macht uns fähig, uns in den anderen hineinzuversetzen und uns wichtige Fragen zu stellen: Wie geht es der Person in dieser Lage? Was würde ihr gerade helfen? Wie würde ich mich fühlen, wenn ich in dieser Lage wäre, und was würde mir helfen?

Fragen helfen uns, Zugang zu bekommen zu unserer Vorstellungskraft und zu unserem Herzen, aus dem ja bekanntlich das Leben kommt.

Nach meiner Trennung wusste ich zuerst nur, was ich nicht mehr wollte. Aber allmählich begann ich auch, mir vorzustellen, was ich wollte. Und auch wenn ich nicht immer daran glaubte, dass es möglich wäre, eine Beziehung mit so viel Liebe zu erleben, konnte ich sie gemeinsam mit Philipp erschaffen. Sie wurde aus unserer Vorstellungskraft geboren.

Was würde sich verändern, wenn du dich und deine Zukunft im Licht der Liebe Gottes sehen könntest? Wenn du anfangen würdest zu glauben, dass deine Vergangenheit hinter dir liegt und du deine Zukunft gestalten darfst auf Grundlage dieser Liebe?

Deine Herzenswünsche warten darauf, von dir freigelegt zu werden. Gott hat dich mit Fantasie ausgestattet. Trau dich, zu träumen! Nutze deine Vorstellungskraft. Vielleicht fängst du einfach mal klein an und überlegst dir nur, wie ein Traumtag für dich aussehen würde. Und dann kreierst du ihn. Du wirst deine eigene Schöpferkraft erleben, die Gott in dich hineingelegt hat.

Wie würde dein Traumtag aussehen?

Stell dir vor, du stehst morgens auf und erlebst einen rundum vollkommenen Tag. Wie würde ein solcher Traumtag aussehen? Was würde passieren? Was würdest du tun? Wie würdest du ihn beginnen? Mit wem würdest du ihn verbringen? Wie würde die Mitte des Tages aussehen und wie würdest du den Tag abschließen?

Warte nicht darauf, dass er irgendwann von allein kommt. Setze ihn jetzt mindestens einmal für dich um. Fühle, wie er sich anfühlt, und entscheide dann realistisch, was du tatsächlich davon in deinen Alltag integrieren kannst.

Vielleicht magst du lernen, weniger schlecht über dich, andere und das Leben im Allgemeinen zu denken …?

Die meisten von uns würden nie zu einer anderen Person gehen und sie lieblos kritisieren oder niedermachen. Aber mit uns selbst gehen wir oft so um: »Ich bin zu langsam, zu schnell, zu tollpatschig. Ich bin so unattraktiv, nicht dünn genug. Ich kann das nicht …«

Wir dürfen erkennen, dass wir nicht besser werden, indem wir uns verurteilen und hart kritisieren. Stattdessen können wir damit anfangen, eine Person zu werden, die sich selbst liebevoll behandelt. Gute Worte für sich findet und diese denkt und sagt. Immer wieder.

Du bist immer noch hier. Du hast eine Chance, diesen Tag anders zu gestalten als gestern. Du hast die Chance, die Person zu entdecken, die in dir liegt, und die zu sein, zu der du bestimmt und berufen bist.

Lächle dich am Morgen im Spiegel an. Und geh mit diesem Lächeln durch deinen Tag. Schenk es anderen, die es brauchen. Unser Lächeln zeigt unsere Dankbarkeit. Wir sind dankbar dafür, am Leben zu sein. Zu feiern und zu zelebrieren, hier und jetzt da zu sein. Unser Lächeln sagt: »Oh, mein Gott, ich bin am Leben! Ich habe noch einen Tag geschenkt bekommen, an dem ich meine Träume verfolgen kann. Ich darf das Leben voll auskosten und alles in vollen Zügen genießen und aus vollem Herzen die ganze Intensität des Lebens erleben.«

Dieser Tag gehört dir. Was wirst du mit der Zeit anfangen? Mit dem Geld, das du hast, mit den Möglichkeiten, die sich dir bieten?

Ich weiß, wie furchtbar es sich anfühlt, verletzt worden zu sein oder zu wissen, dass wir andere verletzt haben. Aber wir dürfen es anerkennen, Verantwortung dafür übernehmen, Wiedergutmachung leisten, wo es nötig und möglich ist. So kommen wir zurück an das Ruder unseres Lebens.

Es ist wichtig, dass wir uns Zeit zum Trauern nehmen, dieses Gefühl zulassen und »durchfließen lassen wie Regen. Dann kann es auch wieder abfließen, wieder rausgehen. Und du kannst es verarbeiten.«[47] Das ist der erste Schritt zur Heilung. Danach dürfen wir uns unsere Denk- und Verhaltensmuster ansehen und neue lernen. Denn wir können lernen.

> Indem wir heil werden, können wir zum Segen für andere werden. Schon mitten im Prozess.

Indem wir heil werden, können wir zum Segen für andere werden. Nein, nicht erst danach, sondern schon mitten in dem Prozess. Mitten in unseren Herausforderungen, und nicht erst, wenn wir sie überwunden haben. Mitten im Chaos. Jetzt und hier.

Ich glaube fest daran, dass du hier aus einem ganz bestimmten Grund bist, dass dein Leben einen Sinn hat und du etwas zu geben hast, das andere brauchen. Wenn du diesen Sinn erkennst oder für dich festlegst, dann kannst du eine Leidenschaft und Kraft entwickeln, die über dein normales Maß hinausgeht. Das heißt nicht, dass du dann unfassbar viele Stunden ganz hart arbeiten und beweisen musst, dass es dir voll ernst ist. Nein, was ich meine, ist, dass es dich beflügeln wird, wenn du dich umsiehst und erkennst, was du für andere tun kannst. Und du noch weiterwachsen wirst. Heilung ist wichtig, und du darfst dir alle Zeit der Welt nehmen, bis du merkst: Ich bin so weit. Das ist meine Zeit. Ich leg jetzt los. Okay, vielleicht hast du noch ein bisschen Angst, aber du kennst das Ziel, weißt, wohin du willst, und das ist größer und wichtiger als die Angst. Und dann gehst du los. Und veränderst eine kleine Sache nach der anderen.

Du kannst jeden Tag neu festlegen, wie du leben möchtest. Du kannst entscheiden, wie du dir selbst und anderen begegnen möchtest, und du kannst dir selbst vergeben, wenn du dem mal nicht entsprichst.

Sieh dir selbst in die Augen, sei milde und barmherzig mit dir. Vergib dir. Und dann fang neu an. Mit Liebe und Verständnis für dich. Und für andere.

Uns wieder auf Liebe einlassen – Angst und Schmerz umarmen

»Wollen wir dieses Bild in unserem Esszimmer aufhängen?« Ich hielt ein Bild hoch von einem Mann, der an seinem Auto schraubt, neben ihm ein kleiner Junge. Müssen wohl Vater und Sohn sein. Ich wusste, was dieses Bild für meinen Mann Philipp bedeutete. Es erinnerte ihn schmerzlich an den unerfüllten Wunsch, den wir beide hatten.

Wir überlegten gemeinsam, ob wir es wirklich aufhängen sollten. Denn dann würden wir jeden Tag auf dieses Bild schauen, und es würde uns an den leeren Platz in unseren Herzen erinnern – diesen Platz, von dem wir meinten, dass nur ein Kind ihn ausfüllen könnte. Doch dann hängten wir es tatsächlich auf – als Akt des Glaubens, der Hoffnung, der trotzigen Proklamation, dass Gott Wunder tut. Das war im Mai 2020, als wir hier einzogen. Im September 2020 heirateten wir und wurden in der gleichen Woche schwanger.

Um schwanger zu werden, habe ich viele Dinge getan: Nahrungsergänzungsmittel genommen, diverse Untersuchungen bei Ärzten mitgemacht und den Job gekündigt, der mich so gestresst hatte. Denn zu viel Stress kann leicht eine Schwangerschaft verhindern. Es war also wirklich nicht nur dieses Bild. Aber als ich mir damals mein Leben vorstellte und mich fragte, was ich bereuen würde, wenn ich achtzig wäre, da wusste ich, wie viel ich bereit war aufzugeben, um schwanger zu werden. Und das war mindestens mal dieser Job.

Ironischerweise waren die »Opfer«, die ich brachte, um schwanger zu werden, genau die Dinge, die mich Schritt für Schritt auch in eine berufliche Zukunft führten, die ich mir von Herzen wünschte. Ich meine, ich schreibe gerade ein Buch! Kann mich mal bitte einer kneifen? Meine heutige freiberufliche Tätigkeit macht das möglich. Neben meinem Instagram, auf dem ich mich mit Menschen verbinde und mein Leben teile, und meiner Partnerschaft mit Ringana habe ich noch diesen Traum, den ich mir endlich verwirkliche: die Ausbildung zum Neurosystemischen Coach. Als ich damals meine ersten Gespräche mit Camila führte, fragte ich mich schon, ob ich das wohl auch könnte. In meinem Studium stellte sich heraus: Ich kann.

Natürlich glaube ich nicht, dass das Aufhängen dieses Bildes irgendwelche magischen Kräfte freigesetzt hat. Aber ich glaube, dass es einen Unterschied macht, wenn wir uns auf Vorfreude einlassen, anstatt uns von der Angst leiten zu lassen und alles zu meiden, was potenziell Schmerz oder Versagen bringen könnte. Dort, wo unsere größte Hoffnung liegt, kann auch die größte Enttäuschung eintreten. Das ist das Leben. Wenn wir das eine vermeiden, meiden wir unweigerlich auch das andere.

Über die Jahre habe ich gelernt: Wir müssen uns (wieder) auf die Liebe einlassen, wenn wir sie erleben wollen. Wir müssen den Schmerz, der mit ihr einhergeht, in Kauf nehmen. Und wir können dabei Herzen entwickeln, die geleitet werden von unseren Visionen und von Glaube, Hoffnung und Liebe. Es ist wichtig, zu träumen und für unsere Träume einzustehen. Sei es eine liebevolle Partnerschaft, echte Freundschaften, das Ausleben unserer Gaben oder was auch immer unsere Wünsche sind. Es ist okay, wenn uns diese Herzenswünsche vielleicht ein wenig ängstigen, weil wir auch scheitern oder verletzt werden könnten. Aber es lohnt sich, diese Träume zu träumen. Denn die Vorfreude, die wir dabei erleben, kann uns keiner mehr nehmen. Selbst wenn die Träume sich nicht erfüllen sollten.

> Die Vorfreude, die wir beim Träumen erleben, kann uns keiner mehr nehmen. Selbst wenn die Träume sich nicht erfüllen sollten.

Seit mein Herz weit genug geworden ist, um all den Schmerz zu halten, kann ich mir auch vorstellen, glücklich zu sein, Erfolg zu haben und mit allem zurechtkommen zu können, was das Leben für mich bereithält – sei es leicht oder schwer.

Ich weiß, wie schwer es ist zu träumen, wenn man einmal so auf die Nase gefallen ist. Und trotzdem hoffe ich, dass ich dich mit diesem Buch ein wenig dazu ermutigen konnte, wieder neu zu träumen und deine Herzenswünsche zu dir sprechen zu lassen. Denn du bist es wert!

Lass dich ermutigen
Abschlussworte

Zum Ende dieses Buches möchte ich gerne noch einmal meine Interviewpartner zu Wort kommen lassen. Denn in meinen Interviews stellte ich diesen Menschen zum Abschluss drei Fragen, deren Antworten ich hier mit dir teilen möchte. Viele dieser Antworten zeigten Überschneidungen. Deshalb habe ich zum Teil eine Auswahl getroffen. Ich glaube, wenn wir uns diese Worte zu Herzen nehmen, ermöglichen sie uns einen weiseren und warmherzigeren Umgang mit Menschen, die eine Trennung durchmachen oder durchgemacht haben. Egal, ob wir selbst betroffen sind oder Menschen begegnen, die Ähnliches erlebt haben.

Welche Bitte möchtest du an Menschen richten, die Angehörige oder Bekannte von Menschen sind, die durch eine Trennung gehen?

»Von außen weiß keiner, wie die Beziehung war.«

»Verurteilt nicht. Mir ist so viel Ungerechtigkeit passiert. Ich wurde auf ganzer Linie mitverurteilt. Wie wäre es mit Verständnis und ehrlichem Interesse?«

»Versuch nicht zu verstehen, was das Problem ist. Ich hab meine Geschichte erzählt aus der Sicht: Sie hat mich verlassen, aber sie war 10 Jahre unglücklich. Ich hab mich co-abhängig gemacht, sie sich auch. Ich hatte auch meine Probleme, und die habe ich auch mitgebracht, und die habe ich teilweise jetzt erst verstanden.«

»Die Person hat sich nicht aus Spaß oder Jux getrennt.«

»Man sollte in den Gemeinden anders aufklären zur Partnerwahl: Christsein ist nicht alles! Weil dein Freund keinen Sex möchte, bedeutet das nicht automatisch, dass er oder sie dich respektiert.«

Welchen Rat möchtest du jemandem geben, der gerade selbst in dieser Situation steckt?

»Versuch nicht, es den Menschen recht zu machen oder zu erklären.«

»Ein Mensch muss nicht von einer Brücke springen, bevor man sich trennt.«

»Gib nicht auf!«

»Hör auf dein Herz.«

»Lass dich nicht verbiegen.«

»Du kannst neue Kraft bei Gott schöpfen.«

»Das Wichtigste ist, sich Hilfe zu holen.«

»Man braucht danach therapeutische Begleitung, um das nicht weiterzutragen.«

»Hör auf dein Bauchgefühl.«

»Verurteile dich nicht selbst.«

»Du weißt am besten, was gut für dich ist.«

»Wende dich an Gott und bitte ihn, dir Weisheit und Kraft zu geben.«

»Hol dir Hilfe von Menschen, die dich durch diese Situation begleiten können.«

»Die Bibel ist nicht alles, auch Psychologie kann helfen!«

»Mein Gottesbild und mein Verständnis waren sehr negativ geprägt und dadurch schlecht für mich anstatt hilfreich. Mein nicht christlicher Therapeut hat meinen Glauben trotzdem nicht verurteilt und mir geholfen, zurück zu Gott und zum Glauben zu finden und das auch für meine Heilung zu nutzen.«

Möchtest du noch etwas sagen?

»Ich hätte nie gedacht, dass mein Leben so einen Verlauf nehmen würde, aber heute bin ich so dankbar dafür, wo ich heute stehe.«

»Ich steckte in so einem Sumpf von Lügen – wenn das nicht passiert wäre, dann würde ich da immer noch drinstecken.«

»Es lohnt sich, als Persönlichkeit zu wachsen, aus Fehlern zu lernen und es besser zu machen.«

»Als ich mich trennen wollte, was ich lange bei mir selbst nicht durchboxen konnte, habe ich einfach gebetet, dass er mir Kraft gibt. Und Gott hat mir diese Kraft gegeben.«

»Gott handelt ganz anders, als man denkt, und entgegen allen Theorien, die man so aus der Gemeinde kennt.«

»Gott verwehrt dir dein Glück nicht!«

Veränderung ist möglich. Mein Leben und das Leben so vieler anderer beweisen es. Aber nicht so, wie ich dachte. Es ist keine Veränderung, bei der wir uns an andere anpassen, es ihnen bequemer machen und uns selbst dabei verlieren. Auch keine, bei der wir verleugnen, wer wir sind, was wir wissen und was wir uns wünschen. Und erst recht keine, bei der wir die Wunden unserer Vergangenheit ignorieren und so tun, als wäre alles immer nur gut gewesen. Sondern eine Veränderung, bei der wir ganz wir selbst werden. Indem wir alle Geschichten und Wunden, die zu uns gehören, integrieren und bewusst mit ihnen umgehen. Eine Veränderung, bei der wir aufhören, von einem Extrem ins andere zu verfallen, sondern uns bewusst lösen von Rollenbildern oder Idealvorstellungen, die uns oder unserem Partner keine Luft zum Atmen und keinen Raum zur Entfaltung lassen. Eine Veränderung, die es uns ermöglicht, ein Leben zu führen, das aus unserer Mitte kommt und authentisch ist.

Ein Leben, das aus unserem Herzen kommt und im Einklang ist mit dem, was unser Herz sich für unsere Zukunft wünscht.

Ich wünsche dir den
Mut, an Veränderung
zu glauben und dich
von **Gottes Liebe**
in eine verheißungsvolle
Zukunft führen
zu lassen – in dein ganz
persönliches
gelobtes Land.

Dank

… an meinen Mann Philipp, der diese ganze wilde Reise des Schreibens begleitet und mich in so vielen Momenten gehalten hat, in denen ich es selbst kaum konnte. Du hast den Laden hier geschmissen, wenn ich es nicht konnte. Danke, dass du an mich und alle meine 783 267 Ideen glaubst und mich dabei unterstützt, so gut du kannst, wenn es darum geht, sie umzusetzen. Danke für deinen kritischen Blick, der alle Eventualitäten berücksichtigt, die ich nicht sehe. Damit machst du nicht nur dieses Buch besser. Du hast mich mit deiner Zuverlässigkeit zurück ins Leben geliebt. Danke dafür – und für jeden albernen Moment.

… an meine Tochter, die mich wieder in Verbindung mit meiner Verletzlichkeit gebracht und meine Stärke, Kraft und Reife auf ein neues Level katapultiert hat.

… an meine Freundin Christina, die mich jeden Tag in der Zeit der Trennung »einfach so« angerufen hat. Auch wenn du immer so cool tust: Es gibt kaum jemanden, der sich so kümmert wie du! Ich liebe uns.

… an alle Freunde und Freundinnen, die während und nach der Trennung für mich da waren. Durch euch war es auch irgendwie eine wunderschöne Zeit, in der ich auch Liebe und Zugehörigkeit erfahren habe

… an meine Caro: Du hast mich gelehrt, wieder zu vertrauen und echte Verbindung zuzulassen. Ich habe die unmöglichsten Dinge vor dir zugegeben – du konntest sie nachfühlen und verstehen. Du forderst mich heraus und inspirierst mich. Du bist ein Stück Zuhause für mich.

… an meine Eltern und Geschwister: Ihr habt mir den Glauben in die Wiege gelegt und mich nach der Trennung mehr unterstützt, als ich erwartet hatte. Dafür werde ich euch immer dankbar sein.

… an meine Schwiegereltern, die uns in jeder Lebenslage und besonders in der Phase des Schreibens mit unserer Tochter unterstützt haben.

… an Camila und Michael: Eure Begleitung war therapeutisch für mich. Ich kann nicht in Worte fassen, was ihr alles in mir bewegt habt.

… an meine Lektorinnen: Annalena Pabst und Imke Früh, ihr habt das Beste aus mir herausgekitzelt und mich in diesem Prozess des Schreibens unfassbar gut unterstützt. Danke für euren Glauben an mich und dieses Buch und für jede Kritik, sie hat dieses Buch nur besser gemacht.

Was mich in dieser Zeit inspiriert hat *Lektüreliste*

Zurhorst, Eva-Maria (2004): Liebe dich selbst und es ist egal, wen du heiratest, München: Arkana. Dieses Buch hatte mir Camila empfohlen. Es hat mich sehr vieles über Beziehungen gelehrt, vor allem über die Beziehung zu mir selbst.

Brown, Brené (2013): Verletzlichkeit macht stark – Wie wir unsere Schutzmechanismen aufgeben und innerlich reich werden, München: Kailash Verlag (aus dem Amerikanischen von Margarethe Randow-Tesch).

Brown, Brené (2016): Laufen lernt man nur durch Hinfallen – Wie wir zu echter innerer Stärke finden, München: Kailash Verlag.

Brown, Brené (2010): Die Gaben der Unvollkommenheit – Lass los, was du glaubst, sein zu müssen, und umarme, was du bist, Bielefeld: J. Kamphausen Verlag (aus dem amerikanischen Englisch von Dr. Ute Weber). Brené Brown hat mich durch ihre Bücher so vieles gelehrt über Verletzlichkeit, Scham und Verbundenheit. Die Bücher von ihr habe ich erst nach der Trennung gelesen und auf meine neuen Beziehungen angewandt.

Knuf, Andreas (2016, 5. Ed.): Sei nicht so hart zu dir selbst – Selbstmitgefühl in guten und in miesen Zeiten, München: Kösel. Dieses Buch hat mich Selbstmitgefühl gelehrt und in der Folge auch Mitgefühl mit anderen.

Eldredge, Stacy (2023): Werden, wie du mich siehst – Gottes Traum für dein Leben, Wetzlar: Gerth Medien. Hier gibt es einige schöne Übungen, die mir geholfen haben, ein paar Themen aufzuarbeiten.

Keshtkaran, Sarah (2018): Frauen, die keinen Punkt machen, wo Gott ein Komma setzt – Eine Einladung zu mutiger Weiblichkeit, Holzgerlingen: SCM Hänssler. Das war mein erster Zugang zu christlicher

Emanzipation. Ich hab's geliebt, auch wenn ich weiß, dass sich deine Sicht dazu weiterentwickelt hat, @Sarah Keshtkaran.

Barr, Beth Allison (2021): The Making of Biblical Womanhood – How the Subjugation of Women Became Gospel Truth, Grand Rapids: Brazos Press. Dieses Buch bestätigte meine Ahnung, dass das, was ich über Rollenbilder gelernt hatte, nicht gottgewollt, sondern menschengemacht ist.

Für alle, die sich theologisch über »Wiederheirat und Scheidung« einarbeiten möchten, kann ich zum Nachschlagen folgende Werke empfehlen:

Bacchiocchi, Samuele (1999): The Marriage Covenant – A Biblical Study on Marriage, Divorce, and Remarriage, Berrien Springs: Biblical Perspectives.

Kittel, Gerhard u. Friedrich, Gerhard (Hrsg.) (1990, unveränderte Neuausgabe 2019): Theologisches Wörterbuch zum Neuen Testament, Stuttgart: wbg Academic.

Nies, Richard D., Ph. D. (1978): Schriftliche Unterlagen für die Zuhörer der Vortragsreihe vom 13. 12. 1978 bis 31. 08. 1979 an der Loma Linda University Church in Kalifornien (USA), Redlands, CA: Study Types.

Rienecker, Fritz (2015): Sprachlicher Schlüssel zum griechischen Neuen Testament, 22. Auflage, Gießen: Brunnen.

All diese Bücher haben etwas in mir angeregt. Sie haben mir geholfen, die Welt, wie ich sie mir bis dahin erklärt hatte, infrage zu stellen. Die Werte, nach denen ich erzogen und die ich internalisiert hatte, zu hinterfragen. Einen erwachsenen Glauben zu finden und meine eigenen Werte zu entdecken, die in mir darauf warteten, in die Welt gebracht zu werden.

Anmerkungen

1 Vgl. Idea (09.11.2019): Bestsellerautor Joshua Harris äußert sich zu Abkehr vom christlichen Glauben, advent-verlag.de, https://advent-verlag.de/nachrichten/bestsellerautor-joshua-harris-aeussert-sich-zu-abkehr-vom-christlichen-glauben. Sowie: Jörn Schumacher (23.07.2019): Beziehungsratgeber Joshua Harris gibt Scheidung bekannt, pro-medienmagazin.de, https://pro-medienmagazin.de/beziehungsratgeber-joshua-harris-gibt-scheidung-bekannt/(beide zuletzt aufgerufen am 26.10.2023).

2 Reel über Suizidalität auf dem Instagram-Profil der Traumaexpertin Verena König: https://www.instagram.com/reel/Cw688ztsvGy/?utm_source=ig_web_copy_link&igshid=MzRlODBiNWFlZA== (zuletzt aufgerufen am 06.11.2023).

3 Vgl. Dietz, Thorsten u. Faix, Tobias (04.03.2023): Sexualethik – Von Purity Culture bis Polyamorie, in: Karte & Gebiet (Podcast), Folge 19, Min. 12 (zuletzt aufgerufen am 06.11.2023).

4 Vgl. Lefkowitz, Mary R. u. Fant, Maureen B. (2016): Women's Life in Greece and Rome, 4. Aufl., London: Bloomsbury, S. 64 (eigene Übersetzung der Autorin).

5 McKnight, Scot (2018): The Letter of the Colossians, Grand Rapids: Eerdmans, S. 346 (eigene Übersetzung der Autorin).

6 Vgl. Barr, Beth Allison (2021): The Making of Biblical Womanhood – How the Subjugation of Women Became Gospel Truth, Grand Rapids: Brazos Press (eigene Übersetzung der Autorin).

7 Gottes Einstellung zu Männern und Frauen zeigt sich nicht zuletzt daran, wie Jesus als Mensch den Frauen begegnete. Er behandelte Frauen revolutionär anders, als die Menschen und ihre Regeln des Patriarchats es bis dahin getan hatten. So ermutigte er beispielsweise Maria, als sie ihre »häuslichen Pflichten« vernachlässigte und stattdessen zu seinen Füßen saß und seiner Lehre lauschte – was zur damaligen Zeit eigentlich nur männlichen Jüngern vorbehalten war.

8 Jesus hatte Jüngerinnen, die ihm folgten, und die junge Kirche hatte Diakoninnen wie Phoebe und weibliche Apostel wie Junia. Zwar versuchten Übersetzer aus der Apostelin Junia (vgl. Römer 16,7) einen Mann zu machen, indem sie den Ursprungstext veränderten und aus Junia einfach Junias machten – einen männlich klingenden Namen, den es zur damaligen Zeit jedoch gar nicht gab. Dennoch wissen wir, dass viele Frauen die frei machende Botschaft des Evangeliums in die Welt trugen. Maria von Magdala war die Erste, die Gott dazu auserwählte, von Jesu Auferstehung zu berichten, auch wenn sich die Lehre der Kirche veränderte, als die Kirche institutionalisiert wurde und Frauen zurück in patriarchale Strukturen zwang (nachzulesen bei Barr).

9 Vgl. Lange, Werner E. (2000): Die Aussagen von Jesus und Paulus über Scheidung und Wiederheirat, in: Andreas Bochmann u. Klaus-J. van Treeck (Hrsg.): Spes Christiana, Beiheft 4, S. 203-223.

10 Vgl. Naumann, Thomas, Prof. Dr.: Eine Exegese leicht gemacht, S. 9-10, www.uni-siegen.de, https://www.uni-siegen.de/phil/evantheo/mitarbeiter/naumann/materialien/eine_exegese_-_leicht_gemacht_endversion_.pdf (zuletzt aufgerufen am 07.11.2023).

11 Vgl. Lange, Werner E. (2000).

12 Der hebräische Ausdruck, der hier genutzt wurde, lautet *erwat dabar* und bezeichnet wörtlich »die Blöße einer Sache«. Die Formulierung kommt sonst nur noch in 5. Mose 23,15 vor (Anmerkung zu 5. Mose 23,15; ELB), wo sie sich auf unbedeckte menschliche Ausscheidungen bezieht (vgl. 5. Mose 12,13-14). Strack und Billerbeck schreiben dazu: »Der Ausdruck … ist völlig unbestimmt und kann sowohl etwas moralisch Schändliches als auch etwas physisch Widerwärtiges bezeichnen.« Vgl. Strack, H. und Billerbeck, Paul (1922-1928): Kommentar zum Neuen Testament aus Talmud und Midrasch, Band 1, München: C. H. Beck, S. 312.

13 Vgl. Strack, H. und Billerbeck, Paul (1922-1928), S. 318.

14 Ebd.

15 Es würde für dieses Buch zu weit führen, auch hier die ursprüngliche grammatikalische Bedeutung der Worte, die Jesus in Zusammenhang mit der Scheidung wählte, auszuführen. Wenn es dich interessiert, kannst du es in den folgenden Werken genauer nachlesen: Hendriksen, William: NT Commentary, Bd. 1, S. 306. In der Fußnote 296 führt er an, dass auch F. W. Grosheide und H. N. Ridderbos in ihren Kommentarwerken die fragliche Formulierung passiv wiedergeben. Auch Bauer, Walter (1988): Wörterbuch zum NT, 6. Aufl., Oldenbourg: deGruyter, Spalte 1041, übersetzt die Wendung aus Matthäus 5,32a passiv.

16 Hendriksen, William (1973), S. 306.

17 Die Verben, die Jesus in diesem Zusammenhang wählt, sind in ganz bestimmten Zeitformen und im Passiv geschrieben, was sich nur sehr schlecht im Deutschen oder Englischen korrekt nachempfinden lässt. Einfach gesagt signalisiert die Passivform, dass die Frau nicht aktiv etwas tut, sondern dass ihr etwas angetan wird.

18 Vgl. Strack u. Billerbeck, Bd. 1, S. 312.

19 Ebd.

20 Grammatikalisch möglich sind zwei Übersetzungen für die Worte Jesu bezüglich eines Mannes, der eine Geschiedene heiratete: Entweder es wurde ihm eine ehebrecherische Haltung unterstellt. Denn welcher ehrenhafte Mann würde eine ehebrecherische Frau heiraten? Und so würde er als ehebrecherisch gelten. Oder der Mann stellte sich selbst als ehebrecherisch dar, indem er die geschiedene Frau heiratete. Strack u. Billerbeck übersetzen in diese Richtung, indem sie schreiben: »Wer die Geschiedene heiratet, stellt sich dar als Ehebrecher«, obwohl er keiner ist (vgl. Strack u. Billerbeck, Bd. 1, S. 320).

21 Vgl. Dittmar, Vivian (2021): Gefühle und Emotionen – Eine Gebrauchsanweisung, 7. Aufl., München: Edition Est, S. 207-209.

22 Brown, Brené (2017): Verletzlichkeit macht stark – Wie wir unsere Schutzmechanismen aufgeben und innerlich reich werden, 10. Aufl., München: Wilhelm Goldman, S. 69-70.

23 Vgl. Brown, Brené (2016): Laufen lernt man nur durch Hinfallen – Wie wir durch Scheitern zu echter innerer Stärke finden, München: Kailash.

24 »Ich finde, Liebe ist nicht etwas, das wir geben oder bekommen. Es ist etwas, das zwischen zwei Menschen wächst, wenn sie sich selbst erlauben, vom anderen voll und ganz gesehen zu werden. Das ist, was ich denke, was Liebe ist. Wie weit geht diese Liebe? So weit, wie wir gewillt sind, einander in die Augen zu sehen. Ich denke, soweit geht sie. Ich denke nicht, dass sie zerbrechlich ist, aber ich denke sehr wohl, dass sie Grenzen hat. Ich denke, Scham, Beschuldigung, ständiges Kritisieren und das Zurückhalten von Liebe – das sind die Dinge, von denen ich denke, dass sie Gift für die Liebe sind. Diese Dinge können wir nur tolerieren, wenn sie sehr selten vorkommen und wenn Menschen Wiedergutmachung leisten« (eigene Übersetzung der Autorin); das Zitat stammt aus dem Video »Brene Brown (@brenebrown) and Practiced Not Professed«, www.youtube.de, https://www.youtube.com/watch?v=eboJfZU7qC0 (zuletzt aufgerufen am 01. 10. 2023).

25 Vgl. Covey, Steven R. (2018): 7 Wege zur Effektivität – Prinzipien für persönlichen und beruflichen Erfolg, 51. überarbeitete Aufl., Offenbach: Gabal, S. 213.

26 »Ich kam aus einem konservativen christlichen Hintergrund und heiratete mit 19 Jahren. Ich arbeitete als Pastorin, bis ich mich mit 26 schließlich scheiden ließ. Ich verlor meinen Job, meine christlich-konservativen Freunde und mein ganzes Leben. Ich ging zurück ans College, traf einen neuen Mann, verliebte mich und dekonstruierte meinen Glauben. Ich wurde frei. Authentisch. Und begann, das Leben meiner Träume zu leben. Du kannst alles im Leben erreichen, wenn du den Entwicklungsprozess nicht vermeidest, sondern dich deinen Problemen stellst. Schäme dich nicht für deinen Entwicklungsprozess« (eigene Übersetzung der Autorin); aus dem Instagram-Profil von Priska Lachmann (23. 09. 2021), https://www.instagram.com/reel/CUKygpzlKO8/?utm_source=ig_web_copy_link&igshid=MzRlODBiNWFlZA== (zuletzt aufgerufen am 10. 11. 2023).

27 Ich fand bei Worthaus einen Podcast, der wissenschaftlich fundiert war, die Bibel ernst nahm und ihre Botschaften in einen sprachlichen und historischen Zusammenhang brachte, wie ich selbst es durch reines Bibellesen nie gekonnt hätte. Im Zusammenhang mit meiner Identitätsfindung, um die es in diesem Teil des Buches geht, wurde mir von einer Freundin der Vortrag 3.6.1 empfohlen. (Danke, Judith!) Prof. Dr. Siegfried Zimmer referiert hier über das Leben als Exodus.

28 Prof. Dr. Siegfried Zimmer (02. 08. 2013): Entwicklung der Persönlichkeit – Das Leben als Exodus, www.worthaus.org, https://worthaus.org/mediathek/entwicklung-der-persoenlichkeit-das-leben-als-exodus-3-6-1 (zuletzt aufgerufen am 04. 10. 2023).

29 Brown, Brené (2016), S. 234.

30 Vgl. Tutu, Desmond (2015): Das Buch des Vergebens (Hörbuch), Berlin: Ullstein.

31 Charf, Dami (2002): Auch alte Wunden können heilen, München: Kösel, S. 119.

32 Brown, Brené (2018): Entdecke deine innere Stärke, 1. Aufl., München: Kailash, S. 174.

33 Küstenmacher, Marion u. a. (2010): Gott 9.0 – Wohin unsere Gesellschaft spirituell wachsen wird, Gütersloh u. München: Gütersloher Verlagshaus, S. 97.

34 »Heilung bedeutet nicht, die beste Version von dir selbst zu werden. Bei Heilung geht es darum, zu lernen die schlimmste Version deiner selbst geliebt sein zu lassen« (eigene Übersetzung d. Autorin); aus dem Tiktokprofil von Kobe Campbell, https://www.tiktok.com/@kobecampbell_/video/7101324282357239086?lang=de-DE (zuletzt aufgerufen am 26. 10. 23).

35 Nouwen, Henri J. M. (2016): Was mir am Herzen liegt – Meditationen, Freiburg i. B.: Herder, S. 5.

36 Ebd.

37 Rogers, C. R. (2002): Entwicklung der Persönlichkeit – Psychotherapie aus der Sicht eines Therapeuten, Stuttgart: Klett-Cotta, S. 128.

38 »Jetzt ist die Zeit, um zu werden, wer ich immer sein wollte, während ich zugleich feststelle, sie war schon die ganze Zeit über hier« (eigene Übersetzung d. Autorin); aus dem Instagram-Profil von Jennae Cecelia, https://www.instagram.com/reel/Cv9zQ5QtMw6/?utm_source=ig_web_copy_link&igshid=MzRlODBiNWFlZA== (zuletzt aufgerufen am 07. 11. 2023).

39 Moyers, Bill (21. 11. 1973): A Conversation with Maya Angelou, www.billmoyers.com, https://billmoyers.com/content/conversation-maya-angelou, ab Min. 1:17 (zuletzt aufgerufen am10. 10. 2023).

40 Diese Zeilen schrieb ich als Zusammenfassung in mein Tagebuch, nachdem ich *Die Gabe der Unvollkommenheit* von Brené Brown gelesen hatte. Es gab einen Moment, in dem ich verstand, dass die Art und Weise, wie mich jemand liebt, nicht nur davon abhängt, wie liebenswert ich bin, sondern davon, wie liebesfähig und warmherzig die Person ist, die liebt.

41 Vgl. Moyers, Bill (21. 11. 1973).

42 »Ein Muster zu erkennen, ist Bewusstwerdung. Zu wählen, das Schema nicht zu wiederholen, ist Wachstum« (eigene Übersetzung d. Autorin).

43 Bindungsstile, Bindungstypen (Psychologie), www.psylex.de, https://psylex.de/psychologie-lexikon/sozialpsychologie/beziehung/bindungsstile/#2 (zuletzt aufgerufen am 12. 10. 2023).

44 Dittmar, Vivian (2021), S. 207-209.

45 Falls du das Kapitel über Vergebung übersprungen hast: Vergebung bedeutet nicht, Unrecht kleinzureden oder es einfach mal gut sein zu lassen. Vergebung wird möglich, wenn wir Unrecht beim Namen nennen und uns dazu positionieren.

46 Poppe, Christine (März 2020): Miese Tage, www.christinepoppe.com, https://www.christinepoppe.com/blog/miese-tage (zuletzt aufgerufen am 10. 11. 2023).

47 Nach einem Zitat von Angelina Gebel in einem Powertalk bei Jennifer Pepper auf Facebook, ab Min. 19, https://www.facebook.com/512343434/videos/4320126324730885/ (zuletzt aufgerufen am 06. 11. 2023).